京师艺术论丛

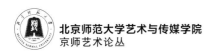

北京师范大学艺术与传媒学院
京师艺术论丛

总 主 编 肖向荣

执 行 主 编 甄 巍

创意的力量：
全球价值链视野下的节目模式

彭 侃／著

中国国际广播出版社

图书在版编目（CIP）数据

创意的力量：全球价值链视野下的节目模式 / 彭侃著.—北京：中国国际广播出版社，2022.11

（京师艺术论丛）

ISBN 978-7-5078-5241-7

Ⅰ.①创… Ⅱ.①彭… Ⅲ.①电视节目－研究 Ⅳ.①G222.3

中国版本图书馆CIP数据核字（2022）第203771号

创意的力量：全球价值链视野下的节目模式

著　　者	彭　侃
责任编辑	刘　丽
校　　对	张　娜
版式设计	陈学兰
封面设计	邱爱艳　赵冰波

出版发行	中国国际广播出版社有限公司〔010-89508207（传真）〕
社　　址	北京市丰台区榴乡路88号石榴中心2号楼1701
	邮编：100079
印　　刷	北京九天鸿程印刷有限责任公司

开　　本	710×1000　1/16
字　　数	240千字
印　　张	17.5
版　　次	2023 年 3 月 北京第一版
印　　次	2023 年 3 月 第一次印刷
定　　价	58.00 元

　　本书受中央高校基本科研业务费专项资金资助，项目编号2021NTSS21，项目名称"国际比较视野下的中国节目模式创新机制研究"。

京师艺术论丛
编委会名单

总主编：

肖向荣

编委会主任：

王卓凯

编委会副主任：

邓宝剑　杨乘虎　张　璐　陈嘉婕

编委会委员：（按照姓氏拼音排序）

陈　刚　郭必恒　吕　兵　王　鹏　虞晓勇　张　荪
周蓬勃　周　雯　朱　杰

学术委员会主任：

于　丹

学术委员会委员：（按照姓氏拼音排序）

邓宝剑　郭必恒　黄会林　佟　军　王宜文　肖向荣
杨　慧　张同道　甄　巍　周　雯

执行主编：

甄　巍

执行副主编：

王兰侠

坚守学术研究初心　铸造艺术学科灵魂

肖向荣

北京师范大学艺术与传媒学院院长、教授

北京师范大学的前身京师大学堂师范馆自创立伊始，便为"各省之表率，万国所瞻仰"，更被誉为"众星之北斗""群学之基石"，会聚了一大批学贯中西、融汇古今的学术大师和思想名家，不断引领着中华文明的发展走向。2022年是北京师范大学120周年华诞，120年以来，北京师范大学与时代共同进步、一起成长，各项事业取得了长足的发展，已经成为中国教育改革的示范引领者、国家自主创新的重要基地、文化传承与创新的国家重镇，综合办学实力位居全国高校前列。

北京师范大学艺术学科自1992年改建为艺术系，成为中国重点高校复合型艺术创建性学科之始；2002年成立艺术与传媒学院，是中国高校第一个全学科艺术学科汇聚、艺术与传媒结合的新兴学院。2022年，迎来了艺术与传媒学院建院20周年，恢复艺术教育30周年的独具意义的年份。

本套京师艺术论丛通过深入基础艺术与高等艺术教育教学研究，建立了适应国家艺术学科发展需要、弘扬艺术文化精神的新型人文艺术研究体系，是站在百廿师大与艺术学科的悠久历史基石之上，坚守学术研究初心、表达严谨学术态度的艺术学科专业研究著作。

广度与深度：全学科艺术重镇　厚重式学术基地

北京师范大学艺术学科的综合性教学研究体系的形成，伴随着国家发展而克服艰难曲折前行，建立在北京师范大学丰厚的人文艺术的厚实土壤之上。北京师范大学艺术与传媒学院是我国高校首批具有艺术学一级学科博士学位授权点单位，有艺术学理论、戏剧与影视学两个一级学科博士点，戏剧与影视学、艺术学理论、音乐与舞蹈学、美术学四个一级学科硕士点。可以说，在艺术学科的学术理论研究与人才培养方面，具有全国领军的优势地位。

在近百年历史背景下，北京师范大学的艺术学科逐渐形成了具有现代性特征的独特艺术学科，伴随着中国艺术教育事业的发展，成为包容音乐学、美术学、设计学、书法学、戏剧影视学、舞蹈学等多门类综合艺术学科群的全学科艺术重镇。这也促使本套丛书兼具了全面学科广度与厚重学术深度为一体的特色。

时代与前沿：立足时代需求　探索前沿视野

文艺是时代前进的号角，要与时代同频共振。这一点同样体现在艺术学术研究上。可以看到，本套丛书的时代特征十分明显，比如许多关于新时代中国艺术发展的流变特征、热点现象，以及创作观及价值取向等多元化的时代议题，通过立足于新时代文艺事业，扎根人民生活，跟随时代多方拓展，让学术研究真正服务于时代需求和国家发展建设。

本套论丛注重学术研究的前沿探索性，以多学科交叉融合展开创新研究。艺术的灵魂与本质要求就是创新，多学科交叉融合是艺术院校学科发展的必然趋势。通过借助科学技术的快速发展进行艺术学科研究，可以获得更新的学科视野和扩张力。本套丛书遵循这一学科发展方向，通过利用学科之间的有效融合、适应时代科技发展、优化学科结构、打通学科壁垒，不断探究新文科建设背景下艺术学科的交叉创新潜能，并进一步提升艺术学科的发展活力。

传承与创新：春风桃李根深枝茂　木铎金声源远流长

本套丛书集结了北京师范大学百年艺术学科研究的中坚力量，集中展示了最前沿的艺术学科学术研究成果，虽为"科研专著"，却也可以很好地保留艺术色彩，为各位"艺术家"生动形象地描绘出了一个精彩纷呈的艺术世界，相信各位定有所获。

2022 年 8 月

新外大街19号的艺术研究与写作

——"京师艺术论丛"主编序语

甄　巍

北京师范大学艺术与传媒学院副院长、教授

2022年，京师艺术论丛首期专著付梓。欣喜之余，想提笔写下几句话，为在这个特殊时代、特殊情境下默默耕耘的京师艺术学者，表达心存的感激。

北京师范大学的艺术教育与人文学科底蕴深厚，经由120年前的京师大学堂师范馆赓续至今。艺术与传媒学院于2002年成立，是中国高校第一个全艺术学科汇聚、艺术与传媒结合的新兴学院，下设影视传媒系、音乐系、舞蹈系、美术与设计系、书法系、数字媒体艺术系、艺术学系。在百廿师大的校园里育人，在"影·视·剧·音·舞·书·画·新媒体"相互交融的氛围中开展学术研究，学者们感悟与思考的角度自有其独特之处，这些也在此次入编丛书的著作里有所体现。

首先，我所感受到的，是一种自由探索的气息。人类文明发展至今，进入了以数字为特征的信息技术时代。AI人工智能介入知识的生产与传播链条当中，容易让人对规模、速度、效率、效果以及"智能"产生一种过度的信赖与追求，不知不觉中忘记了人文艺术学科的深厚意蕴，往往来自个人内心原始和原创的天赋性情。我很赞成集体合作式的研究，也认同命题写作的意义与价值。但翻阅人类古代典籍和文献，会发现很多重要思想与观念，出自个人与他人、与宇宙、与自我的对话中。专著的意义，就在于这种具身性的书写体验是无法用"智能"检索出的人性的洞察。有时是偶然，有时是疑惑，有时是欣喜若狂，有时又会充满悖论与反思。人类的理性和逻辑性，体现在艺术学的研究与写作中，最有趣的恰恰是个体思考与经验的唯一性与偶然性。我在论丛专著的作者身上，就看到了这种不事"算计"的质朴与自由，弥足珍贵。

其次，是一种跨越学科界限，以问题为导向的求真之风。学问就像生活本身，并非按照学科与专业条分缕析，有那么多界限和藩篱。论丛专著写作的问题意识，凸显的是把著作"写在祖国大地上"的笃实与扎实。为了解决实际的学术问题，可以采取跨文化的视角，可以运用多学科的方法，也可以在本学科的工具范畴内做深入钻探，但最重要的是"实事求是"的求真态度。论丛中影像与心理学、舞蹈与社会学、艺术与管理、影视与法律等选题体现了艺术学研究的文化思维特征。知识的重新链接与整合，以及新知识、新命题的创建与探索，既需要勇于迈入学术"无人区"的勇气，也需要对学问审慎、认真的郑重与尊重，以及对于情感与个体局限性适度的体认与把控。借助北京师范大学独特的学风、校风，充分展现多学科交融、艺术与传媒两翼齐飞的学术姿态，京师文脉的研究写作之风可期可待。

最后，我还读到一种朴素的美育情怀和向善力量，渗透在京师艺术学者的血脉之中。论丛作者既有潜心笔端耕耘的理论专家，也有长于创作实践的学者型艺术家。他们的共同点，是笔端墨迹中流露出的兼善天下、以美育人的情怀。即便是充满理论性的学术探讨，也具有价值导向和知识传递的潜在意涵。仿佛在这样的写作中，总有那未来时态的、跨越时代更迭的读者对象——写作是为了让所有的一切变得更好。只有充满理想的土壤，才能生长出有温度的知识。北京师范大学，新外大街19号，这片颇显局促又充满生机的校园，大概就是这样一个还能安置住学术理想的地方。

　　谨以春天动笔、冬天出版的序言，祝贺并致敬我的同事们、学者们、老师们！

2022 年 8 月

序　言

　　本书作者彭侃，在影视产业研究领域已经是一位年轻的"资深"专家了。因为彭侃曾经跟随我攻读硕士和博士学位，所以常有一些不常联系的人找我，为了得到他的联系方式，想请他去授课或者参加策划会、研讨会。确实，从他硕士学位论文研究美国的"独立坞"电影制作体系到后来研究全球电视和流媒体节目模式，彭侃在影视产业研究方面所拓展的深度和广度，使得他的研究积累、专长、特色异常鲜明，与眼下不少青年学者"打一枪换一个地方""猴子掰苞谷"的研究方式截然不同，真正成为产业领域的"专家""行家"，不仅容易识别而且形成了自己的学术制高点，而这个制高点又正覆盖了这十多年来电影、电视、网络行业变革和节目创新的热门领域，便更加显示出其难得的价值。

　　彭侃这本《创意的力量：全球价值链视野下的节目模式》，是根据他的博士论文修订完善的。其实，他的博士论文是根据他若干年对电视节目、网络节目模式的丰富研究而形成的。写博士论文期间，加入了"全球""价值链"两个关键的视野，使得应用性和实践性的研究有了更多的整体性和理论性。事实上，节目作为"模式"既是全球化的结果，也是全球化的表征，而这种全球化大大扩展了节目的价值链规模和长尾，客观上也带来了文化之间更多的交流、碰撞和融合。无论是早期的《幸存者》《学徒》这样的真人秀模式还是后来的训练营、生活秀、跑秀等层出不穷的新模式，都体现了"全球化"和"价值链"的双重特性。本书对全球形形色色的节目模式进行分析，对大量来自个案观察和一手文献的信息进行阐释，其系统性、完整性、明晰性，无论对业界还是学界来说都是难得的贡献。而且伴随着作者参与过的许多媒体实践应用，这些"知识"都具有一种鲜活性，对有需求的人来说，开卷有益。

彭侃年纪很轻、写作甚丰，一方面源自他的勤奋，但另一方面这种勤奋更源自他不断地想要了解新现象、新事物的那种热情以及想把自己的新发现与人分享的渴望。有时我们开玩笑，说他"三天不写心慌"，其实说的就是他这种"热情"下的冲动。这种方式，让他的写作充满灵动、鲜活的气息，当然也会少一些"学者"的沉稳、深邃和严苛，概念供给、理论阐述相对比较少，更多偏向实用、偏向观察，行业界会更加受用、更加接受。所以，任何一种研究路径，都可能是长处与短处并存，我们不能求全责备，最怕的是像时下的许多所谓研究那样，满篇老生常谈、生搬硬套、庸庸碌碌，无所谓长自然处处皆短了。

彭侃这本书，包括这些年的影视产业研究，最大的特点在于具有国际视野，无论是欧美国家，还是日本、韩国、印度，甚至南美、非洲、中东，都在他的观察和研究范围内。在节目模式研究领域，像他这样长时间保持一种"全球视野"的，国内恐怕没有第二人。这也是他这些研究的独特价值所在。"他山之石可以攻玉"，首先得有开采他山之石的久久之功，这一点读者应该是容易从本书中感受到的。我常常说，一个学者之学，往往体现在一个纵横交错的坐标上，一纵是历史知识和历史观念，帮助你温故知新；一横是比较视野、比较方法，帮助你有比较才有鉴别、才有拿来。彭侃的这一横，是横得让人信服的。一纵，当然还可以假以时日。

闲话少说，还是请有心的读者去读书吧。

尹鸿

2022年10月21日于清华大学

目 录
CONTENTS

第一章

研究综述

电视节目模式（TV format）作为一种跨国流动的文化产品，从1950年第一桩正式的国际交易开始，已有70余年的发展历史。20世纪90年代之后，节目模式的国际贸易更经历了爆发式的发展，每年数以百计的节目模式跨越国界，在不同的国家被制作成本土化的版本，《谁想成为百万富翁》（Who Wants to Be A Millionaire?）、《老大哥》（Big Brother）、《幸存者》（Survivor）、《大众偶像》（Pop Idol）、《好声音》（The Voice）等成功节目模式成为全球瞩目的文化现象，英国、美国、荷兰、以色列等成为最重要的节目模式输出国。模式节目往往属于投资体量较大的节目，占据着播出平台的黄金时段，也创造出可观的经济价值。例如据统计，2013年，在欧洲主要16个国家的84个电视频道，共播出了28386小时的模式节目，而排名前100位的模式节目共创造了29亿美元的产值。[①]

在中国，引进节目模式近年来也成为潮流。中国电视荧屏上最热门的娱乐节目几乎都被从海外引进的节目模式所占据，例如《中国达人秀》《中国好声音》《我是歌手》《爸爸去哪儿》《奔跑吧兄弟》等。据统计，2010年到2015年，中国所引进的海外节目模式总计达到了200多档，2013年、2014年、2015年是高峰期，引进模式数量分别达到了56档、63档和52档。中国市场对海外模式的"狂热"也引发了有关主管部门对文化安全问题的关注和担忧。

某种程度上，引进海外模式的确帮助提升了中国电视节目的创意和制作水准，也帮助节目制作朝着工业化、标准化的方向发展。但中国电视荧屏被大量脱胎自海外模式的节目占据，却鲜有本土原创的节目模式能够出口海外，这种失衡的状况也是一个令人遗憾的现实。不管是中国政府、电视台抑或是制作公司，都希望能够改善这种状况，提高中国电视节目的创造力和对外输出的能力。

---

① WHITTINGHAM C. TV formats market worth $2.9bn［EB/OL］.（2014-03-11）［2020-05-10］. https://www.c21media.net/tv-formats-market-worth-2-9bn/.

随着全球化的发展和资本主义的全球扩张，文化产品也在经历日益深入的商品化进程，不断拓展出新的商品形态。例如，根据约翰·弗洛（John Frow）的研究，印刷文本的商品化大致经历了三种形式和阶段。15世纪时是实物（图书）的商品化；到了18世纪，随着版权保护范围的延伸，实物作品中所含信息实现了商品化；而到了20世纪晚期，发展出了电子数据库等文本信息的商品化。[①]随着技术的进步和产业的发展，围绕知识产权所延伸出的商品形态日益丰富，以实现利益的最大化。而电视节目模式产业的发展实则也代表着类似的趋势，电视节目一开始是为某个国家的观众所生产和播放而创造价值，然后发展出了成片的国际贸易，通过向海外输出来获取额外的收益。而节目模式产品则是电视节目进一步商品化所形成的形态。从市场适应性来看，节目模式可能是相较节目成片更为高级的一种形态，因为其不但能够帮助节目出品商绕过一些国家对于节目成片贸易的配额限制，也能通过更加灵活的本土化制作去适应不同国家的社会和文化环境。

如胡智锋曾总结的，全球电视节目发展历程，经历了"偶发的节目—归纳的模式—成型的工业—成熟的产业"的流变和沿革。在这其中节目模式发挥了关键性的作用，一方面，"批量复制、优质复加、规模运作、高性价比的工业化生产的节目模式，使得电视节目内容生产获得了新的产业化的'起跳点'，拥有了繁荣的表现形式和来源保障"。另一方面，"基于电视节目模式的研发和推出，直接进行版权交易交流，并在节目模式销售的同时形成上下产业链，这是世界范围内电视产业腾飞的成功商业模式"。[②]

可以说，电视节目模式构成了洞察当下国际电视业和中国电视业的一

---

① FROW J. Time and commodity culture［M］. Oxford: Oxford University Press, 1997: 139.

② 胡智锋.本土化：中国影视的文化自觉［M］.北京：北京师范大学出版社，2020：122-124.

个重要维度，这不仅是因为它正在成为日益壮大的产业，也是因为它是一种非常有特点的跨文化传播的文化产品。电视节目模式产业从几个维度体现了媒介的全球化潮流。首先，从内容的角度，它在过去的成片交易的基础上创造了一个新的市场。其次，它促进了全球各地电视产业之间的依存关系，围绕节目模式，已经形成了一个国际性的贸易系统。这一系统不仅促使少数国际巨头的形成，也让世界各地的播出平台和制作、发行公司以及各种辅助性机构加入了这个全球性的产业链。再次，电视节目模式的贸易也呈现出了不同于成片贸易的特点，例如，它不再为美国所主导，英国、荷兰、以色列等国家成为领先的模式输出国。这些特点使得国际电视节目模式成为一个有价值的研究对象。

第一节　节目模式

英文中的模式（format）一词来自拉丁词formatus，最早用于印刷行业中，指书籍印刷的一种形状和尺寸。[①]后来被引申用来指某种安排、表达或流程的风格和样式。[②]而节目模式提供的则是关于节目制作的安排，它常常由某个节目创意或制作公司开发出来后，通过发行商向原创地之外的国家或地区进行授权，在模式宝典的书面总结以及飞行制作人提供咨询的帮助下，重新制作出本土化版本。

从学界和业界对节目模式的探讨中，可以发现它是一个包括多个组成部分的复杂系统，并具有多重性质。

首先，节目模式指的是在创意层面，将各种电视叙事元素组织起来，形成一个完整的、与其他节目具有差异性的内容架构。例如在本书作者曾负责引进的某一节目模式提供的合约中，将节目模式定义为"包括节目大纲、叙述发展、台词、标题、游戏、（互动）应用、指示、文件和数据等节目要素；以服饰的类型、标题顺序、场景顺序、地点、呈现者类型和任何反复使用的台词及任何其他区别性特征呈现"。只有与其他节目形成明显的差异性特征，才具备成为节目模式的基础。另外，在同一个节目模式中，

---

① The Oxford English dictionary［M］. Oxford: Oxford University Press, 1989: 85.

② MORAN A, MALBON J. Understanding the global TV format［M］. Bristol, UK: Intellect, 2006: 19.

这些差异性特征应该具有延续性，如迈克尔·基恩（Michal Keane）、冯应谦（Anthony Fung）和阿尔伯特·莫兰（Albert Moran）指出的，节目模式是"某个节目中一套不可变更的元素，而每集节目中可变的元素则是根据这些不可变更的元素产生的"①。

　　一般而言，一个成熟的节目模式会在叙事引擎、环节设定、装置/道具、灯光、舞美设计、镜头运动、主持人的风格/台词、参与者的构成、节目包装元素等多个元素具有标志性特征。在基恩·查拉比（Jean Chalaby）看来，在让一个节目成为节目模式的固定化元素中，最重要的是独特的叙事引擎，即设计好的用来创造戏剧张力和故事线索的规则。②例如在《好声音》中，导师通过"转椅子"对选手进行"盲选"的选拔机制构成了节目的叙事引擎。

　　迈克尔·基恩、冯应谦和阿尔伯特·莫兰在他们的著作中，具体列举了一些节目的叙事引擎，包括巨额奖金、选拔制度、可让观众参与的求助或投票机制，新奇或危险的场景、争议性的议题、家庭参与、自己动手创造等元素。③为了增强节目的可看性和戏剧性，各个模式中往往不会只局限于一个引擎，如在益智问答节目《谁想成为百万富翁》中，除了有激发选手不断闯关的巨额奖金，也有为了加强观众参与度和节目悬念的求助制度。在《幸存者》这样的生存竞技节目中，除了有巨额奖金，更有赤裸裸地暴露人性的竞争机制，还有让观众充满好奇心的荒岛环境等。这些叙事引擎促使选手们努力在节目中表现自己，也是激发观众对节目兴趣的基础。

　　其次，电视节目模式是一种制作技术，能为节目制作者提供工作指导。

①　KEANE M, FUNG A, MORAN A. New television, globalization, and the East Asian cultural imagination [M]. Hong Kong: Hong Kong University Press, 2007: 61.

②　CHALABY J. At the origin of a global industry: the TV format trade as an Anglo-American invention [J]. Media, culture & society, 2012, 34(1): 37-53.

③　KEANE M, FUNG A, MORAN A. New television, globalization, and the East Asian cultural imagination [M]. Hong Kong: Hong Kong University Press, 2007: 69-73.

与节目成片的贸易相比，节目模式的贸易更多是一种技术的输出。模式所出售的不光是节目的创意，更重要的是如何实现这些创意的生产方式。它常常被比喻成处方，包含节目制作中各种必需的元素。[①]节目模式开发商经历漫长的创意、设计、拍摄样片、修改开发出节目模式，并以各种档案形式将模式的各种元素记录下来。制作商则可以根据这些记录制作出节目。阿尔伯特·莫兰和贾斯汀·马尔本（Justin Malbon）具体列举出了构成电视节目模式产品的12种组成部分，包括：

1.纸上模式：以文档的形式对节目模式理念、流程、风格的具体描摹。

2.节目制作/模式宝典：通常长达数百页，涉及节目制作、营销、推广和发行等方方面面的指引。

3.制作顾问服务：节目模式的出售方或授权方往往会向购买方提供系统的制作咨询服务，包括派出曾参与原节目制作的专家前往指导改编版的制作。

4.布景元素设计：节目模式的出售方或授权方会提供布景设计方面的细节，既可以帮助购买方节约成本，更重要的是用相似的布景元素建立和延续节目模式的品牌。

5.电脑处理软件：可帮助节目制作方提高处理图像、节目字幕和特效等部分效率的电脑软件。

6.标识：节目的商标、Logo和印刷材料、标签等包含特别视觉元素的节目标识。

7.音效：原节目所使用的音乐和特殊音效。

8.脚本：可供节目模式购买方参考的原节目脚本，但通常不会被直接使用，需要经过修改或改编。

9.观众和收视数据档案：之前已播放的节目各个版本所取得的收视成

---

① ESSER A. Television formats: primetime staple, global market [J]. Population communication, 2010, 8(4): 273-292.

绩、目标观众的统计特征等数据。

10.播映时段等相关信息：之前已播放的节目各个版本的播映编排情况。

11.节目录像带：令购买方直观地了解到节目的形态。

12.可使用的镜头片段：原节目中一些可被改编版使用的镜头片段。例如游戏节目中介绍游戏规则的小片。[①]

这12个元素出现在电视节目模式发展的不同阶段。纸上模式出现得最早，在节目模式尚未被批准制作样片前便已出现。节目制作/模式宝典往往从创意阶段时便开始积累素材，随着制作、播出和国际发行的过程而不断充实内容。布景设计元素、电脑处理软件、标识、音效、脚本等将在节目模式被制作商选中正式投入制作的过程中出现，观众和收视数据档案、播映时段等相关信息、可使用的镜头片段则出现在节目播映之后。制作顾问服务则是在节目模式被其他国家的制作商购买后才会提供。基于节目制作难度的不同，开发商派出的制片顾问可能是一个人也可能是一个团队。而反过来，制片方也可以向模式开发所在地派出人员，观摩当地的模式节目制作过程，学习相关的制作经验和技术。

这些元素也并不是固定不变的，当节目模式被授予到越来越多的地方制作出不同的版本，这些元素也相应地会得到累积和更新，形成不断更新的节目模式产品。例如《达人秀》（*Got Talent*）模式中令人印象深刻的黄金按钮，评委们每季可以使用一次，来送一位表现出众的选手直接晋级决赛。但在最初英国版的节目中是没有这一设置的，直到2012年出现在德国本土版中，取得成功后被推广到每个国家的"达人秀"系列中。

最后，节目模式是一种贸易产品，是一种可以在电视产业各个参与者

---

① MORAN A, MALBON J. Understanding the global TV format [M]. Bristol, UK: Intellect, 2006: 24-25.

间进行交易的知识产权商品。[①]它具有可移植性、可贸易性，而且通常是跨国、跨地区的贸易。节目模式往往由开发商或发行商向原创地之外的国家（地区）授权，并可被改编成迎合这些国家（地区）观众的节目。开发商创造节目模式主要是为了获取经济利益，本土制作商购买外国的节目模式也主要是为了利用这些已经过市场检验的模式提高制作效率和经济效益。

节目模式开发商一般是通过授权的方式与各地的电视节目制作商达成交易。这与其他知识产权类特许经营商品的商业模式类似。开发商授予制作商一定时期内使用某个节目模式制作节目的权利，授权期通常为1—3年，如果授权期内制作方并没有制作这档节目，那么制作权利会在到期后回到开发商手中。如果制作方制作了节目，在授权期到后，其还享有优先续约的权利，但授权费用会有一定比例的上升。如果制作商选择不续约，这档节目模式便可能被授予其他制作商。[②]

在授权费方面，开发商通常会按照制作预算的一定比例（3%—10%之间）向制作商收取。在不同地区，由于当地经济发展水平和电视业发展程度不同，授权费也会呈现很大的区别。对于模式授权商来说，美国是最重要的市场，光是美国一地的授权费用便可能超过其他国家的总和。在一些人口较多、电视业较发达的国家，例如英国、德国、法国、意大利以及日本等地，授权费平均可达到2万—3万美元一集。在一些欧洲小国和澳大利亚等市场的授权费用则是平均一集1万—1.5万美元。[③]而在一些亚洲、非洲、拉丁美洲等经济不甚发达的地区，授权费可能会低至数百甚至100美元一集。除了授权费外，节目模式授权商还往往会要求分享节目本土版在

① FUSCO S, PERROTTA M. Rethinking the format as a theoretical object in the age of media convergence [J]. Observatorio journal, 2008, 2(4): 89-102.

② MORAN A, MALBON J. Understanding the global TV format [M]. Bristol, UK: Intellect, 2006: 68.

③ MORAN A, MALBON J. Understanding the global TV format [M]. Bristol, UK: Intellect, 2006: 67.

相关的衍生市场的收益，例如，短信和电话投票所产生的收益、特许经营商品的售卖收益等。《美国偶像》（*American Idol*）的模式授权协议中甚至规定比赛冠军奖金中的20%要分给模式开发商。

正是在商业利益的驱动下，电视节目模式的贸易日益发展成了一项国际性产业。在这一过程中，一些成功的节目模式会发展成为具有全球知名度的品牌，从而能够创造出更大的价值。这些模式可以吸引大量的广告客户，并可以开发各种各样的衍生消费品。例如，每一年《达人秀》在世界各地的版本会跟多达150个品牌合作，从评委桌上的杯子到在Facebook（脸书）上的直播，以及授权合作方举办的活动都能产生商业价值。[1]此外，这些模式也可以微调后衍生出新的模式，例如《好声音》大获成功后，又衍生出了《好声音少儿版》《好声音老年版》等不同的版本。

经典的模式也能产生经久不衰的价值，如表1-1所示，2021年全球在播版本最多的十大节目模式中，1976年播出的《家庭问答》仍然位列其中，而《谁想成为百万富翁》《龙穴》《幸存者》也都有20年以上的历史，但它们仍然是受到世界各地平台青睐的节目模式。

表 1-1　2021 年全球在播版本最多的十大节目模式 [2]

节目名称	首播年份	发行商	2021年在播版本
《蒙面歌王》	2015	Fremantle/MBC	41
《好声音》	2010	ITV	38
《谁想成为百万富翁》	1998	Sony	35
《顶级厨师》	2005	Banijay	29

[1]　GLYNNE S. Ideas that scale: how to create a global TV format［EB/OL］.（2018-07-09）［2020-01-25］. https://www.thedrum.com/opinion/2018/07/09/ideas-scale-how-create-global-tv-format.

[2]　K7 MEDIA. Tracking the giants: the top 100 travelling unscripted formats 2021-2022［R］. London: K7 Media, 2022: 9.

续表

节目名称	首播年份	发行商	2021年在播版本
《龙穴》	2001	Sony	28
《达人秀》	2006	Fremantle	24
《好声音少儿版》	2012	ITV	21
《和我吃晚餐》	2005	ITV	20
《家庭问答》	1976	Fremantle	20
《幸存者》	1997	Banijay	20

由此可见，节目模式的价值不光体现在节目创意层面，也体现在制作技术的传授和品牌价值层面。事实上，后两个维度是让节目模式成为一种全球性产业更重要的理由。在法律层面上，对于节目模式版权的保护并不严格，模仿其他节目的创意往往并不会受到法律的制裁。本土节目制作商如果希望利用海外节目模式的创意，但又不愿支付授权费用，可以通过观摩节目的录像，揣摩总结其中的模式，进而为自己所用。这种模仿的方式可以为节目制作商节省一笔费用，但与获得授权使用外国模式制作的节目相比，其弊端也很明显。首先，这种模仿很容易落得形似而神非的结果。电视节目的制作是一个系统工程，缺乏制作宝典的指引而仅凭观摩节目视频，可能很难全面地掌握节目中的创意元素。其次，节目模式的授权并不仅是提供书面的节目制作指引，它还会提供制作中的咨询和服务，与简单的模仿相比，在已积累了丰富经验的制片人指导下会更有效率。再次，节目模式授权方也会提供可以改编使用的原节目中的素材，如音乐、视觉设计、电脑特效等，能帮助制作商节省制作成本。相形之下，盲目的模仿可能会耗资更多而效果不佳。最后，针对一些具有全球知名度的节目模式，在获得模式授权的情况下，本土制作方可以使用模式的品牌作为营销的手段，在寻找节目的赞助商和广告商、提升节目的知名度方面都大有裨益。

而简单模仿知名模式的节目则无法利用模式所建立起的品牌和影响力，如果贸然利用原模式进行宣传，还可能招致版权方的法律诉讼。基于以上几个原因，电视节目模式才在不受版权法律严格保护的情况下，仍然发展成了一个不断壮大的全球性产业，模式开发商、发行商和节目制作公司、播出平台围绕节目模式也开发出了日益复杂化的产业链。

综上所述，本节将节目模式界定为以独特的创意元素和制作技术、品牌价值为基础，且具有可重复性与可贸易性，能够被授权用于指导节目再生产的一种内容产品。它的出现，深刻地改变了全球节目内容行业的产业格局，基于它提供的内容框架、生产方式以及知名IP，将全球各地的节目内容生产者更紧密地联系在了一起，也大大提升了节目国际传播的能力。

第二节　关于节目模式的研究现状 *

在西方学界，随着电视节目模式在20世纪90年代的兴起，其也逐渐为学术界所关注。学者们采取文化研究、跨文化传播研究、政治经济学研究和媒介研究等方法，分析电视节目模式国际传播的全球化/本土化、文化霸权/文化认同、跨国经营与传播、民族国家文化主权等课题，出现了多本研究专著以及一系列的研究论文。一些学术刊物如《电视批判研究》（*Critical Studies in Television*）和《国际数字电视研究》（*International Journal of Digital Television*）等也曾出版过关于节目模式研究的专刊。

其中，来自澳大利亚的阿尔伯特·莫兰是该领域的领军学者，其于1998年出版的《模仿电视：全球化、节目模式和文化身份》比较详细地描述了当时方兴未艾的电视节目模式现象，并探究了在节目模式跨境改编的实践中所蕴含的文化意义。全书共分为十一个章节、四大部分，第一章讨论了全球化的理论，提出国家民族化电视体系的持续生命力构成了对全球化理论的挑战。第二章到第五章探讨了节目模式贸易的多个维度，包括主要的公司和贸易网络等。第六章到第九章则对几个游戏节目和肥皂剧模式的跨国改编进行了案例分析。第十章和第十一章通过对德国和荷兰电视业的分析，分析了不同国家以及属于不同社会群体的观众接受电视节目模式

---

* 本节所提及的文献出处均列在参考文献中，因本节不涉及具体引文，不再在脚注中重复列出。

的不同方式。

2006年，随着国际节目模式的持续崛起，阿尔伯特·莫兰与法律专业的教授贾斯汀·马尔本合作出版了《理解全球节目模式》一书，分析了国际节目模式发展的主要动力和产业机制。其中第一部分分阶段回顾了国际节目模式的发展历史，分别是1935—1955年间电视节目模式贸易的萌芽阶段，1955—1980年的早期发展阶段，1980—2000年的逐渐成熟阶段以及2000年至今的繁荣阶段。该书的第二部分总结了国际节目模式的贸易机制，包括主要的模式创意公司、代理机构和贸易展会以及行业组织等。第三部分由贾斯汀·马尔本教授完成，通过一系列案例分析，探讨国际节目模式的版权保护问题。总体上看，这本仅187页的书更像是一本入门教科书，帮助读者了解国际节目模式业的总体状况。

2010年，阿尔伯特·莫兰又编辑出版了《国际节目模式：全球节目的本土化》，试图探讨国际节目模式当中所蕴含的本土—全球这两者之间的复杂关系。来自多个国家和地区的20多位学者贡献了19篇理论分析或案例研究论文。这些论文大致可区分为四个领域：一是建构关于节目模式改编的一般理论框架；二是从机制的角度理解模式的开发和扩散；三是对不同的国家和地区进行模式本土化的案例分析；四是调查特定区域内模式产业发展的状况。其中迈克尔·基恩的论文《独立电视制作，电视模式和中国的媒介多样性》聚焦了电视节目模式产业在中国发展的状况。

除阿尔伯特·莫兰之外，来自英国的基恩·查拉比是电视节目模式研究界的另一位重要学者，其发表了一系列关于电视节目模式产业重要的研究论文。其2011年发表的论文《制造娱乐革命：节目模式贸易何以成为全球产业》聚焦20世纪90年代末这一电视节目模式业蓬勃发展为全球性产业的关键时期，分析繁荣背后的原因，包括几个突破性模式的出现（《谁想成为百万富翁》《幸存者》《老大哥》《美国偶像》）、节目交易市场的形成、独立电视制作行业的兴起以及电视行业信息流动的全球化等。2012年发表的论文《全球产业的开端：英美创造的节目模式贸易》则追溯了节目模式贸易的早期历史，认为其是由英美电视业开创的市场。2013年发表的论文《反思跨国节目模式：让本土性可见让全球性隐形》认为节目模式与其各地版本的关系，正如世界足联所制定的规则与世界各地的足球比赛的关系一样，内在的规则一致，但外显的表现和风格却不同。2015年其又发表论文《电视节目模式跨国贸易时代的来临：全球化的产业链分析》，认为如今电视节目模式贸易已经成为一个独立的跨国体系，成为一张由大量的互相依存的经济体、公司、机构等组成的密网。在此文中，作者运用了文献分析、数据分析、采访等方法，对这条全球化的产业链的四个部分：创造、发行、制作和买卖进行了解读。在其一系列研究成果的基础上，基恩·查拉比还在2015年出版了关于电视节目模式的专著《模式时代：电视的娱乐革命》。

除了这两位代表性的学者，塔莎·奥伦（Tasha Oren）和莎伦·沙哈夫（Sharon Shahaf）合编的《全球电视模式：理解跨国流动的电视》（2012）一书也将给本书的研究提供比较重要的参考。这本论文集分为四个部分，第一部分探讨电视节目模式的理论，如埃迪·布伦南（Eddie Brennan）的论文《对模式化快感的政治经济学分析》分析了电视节目模式提供给观众的观看快感。他指出大部分成功的节目模式本质上是相似的，遵循全球化市场经济的"低成本、低风险、最大的国际通行性"的逻辑，给观众提供的快感也在非常有限的范围之内。第二部分则从历史的角度探讨了节目模式。其中，杰罗姆·波登（Jerome Bourdon）的论文《从分散的改编到精确的复制：节目模式在欧洲电视业的兴起》回顾了欧洲电视台使用游戏和答题类节目模式的历史，指出欧洲电视对模式的使用已从零散的、非正式的改编，变成了常态化的一种贸易，就连公共电视机构也积极地参与模式市场。保罗·托瑞（Paul Torre）的论文《命运颠倒：好莱坞在国际媒介贸易中面临新挑战》则指出不同于美国在电视节目成片出口市场的全球主导地位，美国在电视节目模式的创意和出口市场并未处于领先地位。以色列、荷兰、巴西等国节目模式的兴起在某种程度上改善了媒介全球流动中的"单向化"状况。论文集的第三部分围绕最为成功的国际节目模式之一《大众偶像》进行了一系列案例分析，通过对新西兰、美国、非洲等多个版本的《大众偶像》的解读，分析了该模式为何能产生全球性的吸引力，又在各地经历了怎样不同的本土化与接受过程。第四部分则从地缘政治和国家民族性的角度探讨节目模式的流动。其中马万·克瑞迪（Marwan Kraidy）的论文《全球节目模式的社会和政治维度：黎巴嫩和沙特阿拉伯的真人秀节目》分析了节目模式如何通过激发新的传播过程而影响社会和政治层面。例如，选秀节目《造星学院》在阿拉伯世界引起了关于民主化、性别关系和西方影响的巨大争议。迈克尔·基恩的论文《电视界的革命和创新大跃进？全球电视节目模式业中的中国》追溯了中国对国际节目模式购买授权、联合制作和改编的历史，认为模式在中国电视商业化转型中发挥了重要作用。

蔡俊熙（Joonseok Choi）的博士论文《电视节目模式的商品化》（2019）则是这一领域近几年中较为体系化的代表性研究成果，其追溯了电视节目模式是如何从最早附着于电视节目的创意变成全球性商品的过程，论文认为发行在这一过程中扮演着至关重要的角色，其详细地分析了发行机制是如何形塑了节目模式作为商品的三重属性：法律层面的、功能层面的和实体层面的。

在中国，由于对国际节目模式的引进近年来才变得常见，因此在这方面的学术研究也较国外滞后。通过文献检索发现，目前出版的关于节目模式的书籍，大多数是对于最新的海外节目模式创意的总结、分析，如苗棣等编著的《美国经典电视栏目》（2006）、阚乃庆与谢来撰写的《最新欧美电视节目模式》（2008）、宋晓阳撰写的《日本经典电视节目模式》（2009）、袁靖华撰写的《电视节目模式创意》（2010）等。2017年，国际节目模式机构The Wit创始人之一伯特兰德·维莱加斯（Bertrand Villegas）

联合中国学者郭瑛霞、吴闻博出版了《全球节目模式养成计》一书，但总的来说，这些著作主要是为从业者提供模式创意、保护和营销推广方面的实用性参考，学术性不强。而在其他一些关于电视研究的专著中，例如尹鸿等出版的《娱乐旋风——认识电视真人秀》（2006）一书中，有对于真人秀节目模式内容形态比较深入的探讨。杨乘虎出版的《中国电视节目创新研究》（2014）中，对中国电视节目追捧抢购模式的现象进行了反思，探索了建构电视节目创新"中国模式"的可能性。但总的来说，具体聚焦电视节目模式产业的学术性研究专著或是博士论文在中国还是一个空白领域。

当然随着电视节目模式的火热，国内学者也逐渐将目光投向了这一领域，目前在专业核心期刊上已出现了百余篇与此主题相关的论文。这些论文大致可以分为以下几类：第一类是运用比较研究方法，分析引进电视节目模式的本土化，如吴克宇等人的论文《〈梦想合唱团〉引进海外节目模式的启示》（2012）、石拓的论文《〈中国好声音〉节目模式创新研究》（2013）、梁鸣等人的论文《从〈为你而战〉看引进节目模式创新改造》（2013）等。第二类是从宏观角度探讨中国引进节目模式的现状以及未来自主创新的前景等。如袁靖华的论文《探析我国电视节目模式创新的出路》（2010）、《全球竞争时代我国电视业的节目模式之困及出路》（2014），李冰的《海外节目模式的"引进热"与"冷思考"》（2015），尉雨瞳的《论电视节目模式引进的发展策略》（2014）等。第三类则是运用电视学的理论和方法研究电视节目模式，主要是对电视节目形态的研究，焦点集中在制作层面和类型特征分析上，如任玲玲等人的论文《中国音乐选秀节目模式的创新因素分析》（2013）、冯其器的《中国科教类电视节目模式分析》（2012）、何春耕等的论文《中国电视娱乐节目模式的发展与探索》（2006）等。第四类论文则运用文化全球化和本土化的相关理论，对电视节目模式的跨文化传播及文化影响进行分析，如殷乐的《电视模式的全球流通：麦当劳化的商业逻辑与文化策略》（2005）、陈阳的《文化混杂、本土化与电视节目模式的跨国流动》（2018）、蔡骐和唐亦可的《电视节目模式：在全球化与本土化之间》（2017）等。

总的来说，国内学术界目前对电视节目模式的研究还停留在比较表层、描述性的阶段，在历史的系统梳理、理论框架的建构、产业的宏观与微观分析等方面都还有广阔的挖掘空间。因此，本书希望填补这个领域一定的研究空白。

第三节　本书的研究问题和理论框架

在已有研究的基础上，本书希望系统地探讨全球化背景下的电视节目模式的发展问题，尤其是中国电视节目模式发展的现状与未来。具体而言，本书将探讨如下问题：首先，国际节目模式的贸易是怎样成长为一种全球性产业的？这个过程中有哪些驱动性要素？其次，国际节目模式的全球价值链在产业和文化的维度上形成了怎样的结构化特征？再次，在围绕节目模式的国际化竞争中，为什么英国、荷兰、韩国等国家能够成为主要的模式输出国？决定各个国家模式产业的发展程度和在全球市场上的影响力的核心因素是什么？最后，中国近年来也大力推动了节目自主创新和原创模式"走出去"，但却收效甚微，原因是什么？有何对策？

针对这些问题，本书将主要采用全球价值链（Global Value Chain）的理论框架和分析方法。价值链（Value Chain）的概念最初由迈克尔·波特（Michael Porter）在1985年提出。他指出企业的价值创造是由一系列基本活动和辅助活动组成的，这些相互关联的生产经营活动构成了一个价值创造的动态过程，即价值链。[①]之后盖瑞·格里芬（Gary Gereffi）在分析全球范围内的国际分工与产业联系时，进一步提出了全球价值链的概念，将其界定为以实现商品或服务价值为目的而连接起来的全球性跨企业网络组织，

---

① 波特.竞争优势［M］.陈丽芳，译.北京：中信出版社，2014.

包括生产、销售、回收处理等过程。①经过不断的延伸和应用，全球价值链已发展成为一种融合宏观和微观、从中观维度系统研究全球经济和产业的理论。

全球价值链理论认为，全球化的进程正在让商品生产的过程变得碎片化，过去垂直整合的生产模式被打破了，并且产生了全球性的分工。很多商品不再只是在单独某个国家生产，然后被输出到别的国家。生产的过程可能会有来自其他国家的参与，也可能把部分零部件的生产外包给其他国家。在跨国界的各种公司和组织之间，也由此形成了围绕某种商品的全球价值链，将世界经济连成了一个整体。

相较于其他研究全球化现象的理论框架，全球价值链理论更聚焦在全球产业的组织文化及其后果，重点关注链条中的产业组织结构、协调、治理和权力的问题。例如，格里芬曾总结了分析全球价值链四个最为重要的维度，一是投入—产出的结构（input-output structure），即产品从设计到生产、销售的过程经历了哪些价值创造和增值的环节。二是治理结构（governance structure），即在价值链条中，各种市场主体在这些环节中占据着怎样的位置，形成了怎样的控制或协同等权力关系。三是地理分布（territoriality），指产品在贸易流动和增值过程中所遵循的地理路径，代表着不同国家在价值链条上所处的位置和权力关系。四是制度性框架（institutional framework），指对价值链会产生宏观影响的政策制度、管理体系，包括贸易政策、规则和标准等。②

另外，全球价值链的研究者也致力于分析与产业升级和转型、经济发展和扶贫有关的问题，希望制定出有效的政策工具帮助发展中国家和相关

---

① GEREFFI G, KAPLINSKY R. The value of value chains: spreading the gains from globalisation［M］. Brighton, UK: Institute of Development Studies Sussex, 2001.

② GEREFFI G. The organization of buyer-driven global commodity chains: how U.S. retailers shape overseas production networks［M］//GEREFFI G, KORZENIEWICZ M. Commodity chains and global capitalism. Westport: Praeger, 1994: 95-122.

产业的发展。① 例如，费尔南德斯·斯塔克（Fernandez Stark）等人指出了产业升级主要的四种手段：产品升级——生产有更高附加值的产品；过程升级——提高生产过程的效率；功能升级——转向产业链当中有更高技术含量、价值更高的环节；跨界升级——将在目前的领域中积累的知识和技术等跨界运用到新的产业链中。②

全球价值链理论也逐渐被运用到对文化和创意产业的研究中。据统计，在2013年到2017年间，大约有15篇英文期刊学术论文或书籍章节运用全球价值链理论分析全球文化和创意产业，其中约一半涉及视听文化产品，包括电视、动画、电影、视觉特效、在线游戏行业等。③ 国外也已经出现了数篇从全球价值链视角研究国际节目模式的论文，如马丁·德莱拉（Martin Ndlela）的论文分析了在非洲的节目模式价值链中，南非占据主导地位的原因。④ 基恩·查拉比的论文则以英国为案例，探讨了在全球节目模式价值链上的产业升级战略。⑤

本书希望在过往学者的研究基础上，运用全球价值链理论框架对于国

① GEREFFI G. Global production systems and third world development［M］// STALLINGS B. Global change, regional response: the new international context of development.Cambridge: Cambridge University Press, 1995: 100-142.

② FERNANDEZ-STARK K. Global value chains in Latin America: a development perspective for upgrading［M］// HERNANDEZ R A, MARTINEZ-PIVA J M, MULDER N. Global value chains and world trade: prospects and challenges for Latin America. Santiago: ECLAC, 2014: 79-106.

③ LEE J, LEE M. Governance and upgrading in global cultural and creative value chains［M］// PONTE S, GEREFFI G, RAJ-REICHERT G. Handbook on global value chains. Cheltenham, UK: Edward Elgar Publishing, 2019: 138-152.

④ NDLELA M. TV formats in anglophone Africa: the hegemonic role of South Africa in the TV format value chain［J］. International journal of digital television，2017, 8(1): 47-66.

⑤ CHALABY J. Can a GVC-oriented policy mitigate the inequalities of the world media system? Strategies for economic upgrading in the TV format global value chain［J］. International journal of digital television, 2017, 8(1): 9-28.

际节目模式产业的结构以及处在不同发展阶段的国家在价值链上的升级战略展开进一步的研究。正如查拉比在上述论文所指出的，这一理论框架的优势在于可以帮助我们更好地理解节目模式的贸易体系是如何在全球性的层面形成的，以及不同的经济主体是如何通过彼此互动形塑这一体系，从而帮助理解节目模式所反映的媒介全球化进程的内在逻辑。

同时在讨论节目模式产业的国际竞争和升级战略时，本书重点运用了迈克尔·波特在《国家竞争优势》一书中所提出的"钻石模型"，这一模型从生产要素，需求条件，相关产业和支持性产业，企业战略、结构和同业竞争四大要素以及机遇和政府的影响方面很好地解释了为什么某些国家的特定产业能够胜过其他国家。①

需要指出的是，不管是全球价值链理论，还是"钻石模型"，在国外都主要被应用在分析第二产业上，诸如服装、汽车、计算机等产业，但节目模式跟这些产业相比则具有更强的文化属性，因此本书也将借鉴来自文化产业经济学、传播政治经济学等领域内的一些概念和理论框架来展开分析，例如，文化折扣、文化接近性、文化本土化理论等。

---

① 波特.国家竞争优势［M］.李明轩，邱如美，译.北京：中信出版社，2012.

第四节　研究数据和资料的来源说明

　　本书所使用的研究数据和资料主要有以下三个来源：第一是与本书研究主题相关的文献。包括研究文献、新闻报道、行业报告等。第二是笔者的参与式观察。自2012年开始，笔者已经开始从事电视节目模式的引进和本土化的相关业务，包括负责为央视综艺频道从荷兰模式公司恩德摩尔（Endemol）引进模式 *Give Me that Bill* 制作《幸福账单》，为天津卫视从英国模式公司佐迪亚克（Zodiak）引进模式 *Copycat Singers* 制作《天下无双》，为山东卫视从韩国首尔电视台引进模式 *K Pop Star* 制作《中国星力量》，为浙江卫视从日本NHK电视台引进模式 *Doctor G* 制作《健康007》，为湖南卫视从以色列阿莫扎（Armoza）公司引进模式 *The Green Project* 制作《我们都爱笑》中的版块《爱笑好来屋》等近10个模式本土化项目。这些项目经验使笔者得以对国际节目模式产业的运作机制与中国电视节目模式的创新现状有第一手的了解和认识。第三是深度访谈。笔者围绕本书的研究主题邀请相关的专业人士进行一系列深度访谈，包括国际知名的模式咨询公司 The Wit 的创始人维吉尼亚·慕斯勒（Virginia Mouseler）、Small World 公司的创始人蒂姆·克雷申蒂（Tim Crescenti）、塔尔帕（Talpa）公司的全球制作总监埃蒂安·德容（Etienne de Jong）、红箭公司（Red Arrow）首席创意总监迈克尔·施密特（Michael Schmidt）、ITV制片厂节目模式主管艾娜·乌曼斯基（Ella Umansky）、阿莫扎公司的首席执行官艾维·阿莫扎（Avi Armoza）、湖南卫视常务副总监周雄、湖南卫视创新研发中心主任罗昕等国际知名模式公司的高管、国内主要平台研发部门负责人等。在2019—2021年期间，在笔者担任首席专家的乐正传媒模式智库线上举办的讲座中，也相继邀请了一些国际节目模式行业的专家，包括英国知名模式研发专家、国际咨询公司K7董事克莱尔·汤普森（Clare Tompson），曾担任韩国希杰娱乐集团全球内容企划与制作总负责人、Something Special公司创始人黄振宇，曾担任恩德莫尚全球创意总监、国际知名节目制作人威廉姆·布鲁姆（Willem Brom），曾担任班尼杰（Banijay）集团模式副总裁的安德鲁·赛姆（Andrew Sime）等。这些访谈和讲座的内容帮助笔者突破个人经验的局限，更好地了解国际和国内节目模式业的整体状况。

第二章

全球节目模式价值链形成的历史

2019年，全球大约发生了392起节目模式交易，其中有345起是新达成的交易。^①从1950年英国BBC买下美国CBS电视网的《我的台词是什么》（*What's My Line?*）这第一桩国际节目模式的正式交易开始，模式产业已经走过近70年，逐渐壮大为跨国文化产品贸易中的重要组成部分。当年BBC为模式授权所支付的费用仅为一年300英镑，而如今成功的节目模式能够输出到全球数十个乃至上百个国家，一档节目模式可能每年获得的授权费用就高达上亿美元，其所带来的本土制作、广告价值、衍生开发领域的价值，更是难以估量。节目模式是如何从无到有，发展成为一个全球性的产业的？这是本章探讨的主要问题。本章将首先按照不同的发展阶段来梳理国际节目模式产业发展的历史及其全球价值链形成的过程，最后将总结驱动其发展的主要因素。

---

① K7 MEDIA. Tracking the giants: the top 100 travelling TV formats 2018-2019［R］. London: K7 Media, 2019.

第一节　萌芽阶段：起源于美英两国的模式交易

　　追溯国际节目模式的发展历史，可以发现这种改编其他国家的节目制作出当地版本的做法是从广播行业继承下来的，早在20世纪20年代后期，英国的BBC便曾改编过美国的广播节目，后来又扩散到澳大利亚和加拿大等国家。例如《博斯少校的原创才艺秀》(*Major Bowe's Original Amateur Hour*)，这档广播才艺秀最早于1934年在纽约播出，后在1936年被BBC改编，又在1940年被澳大利亚的商业电台改编。①

　　而当电视诞生后，已发展多时的广播节目自然地成为被借鉴的对象。很多早期电视节目都脱胎自广播节目模式。据查拉比的研究，第一档基于广播节目模式改编并进行了跨国授权的电视节目也诞生在BBC，名为《无知是福》(*Ignorance is Bless*)，改编自1942年在纽约WOR电台首播的节目《无知的下场》(*It Pays to Be Ignorant*)，从1946年7月22日开始，BBC根据原版模式制作成广播节目播出，并在1947年4月24日首次在BBC现场直播了一集电视特别节目。②而当时这一模式的授权是从莫瑞斯·韦里克

①　CHALABY J. The format age: television's entertainment revolution [M]. Cambridge; Malden, MA: Polity Press, 2016: 17.

②　CHALABY J. At the origin of a global industry: the TV format trade as an Anglo-American invention [J]. Media, culture & society, 2012, 34(1): 38.

（Maurice Winnick）手中买下的，他是出生于英国曼彻斯特的乐队老板，因为和广播电台有密切的合作，负责代理很多美国广播节目的版权。BBC 为每期《无知是福》支付的授权费用不过 40 多英镑。

《我的台词是什么》是第一档真正实现跨国售卖的电视节目模式。这档节目在 CBS 电视网 1950 年 2 月 2 日首播，主要内容是让几位嘉宾猜测节目组安排的参与者的职业。[①] 这档节目在美国大获成功，播出长达 17 年。同样在莫瑞斯·韦里克的牵线下，BBC 购买了这档节目模式，英国版于 1951 年 7 月 16 日开播之后，受到了观众的欢迎，因此每年都播出两季，直至 1963 年。而当年，BBC 支付的节目授权费仅为 300 英镑。[②]

尽管早期为节目模式授权支付的费用是很低的，但它代表着对这种授权改编关系的认可。关于节目模式的授权规则是从这一时期开始逐渐建立起来的。根据查拉比的研究发现，BBC 一开始与《无知的下场》合作时，在合同里并不愿意规定这是"授权费"，而坚持支付的是对方提供剧本的报酬。在写给莫瑞斯·韦里克的信里，BBC 表示："不管是英国还是美国的法律，都不认可这个节目的名称、点子、计划和形式具有版权。"[③] 而到《我的台词是什么》的交易时，这种授权的概念终于被认可并且体现在合约中。

在 BBC 与莫瑞斯·韦里克于 1951 年签署的合约中，有明确的表述："我（莫瑞斯·韦里克）授予 BBC 在英国制作这档节目共 26 集的权利，费用为 300 英镑。电视节目的播出时间应该从 1951 年 7 月的第三周或第四周开始。"关于其他权利的归属包括"电影权、舞台表演权、声音广播权、海外权利和翻译权、出版权"也在合约中有明确的规定。在查拉比看来，这

① SCHWARTZ D, RYAN S, WOSTBROCK F. The encyclopedia of TV game shows ［M］. 3rd ed. New York: Checkmark Books, 1999: 246.

② CHALABY J. At the origin of a global industry: the TV format trade as an Anglo-American invention［J］. Media, culture & society, 2012, 34(1): 38.

③ CHALABY J. At the origin of a global industry: the TV format trade as an Anglo-American invention［J］. Media, culture & society, 2012, 34(1): 39.

份合约相当于给电视节目模式贸易发了一张"准生证"，因为这是第一次，由电视台明确地为节目模式付费，而非以其他名义付费，其标志着电视节目模式是可以用来交易的，这为之后国际节目模式市场的形成奠定了基础。

1955年，英国的第一家商业电视台ITV开播，其也效仿BBC的做法，以购买模式的方式来增强节目的竞争力。在其开播的第一周内，便播出了五档基于美国模式改编的节目，包括《抓住你的机会》（*Take Your Pick*）、《让你的钱翻倍》（*Double Your Money*）和《与时间赛跑》（*Beat the Clock*）等。

但总的来说，在20世纪80年代之前，节目模式贸易主要只在美国和英国两国间发生，且几乎都是英国购买美国的节目模式进行改编。而在其他国家，模式贸易还只是零星地发生。这主要有两方面的原因。一方面，世界各国在20世纪80年代之前的电视行业还并不是特别发达，观众人数有限，节目制作成本也有限，电视台和制作公司不太愿意为了节目模式创意买单。再加上节目模式并没有得到版权法律的严格保护，很多国家电视节目制作公司因此选择去模仿和剽窃电视业较发达的国家的电视模式创意。比如，在20世纪六七十年代，一些欧洲国家经常会派出制片人前往美国出差，他们住在酒店里看大量的节目，然后将其中的创意点记录下来，回国后再利用这些创意点制作新节目。①

另外，20世纪六七十年代各国对电视节目内容的管制还比较严格，在很多欧洲国家，当时主要的电视台都是公共电视台，承担的更主要的是文化教育的功能。其中最典型的代表如法国，在1958年戴高乐政府上台后，法国国家电视台（RTF）被当作"代表国家发声，代表法国在世界上发声"的平台，特别强调内容应反映国家民族文化属性，因此来自其他国家的节目模式被严格排除在外。据统计，在1970年到1979年之间，法国共播出91

---

① CHALABY J. The format age: television's entertainment revolution [M]. Cambridge; Malden, MA: Polity Press, 2016: 23.

档游戏节目，但只有一档是引进模式。甚至在英国，20世纪60年代初，广播委员会也曾对商业电视台ITV播出大量游戏、娱乐类节目提出了批评，认为其是"浅薄的、廉价的感官娱乐"。受政策影响，ITV曾连续四年未再购买一档海外的节目模式。①

因此在20世纪80年代之前，国际节目模式产业经历了漫长的萌芽阶段，模式流动也比较缓慢，例如，最为成功的节目模式之一《偷拍录像》（*Candid Camera*），最早于1948年在美国ABC电视台播出，直到12年后的1960年，才由英国的ITV制作了第一个海外版本，然后才陆续输出到法国（1964年）、意大利（1965年）和西班牙（1965年）。②

这一阶段，只有少数公司在从事这方面的业务。其中比较重要的是成立于1952年的弗里曼陀（Fremamle）公司，由保罗·塔尔博特（Paul Talbot）成立，起初这家公司在国际市场发行的是美国电视剧，后来逐渐扩展到发行节目成片以及节目模式的改编权。到20世纪60年代末，这家公司出售的模式在世界各地共制作了25档节目，而这已经是当时规模最大的模式发行公司。

---

① CHALABY J. The format age: television's entertainment revolution［M］. Cambridge; Malden, MA: Polity Press, 2016: 27.

② BOURDON J. From discrete adaptations to hard copies: the rise of formats in European television［M］// OREN T, SHAHAF S.Global television formats: understanding television across borders. London: Routledge, 2012: 111-127.

第二节　初步发展阶段：欧洲市场的崛起与模式产品的成熟化

从20世纪70年代晚期开始，剧变开始在国际电视业发生，随着"去管制化"的政策在欧洲各国推行，公共电视台的垄断地位逐渐被打破，更多的商业电视台出现，整个市场变得更加开放，内容竞争增强，电视台开始寻求更多更大众化的节目，以吸引观众。而且电视台的播出时间也逐渐延长，在电视发展的早期阶段，节目大多只会在晚间播放，而此时，白天播出的电视台数量也越来越多，从而使得对内容的需求量大增。在这样的背景下，来自美国的电视节目开始大量占据欧洲电视台的时段，其中以节目模式形态输出的游戏类节目也成为其中重要的组成部分。

在美国游戏节目模式风靡海外的过程中，上一节中介绍的弗里曼陀公司发挥了重要的作用。1978年，其与当时美国领先的游戏类节目制作商Goodson-Todman达成了协议，独家代理后者旗下所有节目在欧洲和中东地区的代理权。这被认为是国际节目模式行业的一个标志性事件。此前，虽然Goodson-Todman也有向海外输出游戏节目模式，如《我的台词是什么》、《与时间赛跑》、《利欲两心》（*Two for the Money*）等，但输出的规模和速度都比较有限。而发行经验更为丰富的弗里曼陀接手后，大大加速了Goodson-Todman的节目模式输出到国际市场的步伐，很快欧洲各国改编自Goodson-Todman所属模式的节目数量就增至40档左右，其中《我有一个秘密》（*I've Got a Secret*）、《价钱是对的》（*The Price is Right*）、《说出真相》（*To Tell the Truth*）、《密码》（*Password*）、《配对游戏》（*The Match Game*）、《家庭问答》（*Family Feud*）等模式最为成功。此外弗里曼陀旗下的国际部门——Talbot电视还代理了美国其他几位重要的游戏节目制片人的作品，包括《我们做个交易吧》（*Let's Make a Deal*）、《约会游戏》（*The Dating Game*）和《新婚生活》（*The Newlywed Game*）、《一万美元金字塔》（*The $10000 Pyramid*）等。弗里曼陀也一举成为全球最大的电视游戏节目供应商。据估计，20世纪80年代全世界可能有一半左右的游戏节目模式都是由弗里曼陀发行或制作的。①

弗里曼陀的主席托尼·格鲁纳（Tony Gruner）将美国游戏类节目模式的核心优势归结为灵活性。他表示："像《约会游戏》《价钱是对的》这样的节目可以做到日播化，连播好几年，休息一段时间之后，又可以回归，略有更改后重新进入市场竞争。这些模式被反复验证过，因此可以保证效果。"②

除弗里曼陀之外，其他一些规模较大的国际节目模式发行公司也开始出现。在澳大利亚，电视节目制作人雷格·格伦迪（Reg Grundy）在20世纪50年代后期便开始将美国游戏模式引进到澳大利亚制作当地版本，后来又与美国游戏节目公司Goodson-Todman达成合作，获得了后者的节目模式在澳大利亚的独家代理权。20世纪70年代后期，更从后者手中获得了其节目模式在欧洲和中东之外地区的发行、开发权利。基于这一资源，雷格·格伦迪成立了格伦迪环球公司（Grundy Worldwide）。1985年开始，格伦迪环球开始重组，其在百慕大群岛注册了母公司，在附近的英联邦成员

① MILLER S.Paul Talbot, sold American television fare to the world［N］. New York Sun, 2005-07-12(6).

② CHOI J. The commodification of television formats: the role of distribution in the emergence of the commodity form［D］. Iowa: The University of Iowa, 2019: 80.

国安提瓜注册旗下节目模式的各类知识产权，在摩纳哥处理法律和财务事务。[1]如此安排是为了更好地达到避税目的。而此前设在澳大利亚的总部则被变成了地区分公司，同时它也开始在其他地区建立分公司。到1991年，格伦迪已在澳大利亚、新西兰、美国、英国、法国、德国、荷兰、比利时和中国香港建立分公司，或与当地的合作伙伴建立合资公司。[2]此外，格伦迪还在1989年建立了专门的国际发行公司。通过这一系列重组，格伦迪成为第一家建立了全球制作公司网络的模式开发商，不光致力于在各地授权节目模式，更寻求加入这些模式本土版节目的制作业务。雷格·格伦迪将这种策略形容为"地区化的国际主义"（parochial internationalism），这种策略在欧洲取得了较大成功，此后也被其他公司所效仿。[3]

在英国，杰里米·福克斯（Jeremy Fox）于1979年成立了行动时刻公司（Action Time），一开始是一家独立的游戏节目制作公司，后来开始较多地引进美国模式在英国制作本土版本。而杰里米·福克斯的继任者斯蒂芬·雷义（Stephen Leahy）和特里什·基尼（Trish Kinane）则将公司的业务范围进一步扩大到了欧洲其他国家。他们成立了行动集团（Action Group），这是一个松散的联盟组织，联合了几家欧洲比较大型的节目制作公司，在节目模式贸易领域展开合作。此外，在荷兰也有两家制作公司JE娱乐以及约翰·德摩尔制作公司，它们从20世纪80年代开始较多地展开节目模式的海外发行与制作业务，两家公司于1994年合并成恩德摩尔（Endemol）公司，后来成为国际节目模式行业举足轻重的巨头公司之一。

这些规模较大的、以开展节目模式业务为主的公司的出现，大大推动

---

① MORAN A. TV format mogul Reg Grundy's transnational career［M］. Bristol, UK: Intellect, 2013: 162.

② MORAN A. TV format mogul Reg Grundy's transnational career［M］. Bristol, UK: Intellect, 2013: 194.

③ CHOI J. The commodification of television formats: the role of distribution in the emergence of the commodity form［D］. Iowa: The University of Iowa, 2019: 101.

了节目模式国际贸易的发展。在经济全球化大发展的形势下，20世纪80年代出现了一波打造国际化品牌的热潮，节目模式发行商也顺应了这一潮流，开始不断探索如何将节目模式的创意和制作技术用更加系统、细致的方式打造成可全球售卖的商品，建设国际性的品牌。在早期的节目模式交易中，模式供应商能提供的服务内容特别简单，往往只是将节目录像带交给买家，购买这些模式的节目制作方则通过观摩节目去思考如何开发本土版本。而到了20世纪80年代，模式供应商开始派出"飞行制作人"（flight producer）去往世界各地帮助当地的制作团队制作模式的本土版本。

　　随着市场的发展，20世纪80年代诞生了一批产生了全球影响力的节目模式，其中《命运之轮》最受欢迎，被多达23个国家改编，其次是《价钱是对的》《家庭问答》《约会游戏》《危险边缘》等节目模式。这些节目都是游戏类节目模式，原版节目也都来自美国，可以说在20世纪90年代后期之前，美国始终占据着节目模式输出的绝对领导地位。而在引进模式的国家方面，英国最为活跃。意大利、法国、西班牙、德国等欧洲国家引进模式的数量也逐渐增长，表2-1中列出了1990年世界主要国家和地区引进及原创游戏类节目模式的数量，可以发现其中英国、法国、意大利、德国、西班牙等几个国家引进游戏类节目模式数量已经超过了本土原创节目数量。①

表 2-1　1990 年世界主要国家和地区引进及原创游戏类节目模式的数量

国家和地区	游戏类节目总数量	本土原创	引进模式
美国	34	34	0
英国	24	9	15
法国	11	4	7

---

① COOPER-CHEN A. Games in the global village: a 50-nation study of entertainment television［M］. Bowling Green, Ohio: Bowling Green State University Popular Press, 1994: 271-272.

续表

国家和地区	游戏类节目总数量	本土原创	引进模式
意大利	10	2	8
西班牙	7	0	7
德国	16	3	13
荷兰	9	5	4
非洲	15	13	2
亚洲	30	23	7
日本	30	30	0
拉美	14	12	2

但总的来说，节目模式的影响力仍然非常有限，基于模式改编的节目大多是安排在白天时段播出的游戏类节目，比不上黄金时段节目和电视剧那样受到重视。节目模式输出的速度与范围也依然有限，输出到10个以上国家的模式屈指可数。围绕国际电视节目模式的版权意识也未建立起来。直到20世纪80年代末期，来自拉美、西欧、澳大利亚等地的制片人还专程跑到美国，在酒店里录制电视节目，带回国后进行模仿。尽管也有一些模式开发商开始通过法律加强对节目模式版权的保护，但结果并不理想。如1988年，英国一档流行的游戏节目《机遇在敲门》（*Opportunity Knocks*）的制片人休·格林（Hughie Green）发起了对新西兰电视台BCNZ的诉讼，他指出新西兰BCNZ的节目复制了英国版节目，不但名字相同，介绍每位选手的方式也相同，就连一些主持人用的台词也一样，而且也同样使用了一台设备来测量观众鼓掌声音的分贝数。尽管就连新西兰电视台的辩护律师也承认新西兰这档节目在很多元素上与英国版的节目雷同。但此案的二审法院新西兰上诉法院却判定新西兰电视台并未侵犯版权。审理法官认为休·格林所呈现的每集英国版节目的脚本非常简单，且并没有形成完整的

结构，所表达的不过是一些关于达人寻找类节目的普通想法，没有足够的原创性，并不足以获得版权保护。①之后格林又向英国枢密院提起了上诉，同样以失败告终。这一案例促使电视节目模式开发商开始思考如何将模式打造成更为完整的、书面化的产品，模式宝典由此应运而生。

---

① MORAN A, MALBON J. Understanding the global TV format [M]. Bristol, UK: Intellect, 2006: 131-132.

第三节 跃升阶段：全球性模式公司、交易平台与超级模式浮现

20世纪90年代对于国际电视节目模式产业的发展，是一个非常关键的跃升阶段。电视业一系列新的变化将电视节目模式的全球贸易推向了新的阶段。在节目模式的供应端，引领潮流的全球性电视节目模式运营商恩德摩尔和皮尔森电视（Pearson Television）、BBC环球等在欧洲相继成立，输出电视节目模式的主要国家从美国转移到欧洲。在需求端，随着电视市场的"去管制化"和数字化发行等新技术的发展，新的电视频道大量出现，对节目模式的需求也因此大幅增长。

1989年欧盟开始施行的"电视无国界"（Television Without Frontiers，TWFD）政策对20世纪90年代节目模式产业的发展发挥了重要作用。这项政策旨在推动欧盟各成员国在传媒领域形成统一的市场，包括促进欧盟视听节目的制作和发行。例如，其要求欧盟各国的电视频道要保证源自欧盟成员国内容的比例占据主导地位，起初要求不少于60%，后下降至不少于50.1%。此外，"电视无国界"政策也建议欧盟各国要将不少于10%的播出时间或预算用于独立制作公司生产的内容以促进欧盟内容独立制作行业的发展。①

---

① BOURDON J. Unhappy engineers of the European soul: the EBU and the woes of pan European television [J]. International communication gazette, 2007, 69(3): 269.

　　这些要求促使欧盟各国间联合制作增多，因为联合制作的内容能更好地满足欧盟相关政策的要求，但由于欧盟各国间语言各异，而基于同一节目模式在各个国家制作不同语言版本的内容成为一种讨巧的做法，尤其是易于复制的游戏类模式受到追捧。一些立足于欧盟市场的制作集团由此发展起来，其中最成功的代表是荷兰的恩德摩尔公司和英国的皮尔森电视公司。

　　恩德摩尔在1994年由两位荷兰知名的电视节目制作人乔普·范登·恩德（Joop van den Ende）和约翰·德摩尔（John de Mol）将他们各自的公司合并形成。在合并之前，两家公司便已经在德国、卢森堡和葡萄牙拥有分支机构，合并时的估值已经达到2.25亿美元，是当时世界上最大的独立存在的节目制作公司。而合并后，其采取了更加积极的国际扩张战略，到20世纪90年代末，恩德摩尔已经在10个国家拥有分公司，包括西班牙、比利时、南非、波兰、斯堪的纳维亚半岛和英国，而且从一开始成立，恩德摩尔便将自己定位为一家不仅仅只做模式授权的公司，而是希望发展国际制作业务。正如其当时的国际事务总监莫妮卡·盖尔（Monica Galer）所说："我们当然对将模式输出海外感兴趣，但这可以用各种不同的形式——直接为电视台制作，与电视台联合制作，或与电视以及当地制作公司联合制作，根据不同交易而定。"①

　　后来发展为国际节目制作巨头的弗里曼陀集团的前身皮尔森电视公司也追随了这一路径。皮尔森电视背后的投资者是一家聚焦媒体领域投资的风险投资机构，拥有英国《金融时报》等传媒资产，从20世纪90年代早期开始投资电视行业。1993年，皮尔森电视收购了当时英国最大的独立电视节目制作公司托马斯制作公司（Thames Television），并聘请资深的电视制片人和管理者格雷格·戴克（Greg Dyke）负责电视业务。格

---

　　① FULER C. Winning games [N]. Broadcast, 1994-04-16(14).

雷格·戴克看准了国际扩张的机遇，推动了一系列的公司收购，包括1995年以1.75亿英镑的价格收购了雷格·格伦迪创办的格伦迪集团，又在2年后以2.33亿英镑的价格收购了地道美国传播集团（All American Commnications），这使得皮尔森电视公司开展业务的国家数量甚至超过了恩德摩尔，很快成为世界上最大的电视节目模式运营商之一。到2000年时，皮尔森电视公司已向36个国家成功销售了节目模式，其中最受欢迎的12档节目模式共诞生了超过150个版本，最成功的3档模式《家庭问答》、《儿童游戏》（Child's Play）和《价钱是对的》各自的版本超过了20个。①

老牌的电视机构如BBC也加强了对节目模式的研发和商业运作。1994年，BBC聘请科林·贾维斯（Colin Jarvis）出任新设立的模式授权部门的主管，随即创建了BBC环球公司，将《宠物赢大奖》（Pets Win Prizes）、《世代游戏》（The Generation Game）等节目模式推向了世界各地。除了大的电视机构，致力于开发电视节目模式的小公司也不断涌现。如由丹麦制片人哈利·德温特（Harry de Winter）创办的IDTV公司致力于开发游戏节目，其开发的《字谜游戏》（Lingo）输出到了10多个国家。②英国制片人彼得·巴扎尔杰特（Peter Bazalgette）于1987年创办的Bazal制作公司（后被相继出售给卫报传媒集团和恩德摩尔集团）则致力于开发"生活方式"类的节目，其开发的美食节目《准备好，烹饪！》（Ready Steady Cook）输出到了30个国家，《交换房间》（Changing Rooms）输出到了近20个国家。此外，英国还涌现了一大批开发电视节目模式的公司，包括MBC、RDF电视和NBD娱乐等公司。

随着国际节目模式行业的发展，也逐渐出现了一些国际性的交易平台。例如由法国的会展公司Reed Midem创立的世界视听与数字内容交易会

①　ELLIOT K. The deal maker［N］. Broadcast, 2001-01-19(8/9).

②　BAKER M. The winter games［N］. Broadcast, 1996-01-19(50).

（MIPTV）和世界视听内容交易会（MIPCOM），每年4月和10月在戛纳举行，每次吸引上万名的参展者，成为最重要的世界电视节目交易市场，而模式交易则从20世纪90年代开始成为其重要的组成部分。^①

这一时期，在国际模式发行公司和贸易平台的推动下，电视节目模式的流动变得更为迅速，而参与国际贸易的电视节目模式类型也更为多元，不再局限于游戏类节目，真人秀/真实娱乐（Reality television/Factual entertainment）类模式开始流行。例如，恩德摩尔开发的在电视上举行婚礼的节目《情书》（*Love Letters*）和致力于帮助情侣修复破损关系的《你需要的只是爱》（*All You Need Is Love*）。而英国公司开发的聚焦日常生活技巧的《准备好，烹饪！》和《垃圾堆挑战》（*Scrapheap Challenge*）等真人秀模式也受到了欢迎。

到20世纪90年代末，出现了几档取得全球性成功的超级模式，其中1998年9月4日在英国首播的ITV益智答题类节目《谁想成为百万富翁》，因为第一期节目就取得了高达44%的收视份额，吸引了世界各地电视台的注意，7天之内，全球各地就有多达40个买家希望购买，在一年之内35个不同版本的模式授权卖出，而迄今已输出到全球108个国家和地区制作和播出，成为有史以来输出国家最多的电视节目模式。^②

另一档生存挑战类节目模式《幸存者》的出现则宣告了电视娱乐节目大制作时代的开始。这档节目由英国电视制作人查理·帕森斯（Charlie Parson）和他在星球24（Planet 24）公司的创意团队开发。节目的核心创意是"荒岛生存"，将两手空空的选手们放到荒岛上，并分成不同的部落，部落间互相竞争的同时，内部也不断地通过公开投票淘汰选手，直至最后决

---

① MORAN A, MALBON J. Understanding the global TV format [M]. Bristol, UK: Intellect, 2006: 75-78.

② CHALABY J. The format age: television's entertainment revolution [M]. Cambridge; Malden, MA: Polity Press, 2016: 52.

出获胜者赢得百万大奖。节目既考验选手们在极端环境中的生存能力，也考验他们的团队能力和心计，充满了戏剧性，但制作也很有难度。这档节目最初的营销并不顺利，但最终制作人说服了瑞典电视商SVT制作这档节目，命名为《鲁滨逊探险》（*Expedition Robinson*），于1997年在瑞典SVT1播出取得成功后，随后被卖到挪威、丹麦和德国。但其真正取得全球性的成功则要归功于美国版。美国制片人马克·伯奈特（Mark Burnett）于2000年3月开始制作美国版，更名为《幸存者》，并说服CBS播出，很快这档投资高昂、光是工作人员就达400名的节目凭借其高度戏剧化的内容掀起了收视热潮，[①]2000年5月31日首播集的观众人次达到了1551万，最后一集的观众人次达5169万，整季平均观众人次也高达2830万。2001年第二季播出时，CBS甚至冒险将这档节目的档期改至周四晚，与NBC的热门剧集《老友记》（*Friends*）竞争，结果《幸存者》的收视率竟然击败了《老友记》。《老友记》的单集成本高达550万美元，是当时美国电视网播放的价格最贵的半小时剧集。而《幸存者》的单集成本在100万—150万美元之间，相较《老友记》体现出了超高的回报率，其2002年一季的30秒硬广收入已高达44.5万美元，成为广告费最昂贵的节目，超过了NBC的王牌剧集《急诊室故事》30秒硬广42.5万美元的价格，而后者的单集成本高达1300万美元。[②]美国版《幸存者》极其出色的收视成绩和市场表现帮助这一模式吸引了全球各地的买家。到2009年时，全球已诞生了43个版本的《幸存者》，播出的国家和地区达到73个。[③]

---

① BURNETT M. Jump in! Even if you don't know how to swim［M］. New York: Ballantine, 2005: 119.

② MAGDER T. The end of TV 101: reality television, formats and the new business of TV［M］// OUELLETTE L, MURRAY S.Reality TV: remaking television culture, 1st ed.New York: NYU Press, 2004: 140-141.

③ CHALABY J. The making of an entertainment revolution: how the TV format trade became a global industry［J］. European journal of communication, 2011, 26(4): 300.

而另一档超级模式《老大哥》的成功则宣告了真人秀时代的到来，这档节目让一群男女选手共同居住在一栋房子里，用随处可见的摄影机记录他们的一举一动，并通过投票逐渐淘汰最没有人缘的选手，而最终留下来的选手将获得高额奖金。节目模式最初由约翰·德摩尔带领恩德摩尔公司的创意团队开发，1999年在荷兰首播。播出后，尽管节目受到了激烈的批评，被斥为赤裸裸地展现人性的阴暗面，满足的是大众的偷窥欲，但收视上大获成功，也迅速被输出到其他国家。在美国市场，《老大哥》获得了CBS、ABC和FOX电视网的争抢，最终CBS以高达2000万美元的授权费获得了这一模式。[①] 截至2021年底，《老大哥》已经在世界上45个国家和地区推出过78个当地版本。

如泰德·马德格尔（Ted Magder）所指出的，《幸存者》和《老大哥》的成功从多个方面改变了美国电视制作业。首先是各大电视网开始更热衷于引进真人秀节目模式制作节目，认为这是降低节目成本和风险的一种有效方式。[②] 如表2-2所示，在2000—2002年，美国各主要电视网都已有自己主打的真人秀节目，这些节目的原版模式大多来自海外国家，其中来自荷兰的恩德摩尔和来自英国的BBC环球等公司扮演重要的角色。到2005年时，美国电视网大约20%的黄金时段节目已是真人秀节目。[③]

---

① BRENNAN S, TURNER M. CBS holding company for Big Brother' reality [J]. The Hollywood reporter, 2000, 361(31): 1.

② MAGDER T. Television 2.0: the business of American television in transition [M]// OUELLETTE L, MURRAY S. Reality TV: remaking television culture, 2nd ed. New York: NYU Press, 2009: 149.

③ MAGDER T. The end of TV 101: reality television, formats and the new business of TV [M]// OUELLETTE L, MURRAY S. Reality TV: remaking television culture, 1st ed. New York: NYU Press, 2004: 145.

表 2-2　2000—2002 年美国主要电视网的主要真人秀模式节目 [①]

平台	节目名称	模式/制作公司（所属国家）
NBC	《恐惧元素》（*Fear Factor*）	恩德摩尔美国分公司（荷兰）
	《偷拍电视》（*Spy TV*）	恩德摩尔（荷兰）
	《狗咬狗》（*Dog Eat Dog*）	BBC 环球（英国）
	《最弱一环》（*The Weakest Link*）	BBC 环球（英国）
CBS	《老大哥》（*Big Brother*）	恩德摩尔（荷兰）
	《幸存者》（*Survivor*）	Castaway（英国）
	《极速前进》（*Amazing Race*）	Touchstone/Bruckheimer（美国）
Fox	《美国偶像》（*American Idol*）	弗里曼陀（英国）
	《训练营》（*Boot Camp*）	LMNO 制作公司（美国）/Granada（英国）
	《诱惑岛》（*Temptation Island*）	Rocket Science（美国）
ABC	《谁想成为百万富翁》（*Who Wants to Be A Millionaire?*）	Celador（英国）
	《谁是卧底》（*The Mole*）	T.T.T.I（比利时）
	《单身汉》（*The Bachelor*）	华纳兄弟旗下 Telepictures（美国）
UPN（CBS前身）	《爱的锁链》（*Chains of love*）	恩德摩尔（荷兰）
	《同一屋檐下》（*Under One Roof*）	恩德摩尔美国分公司（荷兰）

其次是改变了节目的商业模式，让品牌和产品植入广告成为节目重要的收入来源。这主要得益于《幸存者》的探索。在美国电视业发展的早期，广告商直接赞助节目制作很常见，但从 20 世纪 60 年代开始，这种节目融资

① MAGDER T. The end of TV 101: reality television, formats and the new business of TV［M］// OUELLETTE L, MURRAY S.Reality TV: remaking television culture, 1st ed.New York: NYU Press, 2004: 146.

模式变得少见。广告主更倾向于从电视网购买广告时段，而非直接参与到节目制作过程中，将品牌或产品植入内容。但美国版《幸存者》探索了新的节目经营模式，马克·伯奈特起初在美国推销《幸存者》的过程并不顺利，他向各个电视网挨个儿推销，最终CBS同意尝试，但改变了以往由电视网出资制作的商业模式，而提出与伯奈特采取广告分成的模式，由双方共担风险，伯奈特因此需要预售节目的广告，他成功地说服了通用汽车、Visa等八个广告客户加入，每个客户大约支付了400万美元，获得硬广资源、节目中的植入以及网站链接。而在后续季节目里，单个广告客户的赞助费用高达1200万美元。[①]这种节目制作商和播出平台基于广告收入进行分成、共担风险的模式此后被很多真人秀所效仿。

再次，这两档节目成功推动围绕电视节目进行多媒体平台的衍生开发，为节目商业化带来更多的拓展空间。《老大哥》是首个在多媒体平台，包括无线电视、有线电视、互联网乃至移动互联网等渠道播放的模式节目。在2001年第二季播出时，尽管互联网视频普及度还不高，美国版《老大哥》的网络直播吸引了超过5万的用户订阅以观看节目的实时直播，订阅收入达到了85万美元。此后，该节目的网络收入节节攀升。除此之外，《老大哥》还设置了很多与观众互动的环节。恩德摩尔公布的数据显示，2005年时，《老大哥》等节目总计吸引了多达3亿次观众的电话和短信参与。[②]

总的来说，这几档超级模式的出现，让全球各地的电视台和制作公司都更加深刻地认识到了节目模式的商业价值。这成为国际电视节目模式产业发展中的重要分水岭，将整个市场推向了新的阶段。

① MAGDER T. The end of TV 101: reality television, formats and the new business of TV [M] // OUELLETTE L, MURRAY S. Reality TV: remaking television culture, 1st ed. New York: NYU Press, 2004: 140-141.

② MAGDER T. Television 2.0: the business of American television in transition [M] // OUELLETTE L, MURRAY S. Reality TV: remaking television culture, 2nd ed. New York: NYU Press, 2009: 157.

第四节　多元繁荣时期：输出数量和类型持续增长，模式公司加速国际化

进入21世纪之后，发展迅速的电视节目模式产业更成为国际电视产业中日益重要的组成部分。首先，参与国际贸易的节目模式数量越来越多。随着各种新的传播技术包括卫星电视、有线电视和互联网的发展，本土制作商得以越来越便利地跟踪世界各地的电视节目创新趋势，并从中受到启发，而本土电视业日益激烈的竞争也促使本土制作商考虑引入在其他国家得到过验证的节目模式进行改编来降低市场风险。在2002年到2004年之间，全球大约有259个模式实现了交易，在世界各地创造了1310个版本，共计43284个小时的节目。每年的交易额大约为21亿美元。而在2006年到2008年之间，全球交易的模式达到了445个，制作了1262个本土化版本，共计54383小时的节目。每年的交易额大约为31亿美元。[①]

其次，成功节目模式能输出到的国家也越来越多。20世纪90年代之前，只有屈指可数的节目模式可以输出到10个以上国家，而到新世纪之后被输出到10个国家的节目模式只能算中等成功，最成功的模式可被输出到30个以上的国家。流动的速度也更加迅速，《认真来跳舞》(*Strictly Come Dancing*)、《最弱一环》(*The Weakest Link*)、《成交不成交》(*Deal or No*

---

① FRAPA. The FRAPA report 2009: TV formats to the world[R]. Cologne: FRAPA, 2009.

Deal）等节目模式的本土版在短短几年里就遍及全球数十个国家。来自日本的游戏节目模式《洞洞墙》（*Hole in the Wall*）也在首播后18个月内就被弗里曼陀公司卖到了31个国家。[①]来自亚洲国家的节目模式也开始进入国际市场。

再次，国际电视节目模式的类型也变得多元化。早期的国际电视节目模式贸易以游戏节目为主，到21世纪头几年，按时长计算，游戏节目仍然占据着国际电视节目模式近一半的贸易额（见表2-3，表2-4），但近些年，随着真实娱乐节目的兴起，游戏节目已经退居其次。而真实娱乐节目，据国际模式认知与保护协会（Format Recognition and Protection Association，简称FRAPA）的界定，包含的节目类型非常广阔，从生活交换类，如《交换空间》（*Trading Places*）、《交换妻子》（*Wife Swap*），到改造/训练类，如《超级保姆》（*Supernanny*）、《如何塑造完美身材》（*How to Look Good Naked*），再到观察式的真实娱乐节目，如《和我吃晚餐》（*Come Dine with Me*）、《客从何处来》（*Who Do You Think You Are?*）等。越来越多的节目类型被开发出来。

表 2-3　2002—2004 年各类型国际模式节目总小时数[②]

	2002年	2003年	2004年	总计
游戏节目	6754	7138	7655	21547
真人秀	2958	3848	3608	10414
基于剧本的娱乐节目	625	731	928	2284

① CHALABY J. The making of an entertainment revolution: how the TV format trade became a global industry［J］. European journal of communication, 2011, 26(4): 302.

② CHALABY J. The making of an entertainment revolution: how the TV format trade became a global industry［J］. European journal of communication, 2011, 26(4): 303.

表 2-4　2006—2008 年间国际出口的各类型模式节目总小时数 [①]

	2006年	2007年	2008年	总计
真人秀	1185	1335	1265	3785
真实娱乐节目	7452	7988	8322	23762
才艺节目	1222	1330	1170	3722
游戏节目	5486	6846	7302	19634
基于剧本的娱乐节目	2781	2972	3188	8941
其他	662	677	671	2010
总计	18788	21148	21918	61854

这一时期，超级模式仍在不断涌现。才艺竞赛类节目《大众偶像》掀起了全球选秀的热潮，这档节目最初由两位英国音乐人西蒙·福勒（Simon Fuller）和西蒙·考威尔（Simon Cowell）设计，艾伦·博伊德（Alan Boyd）制作，2001 年 10 月在英国的 ITV 首播，随后被美国 Fox 电视网看中，发展为《美国偶像》（American Idol）节目。《美国偶像》大获成功，不仅在美国成为连年位居收视率最高的电视娱乐节目，成片在外国播放时也受到欢迎，输出到了 180 多个国家。其他地方的"偶像"节目也相继涌现，到 2008 年时，这一节目模式已授权给了 41 个国家和地区的电视商。[②] 在《大众偶像》之前，才艺选秀节目并不少见，但其不同之处在于更好地以纪实手法挖掘了竞赛过程中的戏剧性，从选手们在后台的准备到场上的情绪反应特写，再到选手们参加节目前的生活，都被制作团队细心捕捉。而且互联网和手机通信的发展，也为观众的参与提供了可能性，促成了节目

---

① FRAPA. The FRAPA report 2009: TV formats to the world [R]. Cologne: FRAPA, 2009.

② CHALABY J. The format age: television's entertainment revolution [M]. Cambridge; Malden, MA: Polity Press, 2016: 60.

的成功。除了《大众偶像》外,《X元素》(*X Factor*)、《达人秀》等现象级的才艺类节目模式也相继出现,并迅速被移植到了其他国家和地区,创造了一波又一波吸引全球各地观众关注的文化现象。

在商业开发方面,《美国偶像》也为行业树立了新的标杆。可口可乐和福特汽车等赞助商在硬广和植入广告上为节目支付了5000万美元。节目中设置的观众投票环节也带来了可观的收入。如2005年《美国偶像》共计收到了5亿张投票,仅决赛就达到6300万张,而观众需为每个手机短信投票支付99美分,在网站上投票时则需要观看不少广告。此外,《美国偶像》还开发了大量的衍生商品,如其专辑出售了2000万张,演唱会售出了200万张票,还有多达50种的周边产品或服务,这些产品在节目的前四季便取得了超过5000万美元的收入。①

超级模式的巨大商业价值推高了模式产业的热度,参与到节目模式开发、发行和制作的公司数量迅速增加,其中一些佼佼者的规模以惊人的速度扩张。例如,由默多克女儿伊丽莎白·默多克创办的阳光(Shine)集团公司于2007年开始了迅速的扩张,首先,收购了美国的Reveille公司,其后,收购了德国、法国和澳大利亚的一些小的创意公司,两年后,其又收购了Metronome电影&电视公司,后者当时是北欧地区最大的制作公司,有15家分公司。

隶属于意大利出版集团De Agostini、但总部设在英国伦敦的佐迪亚克公司,经过一系列收购后,2008年时已在英国拥有四家公司,在比利时、波兰、俄罗斯和印度等地都有公司。2010年,其又收购了英国最大的独立制作公司之一RDF,从而成为在17个国家有45家分公司的传媒集团。恩德摩尔和弗里曼陀这两大节目模式巨头也发展迅猛,到2008年时,它们已分

---

① MAGDER T. Television 2.0: the business of American television in transition [M] // OUELLETTE L, MURRAY S.Reality TV: remaking television culture, 2nd ed.New York: NYU Press, 2009: 156.

别在23个和25个国家设立了分公司，或与当地的制片商建立起战略合作关系，开展节目制作业务。

欧洲的一些电视台也加速展开国际化业务的进程，BBC的商业部门BBC环球于2004年在美国成立了分公司，其后在澳大利亚、加拿大、印度、法国、阿根廷和德国设立了分公司。与此同时，好莱坞的传媒集团也开始加速建立全球制作网络。2000年后，索尼的电视部门在14个国家收购了18家公司。NBC在2005年成立了国际电视部门，以伦敦为总部，并开始收购英国、澳大利亚等地的制作公司。2007年，《欧盟视听媒介服务指南》（*EU Audiovisual Media Services Directive*）颁布，要求欧盟各国的电视频道播出的非欧洲出产内容不得超过一半。为了绕过这一政策，好莱坞大公司开始在欧洲加大了扩张力度。华纳兄弟于2009年设立了国际电视部门，同样以伦敦为总部。2010年，华纳收购了当时英国最大的独立制作公司之一的Shed传媒。21世纪福克斯则于2011年以4.15亿英镑的价格收购了英国的阳光集团。

如表2-5所示，到2010年时，国际模式市场形成了14家规模较大的公司，其中6家是独立存在，8家隶属于更大的传媒集团，他们都在多个国家设立了分公司或办事处。

表2-5　2010年世界范围内主要的14家节目模式公司 [①]

公司名称	公司归属	总部地点	制作分公司/办事处数量	分布国家
All3传媒	独立存在	伦敦	20	6
班尼杰	独立存在	巴黎	10	8
BBC环球	属于BBC	伦敦	7	7
恩德摩尔	独立存在	阿姆斯特丹	80	31

① CHALABY J. The format age: television's entertainment revolution [M]. Cambridge; Malden, MA: Polity Press, 2016: 114.

续表

公司名称	公司归属	总部地点	制作分公司/办事处数量	分布国家
Eyeworks	独立存在	阿姆斯特丹	17	17
弗里曼陀	属于 RTL 集团	伦敦	25	22
ITV 制片厂	属于 ITV	伦敦	3	7
NBC 环球国际电视制作公司	属于 NBC 环球	伦敦	5	3
红箭娱乐	属于 ProSieben Sat.1	慕尼黑	3	8
阳光集团	独立存在	伦敦	26	10
Strix	属于 MTG 集团	斯德哥尔摩	4	4
索尼影业电视国际制作公司	属于索尼集团	伦敦	17	14
华纳兄弟国际电视制作公司	属于时代华纳集团	伦敦	2	4
佐迪亚克传媒集团	独立存在	伦敦	45	17

　　这些公司加快国际化的脚步的重要目的是使模式IP的价值最大化。在传统的模式授权商业模式中，模式版权方只能从当地的制作方那里收到一定的授权费，一般占制作预算的3%—10%。有的时候甚至只能刚刚覆盖发行成本，因此模式公司不能单纯地依靠授权收入。而当它们在当地有了制作公司之后，便可以将节目模式与制作的生意连在一起。正如弗里曼陀的首席运营官盖瑞·卡特（Gary Carter）所指出的："如果只是做版权生意，你很难成为一家大公司，因此必须要进入到制作领域。而一旦你进入制作领域，模式会变得更重要，因为它可以让你更容易得到制作的机会。"①

---

① CHALABY J. The format age: television's entertainment revolution［M］. Cambridge; Malden, MA: Polity Press, 2016: 124.

这种组织架构也更容易保证模式的本土版成功，因为模式的创造者和各地的制作方同属一家公司，他们彼此熟悉，也能够在制作过程中保持紧密的沟通，更加利于传授经验，分享更多的商业机密，从而使得节目制作相比由第三方公司制作更加有质量保证。此外，这种结构也可以有效地防止IP被剽窃，而让成功的模式IP在世界范围内以很快的速度复制。

第五节 巨头化时期：走向寡头垄断的模式产业

延续21世纪初国际节目模式发行和制作公司的扩张潮流，2013年起，这一行业出现了一系列较之前规模更大的收购，其中最活跃的公司包括ITV、MTG集团、红箭集团和华纳兄弟等。例如，2010年ITV确立了国际化目标，计划用5年发展数字媒体和海外业务以将电视广告收入降到总收入的一半以下。因此其大举收购，并主要向美国扩张，通过一系列收购，其迅速成为美国最大的独立电视节目制作公司。而华纳兄弟则收购了荷兰的Eyeworks集团位于14个国家的15个制作公司，因此迅速地帮助华纳兄弟国际电视制作公司完成了国际化进程。表2-6中列举了2013年至2021年国际节目模式行业的主要兼并交易。经过这一番合并后，国际主要节目模式公司的平均分公司的数量从2010年的19家增加到了2022年的31家。

表 2-6　近年来国际节目模式行业的主要兼并交易

时间	交易概述
2013年6月	欧洲电视播映尚摩登时代集团（Modern Times Group）斥资2350万美元收购了英国的电视节目模式发行商DRG92.4%的股权
2014年1月	挪威TV2电视台和瑞典TV4共同拥有的斯堪的纳维亚世界（Nordic World）公司收购了荷兰模式公司Absolutely Independent的大部分股份。后者成立于1996年，代理超过125个节目模式

续表

时间	交易概述
2014年2月	华纳电视宣布斥资2.73亿美元收购位于荷兰的、成立于2001年的电视节目模式公司Eyeworks。将Eyeworks位于14个国家的15个制作公司收归旗下
2014年5月	探索（Discovery）集团和自由全球集团（Liberty Global）联合收购了All3传媒，总价值约5亿英镑。后者成立于2003年，由多位ITV前高管创立。被称为是英国最大的独立制作公司，在欧美和美国拥有20家制作公司
2014年12月	21世纪福克斯和阿波罗全球管理公司宣布将他们控制的恩德摩尔，阳光集团和Core传媒合并，两家各在新公司中占据50%的股份，并将新公司命名为恩德莫尚集团
2015年3月	ITV斥资5.3亿美元收购了荷兰的塔尔帕集团，但后者在收购后仍保持独立运营
2015年7月	国际电视制作和发行公司班尼杰集团和佐迪亚克传媒宣布合并，合并后的公司将在18个国家展开经营，成为全球最大的独立电视制作和发行公司之一
2019年7月	ITV收购了以色列模式公司阿莫扎，后者研发及发行了超过100档节目模式
2019年10月	班尼杰集团以22亿美元的价格发起对恩德莫尚集团的收购，这起交易催生了全球最大的节目模式和制作集团，其在全球各地有超过120家制作公司，发行超过9万小时内容
2021年6月	All3传媒收购了MTG集团旗下的DRG，后者发行超过1万小时内容

据统计，到2022年时，国际主要节目模式公司的数量为9家（见表2-7），其中华纳兄弟收购了Eyeworks，恩德摩尔和阳光集团进行了合并之后又被班尼杰集团收购，塔尔帕则随着《好声音》的成功强势崛起，继而被ITV制片厂收购。

表 2-7　2022 年的国际主要节目模式公司

公司名称	公司归属	总部地点	制作分公司数量	分布国家
All3 传媒	属于探索集团和自由全球集团	伦敦	18	6
班尼杰	独立存在	巴黎	120	22
BBC 环球	属于 BBC	伦敦	14	11
弗里曼陀	属于 RTL 集团	伦敦	43	29
ITV 制片厂	属于 ITV	伦敦	11	9
NBC 环球国际电视制作公司	属于 NBC 环球	伦敦	5	3
红箭娱乐	属于 ProSieben Sat.1	慕尼黑	19	7
索尼影业电视国际制作公司	属于索尼集团	伦敦	19	18
华纳兄弟国际电视制作公司	属于时代华纳集团	伦敦	26	17

国际节目模式行业日益向"巨头化"的方向发展，这背后与国际内容产业的市场变化有关。随着越来越多的电视频道、视频网站、短视频平台等内容渠道的涌现，人们的注意力变得日益碎片化，娱乐内容的数量也出现指数式增长，将人们的目光向同一个内容产品聚焦的难度越来越大。近年来，在国际模式行业弥漫着"超级模式的终结"论调，即出现像《大众偶像》《达人秀》《好声音》这样席卷全球市场的节目模式的可能性越来越小。据 The Wit 数据库的统计显示，2011 年在全球市场输出最成功的 5 档节目模式一共产出了 64 个改编节目，而到了 2018 年，这一数字已经降低为 35 个。而这对于依靠爆款 IP 创造大部分收益的节目模式行业来说，无疑带来了巨大的挑战。因此"抱团取暖"成为国际节目模式公司"御寒"的方式，兼并重组后带来的优势将在下一章中具体分析。

　　除了模式公司的巨头化之外，这一时期节目模式行业全球化的另一大表现在于跨国合作形式的深入。在以往单纯的模式输出与采购的基础上，进一步演变出了模式联合研发、联合制作等多种合作形态，这不仅是为了更好地应对节目模式本土化的难题，也是由于国际市场对下一个爆款产品的极度渴求，催生出了各国间的强强联手之策。

　　例如在2016年，美国NBC与韩国MBC电视台联手，针对韩国及其国际市场进行原创节目模式的联合研发，同时NBC还与法国制作公司Terminal 9工作室签订了第一优先合作协议，共同研发娱乐节目和娱乐真人秀模式。加拿大CBC电视台也与华纳兄弟合作，二度发起了自己的"模式孵化器"计划。挪威NRK电视台则与爱尔兰RTÉ电视台共同出资，合力打造在挪威和爱尔兰市场同具"影响力"的节目模式。而模式巨头弗里曼陀开始进军拉美，与阿根廷的Telefe电视台展开为期两年的合作，共同开发制作面向阿根廷甚至泛拉美地区的娱乐节目模式。[①]如以色列模式公司Keshet的总裁阿隆·斯图曼（Alon Shtruzman）所指出的："我们已经看到越来越多的公司参与到联合研发的项目中，不论是资本原因、竞争因素还是市场需求都倾向于这种合作方式。从某种程度来说，联合开发已经不再只是趋势，而是发展成为一种战略。"[②]

　　无论是通过兼并整合的国际巨头公司的形成，还是各个国家的电视台、节目模式发行和制作公司之间越来越多的跨国合作，都标示着节目模式行业的全球化程度正在不断提高。全球化打破了各个国家的本土市场曾经垂直一体化的生产模式，而产生了一个全球范围内的生产体系。[③]整个模式行

① 彭侃，陈彦妤.盘点：2016年国际节目模式市场的八大现象［EB/OL］.（2017-02-05）［2019-05-01］. https://www.sohu.com/a/125795929_247520.

② 彭侃，肖冥思.想要跟上联合研发的大潮？你需要知道这些！［EB/OL］.（2016-11-28）［2022-09-09］. https://mp.weixin.qq.com/s/fVSLUvMqawf2CbYSf5PnGQ.

③ FEENSTRA R C. Integration of trade and disintegration of production in the global economy［J］. Journal of economics perspective, 1988, 12(4): 31-50.

业的市场集中度越来越高，仍主要由欧美的跨国媒体集团主导。他们从全世界各地，包括一些边缘小国汲取创意，然后通过他们的内部研发部门将这些创意进行国际化改造，形成可以面向国际市场输出的模式，再通过他们遍布全球的发行网络推销，或是由他们在世界各地的制作公司制作当地的版本，并售卖给当地的电视台，而节目模式的全球价值链也便在这样的过程中得以形成和不断完善。

第六节　节目模式全球价值链发展背后的驱动要素

追溯电视节目模式的历史可以发现，其是随着电视节目生产工业化的进程逐渐发展起来的，并借鉴了来自其他行业如广播、特许经营行业的经验。节目开发商们发现可以将其制作节目的经验加以总结，形成节目模式，并授权给其他国家的同行，创造在节目成片之外的收益，这种对额外收益的追求推动了节目模式产业的早期发展。

但在20世纪80年代之前，节目模式贸易还未形成规模，直到20世纪80年代尤其是90年代之后，节目模式产业才进入加速发展的阶段。这背后与20世纪80年代之后全球政治和经济环境的变化密切相关，政治和军事冲突整体上趋向缓和，各个国家更多地将发展经济作为第一要务，"去管制化"和"自由化"的经济政策占据上风，体现在电视行业最直接的变革便是电视台的商业化和私有化。例如在几乎所有欧洲国家，原本国家控制的电视台或是公共服务电视台开始被私有化，政府也减少了对电视节目内容的干预。①

与此同时，传播技术也开始在20世纪80年代之后有了突飞猛进的发

---

① BOURDON J. From discrete adaptations to hard copies: the rise of formats in European television [M]// OREN T, SHAHAF S.Global television formats: understanding television across borders. London: Routledge, 2012: 111-127.

展，卫星电视、有线电视频道涌现，大量的商业电视频道的出现，催生了对内容的大量需求。1989年，西欧国家播出的电视频道在40个左右，而到了2002年，各类频道数已多达1500个。^①而且为了追求利润，这些商业频道需要的是低价的、可以快速复制的内容。"好的电视节目"被等同于"流行的电视节目"。对观众数量和节目收入的追求开始超越了对质量、声誉和口碑的关切。如鲍登所指出的，在20世纪50年代对电视的关注主要在美学层面，六七十年代主要是政治层面，而80年代之后则主要是经济层面。正是在这样的环境中，电视节目模式得到了重视。^②

节目模式恰恰能够快速地满足新的内容需求，它顺应了商品文化和消费主义开始在全球加速蔓延的时代，文化产品生产追求提高效率、降低风险的趋势。通过其提供的内容创意、节目制作的方法和被其他国家验证过的经验，节目模式能够帮助被授权方快速地实现内容的生产和创意的更迭，并减少试错成本。如约西菲迪斯等人所指出的，在这个"电视频道竞争更为激烈、更为分散化的环境"中，节目模式有很强的商业价值。它"提供了一种填充时段的性价比较高的方式，根据模式制作出的本土化内容比直接引进的海外成片内容要更受欢迎"。^③

而伴随着节目模式贸易成长起来的跨国公司也在推动这一产业的发展中发挥着中坚力量般的作用。一开始，节目模式是通过开发模式的电视台或公司自己发行的，但随着市场的扩大，出现了专门经营模式发行的公司。当模式发行公司发展到一定规模后，对于利润的追逐促使它们建立了全球

---

① MCMURRIA J. Global TV realities: international markets, geopolitics, and the transcultural contexts of reality TV [M] // OUELLETTE L, MURRAY S.Reality TV: remaking television culture. New York: NYU Press, 2009: 182.

② BOURDON J. From discrete adaptations to hard copies: the rise of formats in European television [M] // OREN T, SHAHAF S.Global television formats: understanding television across borders. London: Routledge, 2012: 113.

③ IOSIFIDIS P, STEEMERS J, WHEELER M. European television industries [M]. London, UK: British Film Institute, 2005: 148.

性的发行和营销网络，并逐渐从单纯的模式发行转向从研发到发行、制作垂直一体化的结构。而随着其规模的不断扩大，往往会被更大的娱乐媒体集团收购，通过资本运作兼并整合，逐渐形成了少数把持着国际节目模式贸易市场的巨头公司。在它们的主导下，一档成功的节目模式能够被迅速复制到世界各地，节目的生产和消费由此变得日益全球同步化，伴随着过去数十年间各国分隔的国家民族媒介体系逐渐让位给开放的全球媒介体系，节目模式行业也逐渐成长为一个全球性的产业。

第三章

节目模式全球价值链的结构化特征

电视节目模式产业正日益成为全球媒介产业的重要一支。成功的节目模式在世界各地被制作成各种版本，产生了可观的收益。但这些模式在全球成功并不是凭空而来的，依靠的是一个由跨国的或本土的节目模式开发商、发行商、制作公司和播出平台、辅助机构等组成的价值链条，这一链条所涉及的国家、企业和机构的数量也随着节目模式国际贸易的发展而日渐壮大。那么这一日益复杂的节目模式全球价值链呈现出了怎样的结构化特征呢？本章将对此进行分析。

格里芬曾总结了分析全球价值链结构四个最为重要的维度：投入—产出结构、治理结构、地理分布和制度性框架。[①]但由于格里芬所开创的全球价值链分析框架主要针对的是诸如服装、汽车、计算机等工业体系，这些产业本身的文化属性较弱，因此格里芬的分析框架中并没有单独考虑文化的维度。但节目模式作为一种文化产品，在其贸易的过程中会遭遇各个国家因文化差异而造成的"文化折扣"，也必须要经历"文化本土化"的过程才能变成适合不同的国家和地区观众观赏的版本。因此对节目模式全球价值链的考察也需要研究其文化维度的特征。

所以本章将分为两节，第一节将基于格里芬提出的四个维度，对节目模式全球价值链的产业结构进行分析。第二节将借鉴跨文化传播研究的相关理论，对节目模式全球价值链的文化结构进行分析。

---

① GEREFFI G. Global production systems and third world development [M]// STALLINGS B. Global change, regional response: the new international context of development. Cambridge: Cambridge University Press, 1995: 100-142.

第一节 节目模式全球价值链的产业结构

一、投入—产出结构：海外重制构成最重要增值环节

从最初的一个创意到最后完整的、包括模式宝典在内的产品，节目模式开发的产业链大致包含以下几个基本环节：研发—发行—制作—播出。

首先是研发阶段，节目开发商会从一个创意开始，然后在纸面上不断推演、丰满，填充环节、流程、人物的各种细节，形成完整的节目方案，打造出节目模式的初级版本——纸上模式（paper format）。有足够财力的模式开发商可能还会根据纸上模式拍摄出样片或概念片，用视频的方式更形象地呈现节目创意，样片制作过程中的经验和教训也会被记录下来，供后续改进参考。然后已完成初步开发的模式产品，会经由发行商推销给播出平台或制作公司，由它们负责完成整季节目的制作，之后播出。在制作和播出过程中，所有的制作资料、收视数据、经验总结等会被收集整理，最后形成完整版的模式宝典，模式从而变成可以授权给别的国家的贸易产品。

不同节目模式的开发，涉及的市场主体也不同。有些模式是由电视台的团队自己开发的，那么往往四个环节都由电视台来完成，例如，英国

BBC电视台很多节目模式便是如此诞生的；有的模式则是由规模较大的制作公司来研发和制作，然后交由电视台播出，例如英国的All3传媒旗下有多家制作公司，与英国的各大电视台形成了稳定的合作关系；另一种常见的情形是初期的研发由小的创意公司或团队来完成，然后将创意方案卖给规模较大的制作公司。前者更小、更灵活的结构会赋予其更加大胆的创造力，但它们往往缺乏足够的资本和团队将节目制作出来，因此它们往往和一些规模较大的制作公司形成紧密的合作关系，成为后者的"卫星公司"。而随着模式市场的扩张，还发展出了专门的发行公司，它们会代理一些小的创意公司或团队研发出的节目模式，然后将其卖给大的制作公司或电视台。因此在最复杂的交易中，模式开发会涉及模式开发商、发行商、制作商和播出平台四种不同的市场主体。

但上述的节目模式开发的产业链往往还是限于一个国家范围之内，而节目模式的全球产业链会涉及国家之间进行贸易的过程，产业链条会进一步延展。简而言之，当节目模式在一个国家开发出来并经过市场检验后，会作为贸易产品被国际发行商通过它们的全球发行网络推销到各个国家，而当各个国家的电视台或制作公司看中某个节目模式，它们会买下节目模式的授权，然后制作本土化的版本，最后制作出的节目会通过当地电视台或视频网站播出，至此，一个节目模式才算真正完成了从研发到海外输出的全过程。

节目模式的全球产业链的后几个环节往往还会在多个国家同时展开，涉及不同国家的播出平台和制作公司，而且这些播出平台和制作公司还可能是国际化的集团。如第二章中所描述的，像恩德莫尚和弗里曼陀这样全球性的节目制作集团，它们往往会买下一个节目模式的全球独家发行权，模式被发行到不同的国家和地区之后，可能会通过这些集团各地的制作公司生产当地的版本。而一些播出平台可能会覆盖多个国家或地区播出，因此它们也可能会买下某个模式在这些国家和地区的授权。随着奈飞等全球性流媒体平台的兴起，它们甚至会买下节目模式的全球授权，以满足在世界各地制作和播出的需求。如图3-1所示，总结了节目模式全球价值链涉及的主要环节。

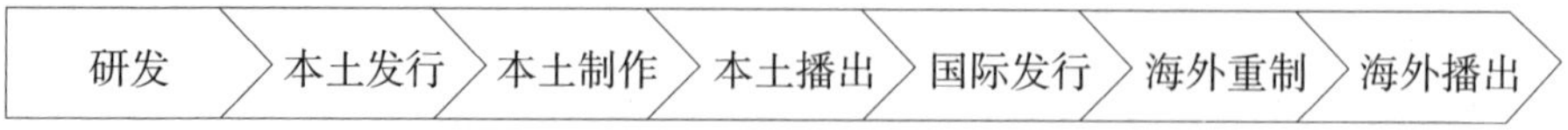

研发 〉本土发行 〉本土制作 〉本土播出 〉国际发行 〉海外重制 〉海外播出

图3-1　节目模式全球价值链

节目模式被授权到世界各地，制作成当地的版本并播出的过程，也是节目模式在全球价值链上不断增值的过程。节目模式制作的版本越多，输出的国家数量越多，也意味着其价值越大。一方面，与电视节目成片的国际贸易类似，节目模式首先会通过授权产生直接的经济收益，模式发行商会按照播出的地域、语言版本、制作的集数针对不同的市场收取不同的授权费用，再与模式开发商进行分配，一般分配的方式是扣除发行费用后双方进行五五分成。如果节目存在新媒体平台发行、线下活动、衍生品开发等产生的附加收入，模式发行商和开发商也可以从中获得一定比例的分成。类似于《好声音》《达人秀》这样的顶级的节目模式，往往每年的模式授权收入就达到上亿美元。

但另一方面，相较于电视节目成片的全球价值链，节目模式的价值链要更长，因为其不像节目成片，可以通过配音或字幕，甚至不做任何加工便在世界各地播出，节目模式还需要经历本土化制作的过程，而这一过程是其价值链上最重要的增值阶段，本土制作商借助模式的品牌价值，通过制作当地的版本，从而创造巨大的广告及其他收入，模式授权费与这些收入相比只是小巫见大巫。以《中国好声音》为例，其中国版的制作公司灿星，在2012年购买该模式时支付的一季版权费仅为200多万元，在节目大获成功之后，2013年的版权费飙升到6000万元，但即便如此，与该节目所创造的收益相比，仍让该模式的海外版权方心有不甘，在2015年该节目的鼎盛时期，灿星制作仅一年便从《中国好声音》获得了11.43亿元的营收，占公司年度总收入的46.43%。因此在2016年，海外版权方为获取更高的收益，将模式授权给了另一家公司。围绕这一模式的中国版授权，上演过一次巨大的纷争。对于拥有模式版权的公司来说，他们往往会逐渐地不甘于仅仅以收取授权费的方式发行模式，而是希望更深入地参与到节目在世界各地的本土化制作过程中去，从而获取更大的收益。这便是大部分的模式发行公司都逐渐地扩张成为国际化的发行和制作集团的主要原因——在节目模式的全球价值链上占据更有利可图的位置。

节目模式的全球价值链会涉及不同的市场主体，包括最初的模式开发商、本土的发行商、制作公司和电视台，以及国际发行商、被授权国家的制作公司和播出平台。每个市场主体根据自身实力的不同可能会占据节目模式全球价值链的一个或多个环节，并在这些产品增值的环节上获取相应的收益，而收益的多少，则取决于它们之间的权力关系博弈。这便涉及下一小节将分析的节目模式全球价值链的治理结构。

需要指出的是，除了从事生产、发行、制作、播出的相关机构外，围绕节目模式还有一系列的辅助性机构，包括国际性的行业组织、展会、媒体等，他们帮助传播行业资讯、建立起行业标准、促进着版权保护和模式贸易。例如，由美国全国电视节目制作人协会（National Association of Television Program Executives）每年1月举办的北美电视节（NATPE）；由法国Reed Midem集团创办的春秋两季的戛纳电视节MIPTV、MIPCOM以及在全球各地举办的地区性电视节，包括每年11月在墨西哥坎昆举办的拉美电视节（MIPCancun），在新加坡每年12月份举办的亚洲电视节（Asia TV Forum）和5月在杭州创小的中国国际影视内容高峰论坛（Mip China）等。这些国际性的电视节目展览为节目模式开发商、发行商、节目制作商提供了互相交易、洽谈合作的重要桥梁，对于全球节目模式价值链的形成和发展起到了"黏合剂"的作用。其中被业界认为对节目模式行业最重要的国际性展会是每年4月在春季戛纳电视节MIPTV前夕举办的MIPformats，这一活动从2010年开始，通过模式推荐会、工作坊、大师讲座、酒会、模式创意比赛的方式帮助模式行业的从业者洞察新的模式创意趋势，发掘来自世界各地的创意和人才。如蔡俊熙所指出的，这一活动凸显出了节目模式的主体性，而非像其他展会中只是附着于节目成片的贸易而存在，因此其在推动节目模式商品化和产业成熟化的过程中发挥了重要作用。[①] 而从2007年开始，由行业媒体C21牵头，与国际节目模式认知与保护协会联合发起了国际模式奖（The International Format Awarda）的评选，之后MIPformats和娱乐大师班（Entertainment Master Class）也加入了联合主办机构。每年从世界各地的模式开发商和制作公司提交的原创节目模式中评选出各类奖项，并在春季戛纳电视节期间举办颁奖典礼，经过多年的发展，已成为全球模式行业最重要的国际奖项，也有效地推动了模式产业共同体的形成，引领着国际节目模式的创新趋势。

二、治理结构：从买方驱动到生产者驱动

在格里芬对全球价值链的分析中，对治理结构区分出了生产者驱动（producer driven）和买方驱动（buyer driven）两种类型。[②] 生产者驱动的行业往往是那些大型制造行业，例如汽车、飞机、计算机等，这些行业是资本和技术密集型的行业，大型的制造商控制着生产和销售网络。而买方驱动的行业则往往是劳动密集型的行业，或是那些由大型的国际化公司控制着全球销售渠道，然后将产品生产的环节外包给各个国家承包商的行业，例如时尚行业、快消品行业等。

---

① CHOI J. The commodification of television formats: the role of distribution in the emergence of the commodity form [D]. Iowa: The University of Iowa, 2019: 166.

② GEREFFI G. International trade and industrial upgrading in the apparel commodity chain [J]. Journal of international economics, 1999: 41-42.

如果对节目模式的全球价值链涉及的市场主体进行区分，那么除去播出平台既是生产者又是买方的情况，模式开发商、发行商和节目制作公司这些模式的供应商，大致可以被划归为"生产者"，播出平台则是主要的"买方"。而在节目模式国际贸易开始发展的很长一段时间里，这一价值链都是"买方驱动"的。因为在每个国家，节目播出平台的数量都是非常有限的，而模式供应商的数量会远远超过播出平台。因此模式供应商需要向播出平台去提案和推销，赢得后者对其模式产品的青睐。一方面，播出平台每年手握大量的内容经费，他们对采购什么种类的节目模式有最终的决定权；另一方面，基于节目模式所制作的本土版节目所创造的收入中，模式供应商所收取的是按照制作成本3%—10%计算的授权费以及衍生开发纯收益一定比例的分成，大部分收入还是由播出平台收入囊中。

对于模式供应商来说，如果要在与播出平台的交易中赢得更多的议价权，主要取决于两个因素，首先是其掌握的模式IP的价值，如果它们提供的模式是已经在世界很多个国家落地并且取得了成功的IP，那么自然会更加受到播出平台的青睐。因为播出平台之所以购买节目模式，便是希望降低试错成本，提高节目成功的可能性。其次，模式供应商自身的规模也是重要的因素。国际节目模式公司一步步成长为在世界各地进行模式开发、发行和制作业务的集团公司的进程，其背后的驱动力便是获得市场竞争优势和更强的议价权。

首先，这些集团下属的公司可以形成内部的创意分享网络，节约研发的成本。来自全球各地的旗下制作公司会将最新的创意进行分享，与全球各地的同事互相激发和学习。总部的创意团队也会负责搜集来自全球各地子公司的节目创意，挑选出那些适合国际市场的模式进行全球发行。

据恩德莫尚创意网络首席创意官彼得·萨蒙（Peter Salmon）介绍，他的工作是确保新点子、信息、潮流以及最优的实践方法能在整个组织内部流通，从而促进创造力的养成。彼得·萨蒙说："我们拥有完整的研发网络，各个分部通过研发网络互相学习。我们的交流很多，我很有可能早上还在以色列开团队会议，下午就在和《黑镜》制作人聊天，最后还要去和BBC负责人会面，以确认我们接下来将要做些什么事。"①得益于遍布世界各地的集团分部，恩德莫尚能够及时跟上全球最新的概念动向和热门潮流。每年他们还会举办全球性的制作人大会，通常围绕最重要或超大型的节目开展，来自全球的制作人会通过对话的方式分享创意，交流接下来的制作方向等。例如，全球最成功的美食节目模式《顶级厨师》（*Master Chef*）每年便会举办这样的全球性分享大会。曾担任恩德莫尚创意网络首席执行官的丽莎·佩兰（Lisa Perrin）如此描述《顶级厨师》分享大会的作用："这种交流给了他们一个机会来吐苦水，来聊聊什么奏效什么不奏效。通过这种开放的、集体讨论的方式，来分享我们各自的所获并激发新的思路，从而希望我们本土的制作人能带回去思考，'哎呀，我怎么就没想到这一点呢，我们来试试……'"②这个过程的核心在于通过全球各地的创意交流为本土化调整提供思路，让节目保持新鲜度。

其次，这些公司也在世界各地成立或收购了大量制作公司，负责制作节目模式的当地版本，隶属于大的集团公司可以帮助各地制作公司降低成本，提高制作效率，它们可以使用其他国家兄弟公司的模式制作当地版本，甚至还可以利用它们的设施。例如当《一无所有》（*Pointless*）这档节目在BBC2频道常规播出之后，恩德莫尚公司用英国版的布景拍摄了法国版的样片，推销给法国电视台。曾担任恩德莫尚全球创意总监的威廉姆·布鲁姆也在讲座中介绍了一个与中国有关的例子。恩德莫尚的团队在英国研发了《嗨唱转起来》的节目创意，并将这个创意推介给了湖南卫视，湖南卫视决

---

① DAMS T. Interview: Peter Salmon, Endemol Shine［EB/OL］.（2018-08-22）［2019-05-10］. https://www.ibc.org/production/interview-peter-salmon-endemol-shine/3111.article.

② 彭侃，万芊芊.独家分享：爆款节目模式的长寿之道［EB/OL］.（2018-10-18）［2022-08-23］. https://mp.weixin.qq.com/s/0qUP1rMcJ_-8yOXQPj95iw.

定把它制作出来。当恩德莫尚在和湖南卫视商谈协议时提到，想让这个节目走向国际。他们要求在中国制作这档节目时，同步制作一个国际版的模式推荐视频，利用湖南卫视为拍摄中国版搭建的舞美和录影棚，邀请几位身在中国的外国歌手，仅花了一天时间拍摄。威廉姆表示："通过制作这个视频，我们创作出了一档可以走进欧洲市场的节目。在我离开恩德莫尚之前，正在和法国协商这个节目模式落地的可能。"有集团的资源作为后盾，也能够帮助各地的分公司提高节目制作水准。当各地的公司在项目中遇到问题时，总部可以派人去协助他们。彼得·萨蒙表示："作为国际性的制作团体，我们拥有比任何人都多的、擅长为全球提供服务的专家。"[1]这些专家能够帮助保证节目本土化的品质。

再次，巨头公司也可以建立庞大的国际发行网络，负责旗下所有制作公司内容的全球发行。建立一个庞大的发行网络成本是极高的，而无疑发行的内容越多，越有利于分摊发行网络的运营成本。另外，发行内容的规模大，也可以为买家提供足够丰富的选择，就像在超市购物一样，品种是维持顾客兴趣很重要的因素。例如，2018年时，恩德莫尚共拥有4321个原创模式的版权。充实的模式储备可以帮助其应对市场日新月异的需求。比如，当复活经典游戏类节目模式成为创新风潮时，恩德莫尚拥有超过250个原创模式可供使用。[2]而到了2021年，当班尼杰公司收购恩德莫尚之后，如表3-1所示，其在2021年全球产生交易的节目模式中的市场份额已经占到了19.6%，而前六大公司已占据超过70%的市场份额。

---

① DAMS T. Interview: Peter Salmon, Endemol Shine［EB/OL］.（2018-08-22）［2019-05-10］. https://www.ibc.org/production/interview-peter-salmon-endemol-shine/3111.article.

② DAMS T. Interview: Peter Salmon, Endemol Shine［EB/OL］.（2018-08-22）［2019-05-10］. https://www.ibc.org/production/interview-peter-salmon-endemol-shine/3111.article.

表 3-1 2021 年全球节目模式发行数量市场份额 [①]

公司名称	市场份额
班尼杰	19.6%
ITV	17.1%
弗里曼陀	15.9%
All3 传媒	9.7%
索尼电视	4.2%
华纳电视	3.8%
其他公司	29.6%

这些优势使这些巨头公司在节目模式价值链上拥有更有利的位置，在全球各地更容易获得节目制作的订单，例如，2017 年恩德莫尚为来自 79 个地区的 287 个电视台制作了超过 800 档节目。[②]而基于这样的规模化生产，也更容易产生成功的 IP，能在全世界各地创造巨大的收益。2022 年，班尼杰收购恩德莫尚后，班尼杰在全球 22 个国家和地区拥有 120 个制作公司，片库里拥有 13 万小时内容。其 2021 年的收入为 36.3 亿美元，82% 的收入来自制作业务，12% 来自发行业务，另外 6% 来自衍生权利相关业务，包括品牌内容和授权、视频游戏、音乐等衍生权利开发等。在构成其主要收入来源的制作收入中，2021 年和 2020 年分别有 52% 和 53% 的收入来自其所拥有的节目 IP。[③]

① K7 MEDIA. Tracking the giants: the top 100 travelling unscripted formats 2021-2022［R］. London: K7 Media, 2022: 18.

② DAMS T. Interview: Peter Salmon, Endemol Shine［EB/OL］.（2018-08-22）［2019-05-10］. https://www.ibc.org/production/interview-peter-salmon-endemol-shine/3111.article.

③ DASWANI M. Banijay to go public via SPAC deal［EB/OL］.（2022-05-11）［2022-08-19］. https://worldscreen.com/tveurope/2022/05/11/banijay-to-go-public-via-spac-deal/.

因此，在节目模式的全球价值链中，垂直整合的集团公司占据着日益重要的位置，它们介入模式开发、发行和制作的各个产业环节，有强大的节目模式研发团队不断开发，也收购小公司所开发的节目模式，从而拥有数量巨大的模式库。它们也在世界各地开设办公室乃至制作公司，不仅能将节目模式推销到世界各地，也往往会与各地的制作商合作参与制作当地版本的模式节目。这些优势让这些巨头公司在世界各地与当地的电视台谈判时，有了更强的议价权。它们不但可以获得模式授权费收入，也能够获得更高的节目制作收入，还得以保留很多节目衍生开发的权利，由它们旗下专门的部门或是授权给其他第三方公司在当地开发。掌握顶级模式 IP 的公司还可以采用搭售的策略，即要求买方电视台必须要同时购买不那么畅销的模式才能获得顶级 IP。例如，根据安德拉·埃森（Andrea Esser）的研究，一些小国家的电视台购买《成交不成交》这一模式的原因在于模式版权方恩德摩尔威胁他们如果不购买这一模式便不会将《老大哥》的模式出售给他们。① 在某种程度上，目前节目模式的全球价值链已经变成了"生产者驱动"，由这些国际节目模式巨头公司所主导。

而在这些大的运营商之外，电视节目模式的国际贸易市场中还存在着数以百计的小公司，这些公司往往只在电视节目模式产业的某个环节展开业务，有专门开发节目模式创意的公司，也有专门做节目模式发行的公司。小的节目模式开发商往往没有自己的发行网络，会与大的运营商合作成为后者的"卫星公司"，由后者代理其节目模式的发行和营销；或是将节目模式交给专业的发行公司进行全球或地区性的推销。由于这些公司的规模都很小，总是面临着被大的运营商吞并的危险，因此具有极强流动性，但往往也是这类小公司在模式开发方面更为大胆，因此在电视节目模式不断创

① ESSER A. TV format sector consolidation and its impact on the configuration and 'stickness' of the UK entertainment production market [J]. International journal of digital television, 2017, 8(1): 152.

新的过程中发挥着重要作用。例如在荷兰，2014年诞生了一家名为Lineup Industries的模式发行公司，由来自恩德摩尔及索尼的前任高管成立，这家公司另辟蹊径地以发行与社会议题和弱势群体题材相关的节目模式为主，反而闯出了一片天地，其发行的两档节目模式《紧急呼叫》（*Emergency Call*）和《禁忌》（*Taboo*）均跻身2019年输出国家最多的全球节目新模式前15位。[①]因此这些独立的小公司在节目模式的全球价值链中也有着不可或缺的功能。

三、地理分布：欧美发达国家主导节目模式交易

从咖啡、汽车到IP产品，在全球贸易中，每种商品总是有相对固定的贸易路径，从某些国家流向别的一些国家，而这背后所反映的是产品的全球分工和消费体系。而节目模式也是在不同国家间流动，尽管随着节目模式公司全球化的扩张，一些节目模式的国别身份已难以辨认，因为其可能并不是来自某个国家，而是全球各地的创意人员互相碰撞、集体智慧的产物。正如某些全球化理论学家所指出的，"民族国家"的框架在某种程度上已不适用于探讨全球化时代的文化现象。

但在全球价值链的分析框架中，尽管有某些模糊地带，以"民族国家"为单位来探讨各个国家在价值链上的位置和关系仍是有意义的。在行业实践中，仍会以国别为单位来考察各个国家的模式产业发展情况，例如，在全球模式认知与保护协会的报告中，会对每个国家的模式出口数量进行排行，以此标示每个国家模式产业的发达程度。行业媒体C21media则会根据出口模式所属的原产国，对各国进行排行。而在各国政府对节目模式行业的管理中，也会根据本国进口海外模式与出口到海外的模式数量的比较，

---

① K7 MEDIA. Tracking the giants: the top 100 travelling unscripted formats 2019-2020［R］. London: K7 Media, 2020.

来决定本国的政策。例如，中国政府正是基于近年来中国的电视台大量从海外进口节目模式却鲜有输出的现状，而制定了限制模式引进的政策。

　　作为一种从美国和欧洲国家电视行业中发展出来的文化产品形式，国际电视节目模式长期以来主要是由欧美国家所主导的。如表3-2所示，根据全球模式认知与保护协会在2009年进行的统计，2006—2008年间全球节目模式输出排行前14位的国家大多也都是商品出口额位列全球前列的发达资本主义国家。而总体上看，第三世界国家则处于跟风、模仿、引进电视节目模式的状态中，而很少能输出原创电视节目模式。

表 3-2　2006—2008 年间全球节目模式输出国排行 [①]

排名	国家	输出的模式数量	该国所有商品出品额的全球排名
1	英国	275	10
2	美国	156	3
3	荷兰	63	5
4	阿根廷	55	45
5	瑞典	41	24
6	德国	37	1
7	法国	36	6
8	澳大利亚	33	23
9	西班牙	29	17
9	日本	29	4
11	丹麦	20	34
12	意大利	19	7
13	加拿大	15	11
14	挪威	9	28

---

① FRAPA. The FRAPA report 2009: TV formats to the world [R]. Cologne: FRAPA, 2009.

　　而如表3-3所示，根据C21media提供的统计数据，2016年，英国占据着节目模式出口市场的第一位，份额为26%。其次为美国、荷兰，市场份额分别为13%和12%。从2004年至2021年底，这一市场排序没有变化。但值得注意的是，这三个国家合计所占的市场份额近年来呈现下降的趋势，在2005年最高峰时，三个国家的市场份额合计高达75%，但到2016年，已经下降到51%。这主要是由于越来越多国家融入节目模式的全球价值链，并逐渐地从下游的模式买家进化为上游的模式卖家。例如，以色列的模式产业近年来快速发展，在2015年、2016年的全球原创模式原产国中均位列第四。

表 3-3　2004—2016 年间全球节目模式原产国排行 [①]

年份	英国	美国	荷兰	其他国家和地区
2004	37%	20%	14%	29%
2005	44%	22%	9%	25%
2006	40%	14%	15%	32%
2007	34%	23%	14%	30%
2008	30%	26%	16%	27%
2009	36%	20%	17%	27%
2010	40%	20%	11%	29%
2011	39%	19%	13%	29%
2012	37%	17%	12%	34%
2013	25%	23%	8%	44%
2014	26%	13%	11%	51%
2015	29%	11%	10%	49%
2016	26%	13%	12%	48%

① WALLER E. C21's formats report 2017［EB/OL］.（2017-07-17）［2019-10-20］. https://www.c21media.net/the-new-era-of-formats/.

而亚洲国家韩国近两年也成为主要模式输出国之一。据国际模式研究机构The Wit统计的数据，如表3-4所示，2018年，韩国输出的节目模式数量占全球的2.3%，与挪威并列第十位，而2019年随着《蒙面歌王》取得的全球性成功，韩国节目模式输出数量占到了全球的4.4%，一举超过了西班牙、比利时、德国、以色列和瑞典，位居全球第五位。[①]韩国节目模式的成功也使得其他亚洲国家的节目模式获得了更多国际市场的关注。例如，泰国的Workpoint制作公司推出的节目模式《隔墙对唱》（*The Wall Duet*）被荷兰电视台RTL4购买了版权并制作，也预售到了意大利、比利时、西班牙、葡萄牙、法国、德国等国家。[②]

表 3-4　2018 年、2019 年全球各国输出节目模式数量排行

2018年			2019年		
排名	国家	份额	排名	国家	份额
1	英国	25.5%	1	英国	29.6%
2	美国	19.8%	2	美国	18.3%
3	荷兰	7%	3	荷兰	7.1%
4	法国	4.9%	4	法国	4.7%
5	德国	3.9%	5	韩国	4.4%
6	比利时	3.4%	6	比利时	3.8%
7	以色列	2.6%	7	德国	3.3%
7	西班牙	2.6%	8	以色列	3%

① WALLER E. Surf the Korean wave［EB/OL］.（2020-10-12）［2020-10-14］. https://www.c21media.net/surf-the-korean-wave/.

② LAWES R.A new Korea: Thai formats start to take off［EB/OL］.（2022-04-11）［2022-08-14］. https://www.c21media.net/department/countryfile/a-new-korea-thai-formats-start-taking-off/.

续表

2018年			2019年		
排名	国家	份额	排名	国家	份额
7	瑞典	2.6%	9	西班牙	2.4%
10	韩国	2.3%	9	土耳其	2.4%
10	挪威	2.3%			
其他国家和地区		23.1%	其他国家和地区		21%

此外值得注意的是，节目模式的全球市场明显区别于节目成片的全球市场主要由美国主导的局面，而由英国占据领先地位。在2005年时，英国的输出模式数量甚至曾高达44%的市场份额，尽管近年来有所下滑，但仍处于遥遥领先的位置。而荷兰和以色列虽然都是小国家，但却在模式输出方面也有突出表现。那么，究竟是哪些因素能够让一个国家在节目模式全球价值链上脱颖而出，成为主要的模式输出国呢？在本书下一章中，将以英国、荷兰、韩国为案例，对此进行详细的分析。

四、制度框架：法律层面保护不足，主要依靠行业自律

分析节目模式全球价值链的第四个维度是制度框架，即行业所遵循的一般规则。如格里芬所界定的，制度框架分析是要"找到在产品价值链的各个环节上，本土的、国家民族的和国际的环境与政策是如何影响其全球化进程的"[1]。

---

[1] GEREFFI G. Global production systems and third world development [M] // STALLINGS B. Global change, regional response: the new international context of development. Cambridge: Cambridge University Press, 1995: 113.

从国际层面来看，对于节目模式最重要的制度框架在于各国共同认同的相关法律框架，涉及版权法、商标法、反不正当竞争法，保护商业机密的相关法律等，但遗憾的是，在最重要的知识产权保护领域，节目模式时至今日都无法做到像电影、电视剧成片节目那样得到严格的保护。这在很大程度上是因为节目模式的特殊属性，在传统的版权法律框架中，所保护的并不是某个创意本身，而是将创意书面化、固定化的表达形式，例如剧本、舞美设计图、音乐词曲等。例如，在北京市高级人民法院2015年4月15日公布的《北京市高级人民法院关于审理涉及综艺节目著作权纠纷案件若干问题的解答》中，对于"综艺节目模式是否受《著作权法》的保护"的问题，便给出了这样的解答："综艺节目模式是综艺节目创意、流程、规则、技术规定、主持风格等多种元素的综合体。综艺节目模式属于思想的，不受《著作权法》的保护。综艺节目中的节目文字脚本、舞美设计、音乐等构成作品的，可以受《著作权法》的保护。"在北京市高级人民法院看来，节目模式是由节目创意引发出来的系列元素的综合体，"其核心在于节目创意，一个节目的成功与否关键在于节目创意，而创意属于思想范畴，如果对其进行著作权法的保护，这种对思想的垄断将违背民主社会中思想自由的基本理念。节目模板中的其他具体元素，如节目规则、主持风格、节目流程等，也很难作为一种表达进行保护。当然，节目模式形成过程中形成的'纸上模式'或者说文字脚本、舞美设计、音乐等可以构成作品的，可以受到著作权法保护，但这并不等同于节目模式作为一个整体可以受到著作权法的保护"。①

节目模式所建构的往往是一个具有一定灵活性的节目框架，各个国家可以在这个框架中填充本土的内容，尽管模式开发商可以通过编撰详尽的模式宝典等方式来使节目模式成为一个相对完整的、固定化的表达，但在

① 北京市高级人民法院知识产权庭.北京市高级人民法院关于审理综艺节目著作权案件相关问题的调研［J］.中国版权，2015（3）：8.

法律认定的层面上仍然具有很大的难度。

在整个国际节目模式的发展史中，剽窃、模仿节目模式的现象层出不穷，也发生过大量模式开发商状告模仿者的案例，但胜诉的很少。因为在法律实践中，要判定被告的节目模式是否侵犯了原告节目模式的版权颇为困难。首先要判断原告的节目模式是否可得到版权法的保护，即节目模式是否是有原创性的创意作品，因此模式开发商要提供充分的证据证明所开发的节目模式是和同类节目相比有显著差异化特征的作品，否则便无法得到版权法的保护。例如，在上一章所提及的1988年的《机遇在敲门》案例中，法官认为原告向法庭所递交的每集节目的剧本过于简单，并且没有形成完整的结构，所表达的不过是一些普通的想法，没有足够的原创性。[①]

其次，即便是模式开发商有足够的证据证明所开发的节目模式具有原创性，还需要进行第二个维度的判定，即被告是否构成了侵权。即便被告的节目和原告节目模式中的一些元素相同或相似，但如果在合理的范围内，并不会构成侵权。判断是否合理使用，先要从量化角度比较被告节目与原告节目有多少内容相似，再进一步看相似的部分是否是节目重要的组成部分，是否是节目创意的核心所在。但在判断相似性程度和重要性的问题上，则具有很强的主观性和不确定性。以2002年节目模式《幸存者》的开发商Castaway电视公司起诉恩德摩尔公司开发的《老大哥》侵犯了前者的版权这一诉讼为例，Castaway公司用数十页篇幅详细列出了《幸存者》节目模式的要点、游戏规则及制作策略。面对法院对这些材料是否有足够原创性的质疑，Castaway指出计划书中有12个重要的元素，尽管每个元素并不是首创的，但将这些元素组织在一起的结构则是原创的。法院最终接受了这一解释，认定将各种节目元素组合起来的独特结构是可以得到版权保护的。但这一案例并未以Castaway的胜诉而告终，因为针对《幸存者》所列出的

---

① MORAN A, MALBON J. Understanding the global TV format [M]. Bristol, UK: Intellect, 2006: 131-132.

节目12个核心元素，法院认为《老大哥》大部分的元素与其并没有可识别的相似之处，而只在一些不那么重要的方面有相似性，包括：节目选手未经制片人允许不得与外界联系；选手们只能携带少量个人物品；选手们每天都要摄制个人视频日记以记录他们对节目的感受等。而在场景设计、镜头拍摄方式等节目更为重要的方面，两档节目有着显著的区别。因此最终判定《老大哥》并未侵犯《幸存者》的版权。①

事实上，电视节目模式的复制不同于一般作品的抄袭。大多数情况下并不是模式的简单照搬和制作上的完全复制。针对电视节目模式中部分受目前版权法律保护的部分，例如，舞台设计、音乐、视觉元素等，剽窃的节目往往都会做出调整，区别于原节目，但节目的风格、结构性安排甚至情节又会有惊人的相似之处，前者的调整实质上并不太影响电视模式的创意和整体结构。采用如此"高级复制"的方式是否构成侵权呢？这是一直以来困扰国际电视节目模式版权保护的一大问题。此外，关于节目模式版权的诉讼往往是跨国官司，但不同国家可能对节目模式的版权有截然不同的认识，并没有形成一个国际性的标准，也为节目模式版权的保护带来了很大的困难。

根据查拉比的研究，直到1994年，恩德摩尔公司起诉西班牙Antena3频道的案例中才出现模式版权方胜诉。恩德摩尔将《情书》这一模式授权给西班牙Tele5频道制作本土版本，但Tele5频道的竞争者Antena3频道很快制作了类似的节目。因此恩德摩尔公司起诉Antena3频道剽窃其节目模式，西班牙法庭认定节目模式可以获得版权法律的保护，并且恩德摩尔公司原版模式的"关键元素"被Antena3频道抄袭了。这是全球第一起模式开发商起诉抄袭者获得胜诉的案例。

在那之后，荷兰、比利时、美国、巴西、法国、德国等地才陆续出现

---

① CHOI J. The commodification of television formats: the role of distribution in the emergence of the commodity form［D］. Iowa: The University of Iowa, 2019: 150.

了一些模式开发商发起侵权诉讼成功的案例。①尽管利用版权法律保护节目模式的状况在近年来已有所改善，但总的来说，节目模式商并不能单纯地依靠版权法对节目模式给予充分的保护。

随着全球范围内的节目模式交易越来越多，尽管因为模仿其他国家的节目模式而受到法律惩罚的可能性很低，但在比较成熟的电视市场中，抄袭模式的现象也在显著减少，而这得益于在节目模式产业发展的过程中所形成的一些行业性的共识和自律规则，其中全球模式认知和保护协会扮演着重要的角色。

这一组织由世界上与节目模式产业相关的几家公司于2000年联合成立，总部设在摩纳哥，目标是为全球的节目模式的创造者、制片商和发行商提供保护和信息，促使电视模式的知识产权得到业内的尊重和法律的保护。目前已有30余个国家的数百家公司加入，基本涵盖了世界主要的电视节目模式开发商、发行商和制作商。FRAPA建立的一系列制度，对于国际模式产业发挥了重要的作用。首先是书面模式注册制度，模式开发商可以将自己创造的节目模式在该组织注册，当发生版权纠纷时，可以此证明模式诞生的时间。目前已经有数以千计的节目模式注册。其次是围绕节目模式版权争议的仲裁，成立至今，FRAPA处理了数十宗此类争议，其中80%在其居中协调下取得了双方都接受的结果。2010年，FRAPA加入了世界知识产权组织提供争端解决服务。此外，FRAPA也会定期发布关于国际电视节目模式的产业和版权保护情况的报告，推动世界各地的政府和相关机构加强对电视节目模式的保护。2012年，FRAPA推出了一款名为宝典生成器（Bible Generator）的工具，借助这一工具，可以帮助模式版权方更高效地撰写出模式宝典。

2017年，FRAPA还推出了一项新的分析服务，邀请专家运用专业的

---

① CHALABY J.The format age: television's entertainment revolution［M］. Cambridge; Malden, MA: Polity Press, 2016: 87.

"分析方法"对有争议的模式进行量化比较。据FRAPA的联合主席简·赛宁（Jan Salling）介绍，如果节目模式创作者发现有其他节目与他们的作品相似，他们可以使用这项分析服务，来证明对方是否构成抄袭。FRAPA的专家团队会进行仔细的研究，从舞美设计、灯光到规则、结构和叙事等进行深入的比较，看两个节目间有哪些相同和不同。如果相似点累积达到一定的比例，FRAPA会判定其为侵权行为，并可为法律诉讼提供支持。[①]法院在处理节目模式版权案件时，往往会在比较两个模式是否相似时遇到难题，并且有很大的不确定性，而FRAPA作为一个国际性的中立行业组织来提供这项专业服务，无疑具有重要的现实意义。

总的来说，节目模式作为一个新兴的文化贸易产品，各个国家和国际上对它的管理政策和制度还一直在形成和完善的过程中，不如像节目成片的制度框架等其他文化产品那般完整和成熟，并且每个国家呈现出了很大的差异性，而这些差异化的制度和政策会在很大程度上决定当地的节目模式产业能否得到充分发展。在下一章中将具体分析英国、荷兰和韩国几个国家的文化政策和行业制度是如何推动其节目模式产业发展的。

---

① WHITTINGHAM C. Frapa claims format theft breakthrough［EB/OL］.（2017-06-16）［2019-06-08］. https://www.c21media.net/frapa-claims-format-theft-breakthrough/?ss=frapa+analysis+service.

第二节　节目模式全球价值链的文化结构

追溯节目模式的发展史可以发现，其起初是从节目成片的贸易中脱胎出来的，但它之所以能够发展成一种独立的产业，并不仅在于其能为节目出品方提供额外的收益，更因为其在跨国传播中有节目成片所不具备的文化优势。

如考林·霍斯金斯（Colin Hoskins）等学者研究所指出的，文化产品在跨国传播过程中必然会遭遇相关文化、语言、观众习惯等方面的障碍，即"文化折扣"（cultural discount）。[①]一方面，相较于节目成片，节目模式拥有更强的克服"文化折扣"的能力。因为节目成片只能依靠配音和字幕在世界各地传播，不少对节目收视率的研究表明，相对于外国节目，观众更倾向于选择本国和当地的节目内容。[②]而根据海外模式制作的本土化节目则更易被当地观众所接受。如斯尔威·韦斯博德（Silvio Waisbord）指出的，成熟的节目模式产品，通常提供的是一种灵活的框架，本土电视节目制作商可以向其中填充更符合本土文化的内容。[③]

---

① HOSKINS C, ROLF M.Reasons for the US dominance of the international trade in television programmes［J］. Media, culture and society, 1988, 10(4): 499-515.

② HOSKINS C, MCFAYDEN S, FINN A.Global television and film［M］. Oxford: Oxford University Press, 1997.

③ WAISBORD S. McTV: understanding the global popularity of television formats ［J］. Television & new media, 2004, 5(4): 359-383.

另一方面，相较于节目成片，节目模式还可以更好地跨越很多国家设置的政策障碍。很多国家为了保护本土的文化和产业会实行保护主义政策。尤其对不发达国家来说，以美国为代表的发达国家低价倾销的电视节目被视为一种"文化帝国主义"，会对本土的民族文化带来侵袭。因此，这些国家往往会对进口外国节目实行配额制。例如，即便是在经济比较发达的欧盟国家，也在1989年发布了《电视无国界指令》（*Television Without Frontier Directive*），规定境内电视台播放产自欧盟国家的作品时间不得少于频道播出时长的50%，同时应有10%以上的节目时长或预算属于欧盟独立制片人制作的节目等。2007年，这一政策更改为《欧盟视听媒介服务指南》，扩大至对电信、广播、互联网领域的内容要求。而在绝大多数国家，基于外国节目模式在当地制作的节目是被当作本土节目同等对待的，不会受到配额制的限制。

尽管节目模式相较于成片更易于克服"文化折扣"，其毕竟是基于一定的民族文化土壤产生的，和其他的文化产品一样，模式不可避免地会携带一定的文化基因，这些基因并不会全然在跨国流动的过程中消失。因此，节目模式在跨国流动中需要面临各地文化语境的挑战，其市场表现同样存在着不确定性。例如，安妮·库伯（Anne Cooper）等学者通过调查50个国家的游戏节目发现，这些节目可按其所属的地区被分为四组，西方、东亚、拉美和赤道文化地区。每个地区的游戏节目具有不同特征，也很少能被移植到别的地区。[1]如约瑟夫·斯特劳哈尔（Joseph Straubhaar）所指出的，文化接近性（cultural proximity）对于节目的输出/输入发挥着重要作

---

[1] COOPER-CHEN A. Games in the global village: a 50-nation study of entertainment television[M]. Bowling Green, Ohio: Bowling Green State University Popular Press, 1994.

用，因为受众更倾向于接受与本土文化、语言、风俗接近的节目。[①]

在节目模式的国际贸易中，可以发现只有一小部分模式可以售卖，这其中又只有一小部分能够成为全球性成功的模式，更只有极少数的模式能够成为"常青树"，可以售卖很多年。而决定不同节目模式贸易表现的有两个关键性的因素，一是这些模式本身是否具备适合跨国传播的文化属性，二是这些模式在输出到其他国家的过程中是否进行了成功的文化本土化改造。随着节目模式商为推动模式贸易而进行的不断探索，节目模式市场也逐渐在这两个维度上积累经验，找到了共通性的规律，从而形成了节目模式全球价值链的文化结构。

因此本节将从以下几个方面来探讨节目模式全球价值链的文化结构，首先，将基于对那些最为成功的"全球性"节目模式的比较分析，归纳出节目模式的文化特征；其次，将总结节目模式在进行跨国输出时需要经过怎样的文化本土化的过程；最后，探讨节目模式的流行对于全球文化产生着怎样的影响。

一、节目模式的文化特征

国际节目模式公司所发行的模式主要有两种来源，一种是从全球各地已经播出的节目中发掘出来的具有输出价值的模式，他们会与版权方展开合作，代理发行；另一种是他们自己的研发和制作团队开发的面向国际市场的模式，而他们的目标是要将这些模式输出到尽可能多的国家。在国际节目模式行业，一般基于输出国家的数量来评估一档模式的成功程度。输出超过30个国家的模式被视为最为成功的"现象级"模式，因为这样的模

[①] STRAUBHAAR J. Beyond media imperialism: asymmetrical interdependence and cultural proximity[J]. Critical studies in mass communications, 1991, 8(1): 39-59.

式可谓超越了地域文化的限制，在世界各地被本土化，它们的"可移植性"最强，可以将其称为"全球性"的模式。如表 3-5 所示，截至 2021 年底，共有 52 档节目模式输出超过了 30 个国家。对于节目模式这种追求全球化传播的文化产品来说，这 52 档模式可以说是最具典型性的案例，因此通过比较分析这些模式共通的核心元素，可以归纳出节目模式总体的文化特征。

表 3-5　截至 2021 年底输出超过 30 个国家的国际节目模式 [①]

排名	节目名称	节目英文名	首播年份	首播国家	发行公司	模式销售次数	节目类型
1	《谁想成为百万富翁》	*Who Wants to Be A Millionaire?*	1998	英国	索尼影业电视部	174	竞猜答题
2	《成交不成交》	*Deal or No Deal*	2000	荷兰	班尼杰	85	竞猜答题
3	《达人秀》	*Got Talent*	2006	英国	弗里曼陀	79	才艺竞技
4	《老大哥》	*Big Brother*	1999	荷兰	班尼杰	78	生存挑战
5	《家庭问答》	*Family Feud*	1976	美国	弗里曼陀	72	竞猜答题
5	《顶级厨师》	*MasterChef*	2005	英国	班尼杰	72	美食竞技
7	《好声音》	*The Voice*	2010	荷兰	ITV	71	才艺竞技
8	《与星共舞》	*Dancing with the Stars*	2004	英国	BBC	66	才艺竞技
9	《决胜60秒》	*Minute To Win It*	2010	美国	班尼杰	63	游戏闯关

---

① K7 MEDIA. Tracking the giants: the top 100 travelling unscripted formats 2021-2022［R］. London: K7 Media, 2022.

续表

排名	节目名称	节目英文名	首播年份	首播国家	发行公司	模式销售次数	节目类型
10	《幸存者》	Survivor	1997	英国	班尼杰	60	生存挑战
11	《你比……聪明吗？》	Are You Smarter Than?	2007	美国	米高梅	57	竞猜答题
12	《金钱坠落》	Money Drop	2010	英国	班尼杰	56	竞猜答题
12	《X元素》	X Factor	2004	英国	弗里曼陀	56	才艺竞技
14	《大众偶像》	Pop Idol	2001	英国	弗里曼陀	53	才艺竞技
15	《金钱巴士》	Cash Cab	2005	美国	All3传媒	51	竞猜答题
15	《龙穴》	Dragons' Den	2001	日本	索尼影业电视部	51	创业职场
15	《流行明星》	Popstars	1999	新西兰	班尼杰	51	才艺竞技
18	《命运之轮》	The Wheel of Fortune	1975	美国	派拉蒙国际内容发行	49	竞猜答题
18	《最弱一环》	The Weakest Link	2000	英国	BBC	49	竞猜答题
20	《蒙面歌王》	The Masked Singer	2015	韩国	弗里曼陀/MBC	47	才艺竞技
21	《和我吃晚餐》	Come Dine With Me	2005	英国	ITV	46	美食竞技
22	《洞洞墙》	Hole in the Wall	2006	日本	弗里曼陀	45	游戏闯关

续表

排名	节目名称	节目英文名	首播年份	首播国家	发行公司	模式销售次数	节目类型
22	《顶级超模》	*Next Top Model*	2003	美国	派拉蒙全球内容发行	45	才艺竞技
24	《好声音少儿版》	*The Voice Kids*	2012	荷兰	ITV	42	才艺竞技
24	《百变大咖秀》	*Your Face Sounds Familiar*	2011	西班牙	班尼杰	42	才艺竞技
26	《老大哥明星版》	*Big Brother Vips*	2000	荷兰	班尼杰	41	生存挑战
26	《我妈妈做饭比你妈更棒》	*My Mom Cooks Better Than Yours*	2014	西班牙	弗里曼陀	41	美食竞技
28	《以一敌百》	*1 Vs 100*	2000	荷兰	班尼杰	39	竞猜答题
28	《影视看台》	*Gogglebox*	2013	英国	All3传媒	39	电视评论
28	《农场》	*The Farm*	2001	瑞典	弗里曼陀	39	生存挑战
28	《交换妻子》	*Wife Swap*	2003	英国	班尼杰	39	社会实验
32	《我们约会吧》	*Take Me Out*	2008	澳大利亚	弗里曼陀	38	婚恋约会
32	《价钱是对的》	*The Price is Right*	1950	美国	弗里曼陀	38	竞猜答题
34	《单身汉》	*The Bachelor*	2002	美国	华纳兄弟电视部门	37	婚恋约会
34	《全英烘焙大赛》	*The Great British Bake Off*	2010	英国	BBC	37	美食竞技

续表

排名	节目名称	节目英文名	首播年份	首播国家	发行公司	模式销售次数	节目类型
36	《博涯古堡》	*Fort Boyard*	1990	法国	班尼杰	36	生存挑战
36	《我爱我的祖国》	*I Love My Country*	2008	荷兰	ITV	36	竞猜答题
36	《约会游戏》	*The Dating Game*	1965	美国	索尼影业电视部	36	婚恋约会
36	《农夫相亲秀》	*The Farmer Wants a Wife*	2001	英国	弗里曼陀	36	婚恋约会
40	《歌唱小蜜蜂》	*Singing Bee*	2007	美国	放大传媒	35	才艺竞技
41	《真相时刻》	*The Moment of Truth*	2007	哥伦比亚	伊莱克特斯	34	情感关系
41	《卧底老板》	*Undercover Boss*	2009	英国	All3传媒	34	社会实验
43	《勇敢向前冲》	*Wipeout*	2008	美国	班尼杰	33	游戏闯关
44	《恐惧元素》	*Fear Factor*	1999	荷兰	班尼杰	32	游戏闯关
44	《顶级厨师少年版》	*MasterChef Junior*	2010	英国	班尼杰	32	美食竞技
46	《顶级厨师明星版》	*Celebrity MasterChef*	2006	英国	班尼杰	31	美食竞技
46	《恐怖卡拉OK》	*Killer Karaoke*	2009	黎巴嫩	班尼杰	31	游戏闯关
46	《一见面就结婚》	*Married at First Sight*	2013	丹麦	红箭国际	31	婚恋约会
46	《天桥风云》	*Project Runway*	2004	美国	弗里曼陀	31	才艺竞技

续表

排名	节目名称	节目英文名	首播年份	首播国家	发行公司	模式销售次数	节目类型
50	《厨房噩梦》	*Kitchen Nightmares*	2007	美国	All3传媒	30	美食竞技
50	《金字塔》	*Pyramid*	1973	美国	索尼影业电视部	30	竞猜答题
50	《诱惑岛》	*Temptation Island*	2001	美国	班尼杰	30	婚恋约会

首先，"全球性"的模式往往是"高概念"（High Concept）的，即节目的核心创意可以被非常简单、清晰地提炼。例如《谁想成为百万富翁》最初版的创意是选手连续回答对15道问题便可以获得百万巨奖，但一旦答错便不能带走分文，除了在回答第5道题和第10道题时，选手可以选择带着累计的奖金离开。《好声音》的核心创意是几位明星导师以听声音"盲选"的方式选出优秀的歌手。《决胜60秒》的核心则是一系列设定为1分钟内完成的游戏，如果选手能够连续闯过10关，便可以获得100万美元的大奖。对于观众来说，这些节目概念都是很容易理解的，不会有很高的接受门槛。

其次，"全球性"的模式创意为了尽可能具有普遍适用性的吸引力，往往迎合的是人类原始的本能和情感，例如，窥视欲、自我实现的愿望、社会比较甚至幸灾乐祸等。爱德华·布伦南（Eddie Brennan）结合哈贝马斯所提出的公共领域结构转型理论总结了真人秀节目模式之所以吸引观众的关键所在，在真人秀节目中，观众得以去窥探别人的生活并与自己的生活进行比较，这种比较是家庭生活私人化的产物。18世纪之后，随着工业革命所推动的家庭和工作生活的分离，一种新的个人孤立感在中产阶级当中产生了，因为公共生活缺失和个人稳定的世界观崩塌。这种情形如今仍然持续，激发了一种通过社会比较来进行个人反思和确认的心理需求。200多年前，这种窥视他人私人生活的过程是通过阅读文学作品实现的。而如今，电视节目提供了重要通道。① 例如《老大哥》的成功离不开它对人们窥视欲的满足，让观众围观同住在一栋别墅里的一群陌生男女如何为了奖金而钩心斗角。在如《我们约会吧》《单身汉》这样的婚恋约会类节目中，观众在观看时往往会将自己与节目中的嘉宾进行对照和比较。而在观看《洞洞墙》《勇敢向前冲》《恐惧元素》等带有一定整蛊性质的游戏闯关类节目时，幸灾乐祸构成了观众心理的重要支撑，他们更乐意看见选手掉进水里，或是被各种奇怪的道具惊吓得魂飞魄散的样子。从别人的不幸中获得乐趣，如特莱皮特所指出的这种社会比较的消极形式能够在心理上确证一个人的生活方式和良好的自我感觉。② 可以说，成功的模式不需要牵涉太多的文化或社会背景，而只需凭借节目本身，便能激发出人们的情感和本能反应。

再次，从内容设置来看，这些"全球性"的模式大多都是强规则驱动的，从而制造出强烈的戏剧性效果以吸引观众。在激烈的内容竞争环境下，电视节目激发人们的情感需要非常迅速，在频道选择众多的情况下，人们在很短的时间里便会决定要不要换频道，因此需要慢慢地培养起观众观看兴趣的"慢热型"模式往往是不受欢迎的。如表3-6所示，这些"全球性"模式主要包括竞猜答题、才艺竞技、美食竞技、生存挑战、游戏闯关、婚恋约会这几种类型，大部分节目都是在一定的规则下让选手们展开竞争。以《幸存者》为例，14名（7男7女）素不相识的参赛者被节目组安置在一座荒岛上，开始为期47天的野外生存挑战。参赛者最初只有一些最基本的生存物资，在接下来的日子里，他们依靠自身力量觅食、生火、安营扎寨。14名参赛选手分成两个部落，每个部落7人。在前六集里，两个部落在各

---

① BRENNAN E. A political economy of formatted pleasures［M］// OREN T, SHAHAF S. Global television formats circulating culture, producing identity. London: Routledge, 2012: 72-89.

② TREPTE S. Social identity theory［M］// BRYANT J, VORDERER P. Psychology of entertainment. New Jersey: Lawrence Earlbaum Associates, 2005: 258.

种挑战中相互对垒，为团队赢得奖品，从考验体能的耐力类、竞速类和对抗类挑战到考验智慧和技巧的拼图类挑战，还有考验策略和合作的团体赛。挑战按照目的又分为两类，包括生存物资争夺挑战和豁免权挑战。赢得豁免权的团队的所有成员，在岛屿理事会环节不会被淘汰，而未能赢得豁免权的团队需要投票淘汰队内的一名成员。从第七集开始，团队战升级为个人战。在每一集结束时，参赛者在岛屿理事会上，通过无记名投票淘汰其中一员。直到仅剩最后2人时，最后被淘汰的7名选手将组成最终的陪审团，听取2位选手的自述，并投票选出最后的冠军。除了各式各样的挑战项目之外，选手们之间对部落领导地位的争夺、虚虚实实的结盟、投票淘汰选手时的权衡，这些人际关系的呈现也构成了节目的重要看点。节目最具戏剧性效果的一个规则，是最终的冠军要由被淘汰的选手投票选出。怎么让被自己淘汰出节目的人反过来还心甘情愿投自己的票，这其中蕴藏的人性博弈充满悬念。

表 3-6　输出到 30 个以上国家的"全球性"模式类型分布

	竞猜答题	才艺竞技	美食竞技	婚恋约会	生存挑战	游戏闯关	其他
数量	12	12	7	6	5	5	5

如爱德华·布伦南所指出的，很多成功的节目模式是基于个体的竞争建构起来的，观众对一个媒介角色的认同往往取决于这一角色是否有清晰可辨的社会类型，是否让观众能以他们的个人经历为参照来理解。人们最容易对其他个体的情感困境产生感同身受的感觉，尤其是在视觉提示的传达下，但要对一个异质的团体产生认同则是更困难的。①因此我们可以看到在大部分成功的模式节目中，个人更多地被放在表现的核心地带，而且往

---

① BRENNAN E. A political economy of formatted pleasures [M]// OREN T, SHAHAF S. Global television formats circulating culture, producing identity. London: Routledge, 2012: 72-89.

往会基于"赢者通吃"的规则让他们展开激烈的竞争，从而激发出节目的冲突和戏剧性。

最后，"全球性"节目模式的呈现形式往往具有突出的可辨识性，即在节目环节、场景、舞美、道具、镜头运动、主持人和嘉宾的风格、后期包装等方面具有标志性的特征，与其他节目尤其是同类节目形成显著的区别。例如，评委们坐着的、四把大红色的、且与节目的盲选规则紧密联系在一起的转椅构成了《好声音》的标志性特征之一。而在答题竞技节目《最弱一环》中，最重要的一个卖点是其中那位面无表情的女主持人。她身着黑装，录影场地环境幽暗，配以冷色灯光。每个回合结束后，都会以冷酷的语调对被淘汰者说"你是最弱一环，再见"（You are the weakest link, goodbye），成了观众对节目最重要的记忆点。

从制作维度来看，这些能全球流行的节目模式往往需要达到几个标准。第一，在制作规模上是有弹性的，既可以在像美国这样的大市场以高预算制作，也能在小市场以低预算制作。针对一些制作成本较高的节目，模式公司往往还会建立制作基地，例如，生存挑战类节目《幸存者》便在斐济和菲律宾等多个地点建立了制作基地。模式公司班尼杰的内容负责人卢卡斯·格林（Lucas Green）介绍，依据合作方制作预算的大小，有不同的《幸存者》制作基地可供选择。"斐济是我们的豪华基地。在这里，一家公司可以独占基地进行拍摄。拍摄完毕，下一家公司才会过来。但我们也可以去菲律宾那比较便宜、拥挤的基地。那里的资源可以共享。"[1] 第二，模式得是有可延续性的，即模式所需内容、选手等资源不易被消耗殆尽，从而有较强的生命力，例如《价钱是对的》（Price Is Right）这档节目从1956年一直播出至今，因为这档节目是邀请普通人作为选手来比赛猜测商品价格，而选手和商品的资源都是取之不竭的。第三，这些模式往往在制作上都是

---

[1] FRY A. Central perks［EB/OL］.（2019-12-04）［2020-05-02］. https://www.c21media.net/379583-2/.

比较容易被标准化、流程化的，场景和环节的设置比较固定，这样便于复制。例如《好声音》的制作，从用镜头如何去捕捉选手们登场时必须由主持人给其递话筒的瞬间，到用多机位去展现导师们盲听时的表情等，都有一套标准化的拍摄流程。模式方也会派出飞行制作人专门去往世界各地指导制作当地的版本，落实这套标准。创造了《好声音》模式的塔尔帕公司创始人约翰·德摩尔曾表示："在没有事先同意的情况下，任何事情都不能被改变。任何制作本土版本《好声音》的国家，我们都会派一队国际产品顾问去监督并确保其节目与原始框架一致。"① 曾担任班尼杰集团模式副总裁的安德鲁·赛姆介绍，"《谁想成为百万富翁》有着非常完备的IP体系，它的Logo在所有地方都一样，问题结构在所有地方也几乎一模一样，舞台布置和1999年在英国开播时也一样，这个模式属于管理非常严格的IP；《厨艺大师》也一样，无论在哪个地方，都有很多制作规则需要遵循，具体规定了Logo是怎样的、厨房是什么样子以及厨师该如何站位、整体结构如何等"。第四，这些模式也往往可以无时效性地、可高效率地录制。如BBC的创意总监苏米·康诺克（Sumi Connock）在分析游戏类节目模式为何流行时提到，此类模式能够以极快的速度、很划算的成本制作和播出大量节目（每天可录制多期）。这类节目的录制也不一定需要观众，在奖金、舞美设计的规模等方面都可以自由地酌情扩大或缩减。② 例如出于经济性的考虑，《最弱一环》《谁想成为百万富翁》《你有五年级学生聪明吗》等答题节目会在一天中连续录制几期。而这一类型节目中所提的问题，往往不会指涉到时事或公众关注的社会事件，从而可以适应不同的播出时间。因此，观众对节目产生的代入感或快感往往完全来自节目内部本身，而不是源于

---

① 易珥.荷兰人约翰·德摩尔：真人秀之父，他一手创造了《好声音》，靠它登上了福布斯［EB/OL］.（2014-12-03）［2020-12-05］. https://ent.qq.com/original/bigstar/f106.html.

② REGAN C. Interviews: BBC Studios' Sumi Connock［EB/OL］.（2022-05-02）［2022-08-14］. https://worldscreen.com/tvformats/bbc-studios-sumi-connock-2022/.

对外部指涉的联想。①

这些取得全球成功的节目模式的共性，也逐渐内化为国际节目模式公司在挑选或开发节目模式时的标准。例如，全球最大的节目模式公司之一的弗里曼陀全球娱乐总监曾归纳了他们在挑选模式时的标准。首先，模式得是在制作规模上有弹性的（scalable），能够适应不同市场规模和经济发达程度的市场；其次，得是有可延续性的（returnable），即模式所需内容、选手等资源是不易被消耗殆尽，可以一直制作下去；再次，节目模式得是可移植的（transferable），指节目模式创意是可以跨越不同国家间文化障碍进行移植的；最后，节目模式得是可辨识的（promotable），即在节目内容设置、外观、风格等方面可以被容易地辨识出来。②

但具有这些特征的节目模式只能说具备了国际输出的"潜力"，并不能保证就能在它们输出的每个本土市场获得成功，每一档引进海外模式制作的节目都需要根据当地的情况对于模式进行适当的改造，才能符合当地的市场和观众需求，而这便是节目模式文化本土化的过程。

二、节目模式的文化本土化

除了模式本身在设置上尽可能减少"文化折扣"，大部分成功的电视节目模式在跨国流动中还需要根据当地的制作条件、社会和经济环境、文化背景进行本土化调整。因为节目模式毕竟是从特定的社会和文化土壤中生长出来的，其中的一些创意内容和制作环节上的设计未必完全适合于其他

① BRENNAN E. A political economy of formatted pleasures [M] // OREN T, SHAHAF S. Global television formats circulating culture, producing identity. London: Routledge, 2012: 72-89.

② GLYNNE S. Ideas that scale: how to create a global TV format [EB/OL]. (2018-07-09) [2020-01-25]. https://www.thedrum.com/opinion/2018/07/09/ideas-scale-how-create-global-tv-format.

国家，而必须经过一定的本土化过程，才能适应输出地的观众需求和国情。在电视节目模式贸易发展的早期阶段，曾有模式版权方要求各地的制作商严格按照原有的节目模式制作出与原节目非常相似的本地版本，甚至可称为原节目的"翻译版"，但在频频出现水土不服的情况之后，如今这种规定已越来越少见。节目模式版权方通常会给予较大的自由度给改编节目的制作商，更多的本土元素会被融入其中。

节目模式的本土化是一个复杂的系统工程，需要综合考虑各方面的因素。首先，当地的节目制作条件。节目模式往往是经济发达的国家或地区开发出来的，而当发展中国家引进这些模式时，可能无法承担像原节目一样昂贵的制作费用达到某些特殊的效果，而不得不做出删减或调整。例如，阿根廷电视台在制作本土版的《老大哥》时，制作人原准备安排曾在欧洲版《老大哥》中出现的一系列游戏，但由于安全设施花费高昂，最终不得不舍弃这一设计。[1]另外当地的电视业可能也已形成了一套节目制作的流程，与原节目的制作流程非常不同，需要节目模式的开发商和本土制作商不断协调，以寻找到一种既符合当地情况也能提高节目制作效率的解决方案。例如，澳大利亚的格兰迪公司制片人在马德里的制片厂帮助当地电视台摄制西班牙版的游戏节目《世纪大卖》（Sale of the Century）时发现，原本在澳大利亚一天录制五期的惯例在西班牙是不可能实现的，因为节目录制时马德里制片厂的温度在天气环境和灯光影响下高达50摄氏度，在如此热的环境下，摄像机很容易就无法运转了。于是，节目制作不得不尊重当地的惯例，被调整为每天一集。[2]

其次，节目模式的本土化也必须适应当地的社会和经济环境。《价钱

---

①　WAISBORD S, JALFIN S.Imagining the national: television gatekeepers and the adaptation of global franchises in Argentina［M］// MORAN A. TV formats worldwide: localizing global programs. Bristol, UK; Chicago, IL: Intellect, 2009: 65.

②　MORAN A. New flows in global TV［M］. Bristol, Chicago: Intellect, 2009: 48.

是对的》这一节目模式原本是让参与者猜测商品价格来赢取汽车和旅游等昂贵的奖品。但在阿根廷版制作过程中，制作人决定用家居用品作为奖品，因为当时阿根廷刚刚经历经济危机，相对于奖品价值很高但获奖机会很少，人们似乎更喜欢奖品价值不高但获奖机会更大的设计。①此外，制片人不得不特意加长让胜利者与主持人和亲友团庆祝的时间，因为阿根廷人民似乎比较容易激动。而在《谁想成为百万富翁》俄罗斯版的制作过程中，制作人则需要去除节目中"求助观众"的设置，因为他发现当地观众倾向于故意告诉选手错误答案。②

不同的地区也有不同的节目播放与欣赏习惯，例如在拉美国家，从业者喜欢安排日播节目或是将节目作为时长更长的节目中的一个板块播出。据阿莫扎公司的首席执行官艾维·阿莫扎介绍，当其公司的模式《巅峰对决》(The Final Four)在拉美国家播出时，需要将集数增加到70集，因为需要对节目的叙事方式进行调整。③参与过很多游戏节目模式开发的资深制片顾问鲍勃·考森思（Bob Cousins）则提供了一个与颜色有关的有趣例子。他指出同一档节目模式在瑞士和在南非的色调运用非常不同。在墨西哥和委内瑞拉版的《家庭问答》中，布景中使用大量的色彩，且非常鲜艳，而瑞士版则使用非常简单的冷色调。④

文化背景则是节目模式的本土化中需要考虑的最为重要也最为复杂的一类影响因素。要想使节目获得本土观众的欢迎，制作商需要加强节目的民族性，纳入与所在国家和民族历史文化有关的元素和符号，以此唤醒人们的认同感。例如，据恩德莫尚的首席创意官彼得·萨尔蒙介绍，在其公

---

① WAISBORD S. McTV: understanding the global popularity of television formats [J]. Television & new media, 2004, 5(4): 359-383.

② MORAN A. New flows in global TV [M]. Bristol, Chicago: Intellect, 2009: 50.

③ WHITTINGHAM C. Four thoughts [EB/OL].（2018-10-18）[2019-06-08]. https://www.c21media.net/four-thoughts/?ss=avi+armoza.

④ MORAN A. New flows in global TV [M]. Bristol, Chicago: Intellect, 2009: 118.

司创造的美食竞技类节目模式《顶级厨师》输出的过程中，需要根据不同地区的文化差异进行调整，美国观众喜欢激烈的竞争以及由超级明星担任评委。他们更喜欢看评委做评判的过程，而并不太关心美食本身，吸引他们的是选手们之间的竞争和评委们之间的化学反应。但是在西班牙、澳大利亚、瑞典等地，观众们则更关注选手们投入在烹饪中的情感，喜欢看到一些有地方特色的做法。[①]

在中国所引进的海外节目模式中，也有很多本土化的生动例子。例如2016年，东方卫视引进英国ITV的节目模式 Meet the Parents 制作了本土版《中国式相亲》。节目以"子女带着爸妈去相亲"为主题，让"待娶待嫁"的子女坐在第二现场，而催婚的父母们则走向台前，直接对话登场的单人嘉宾，全方位地推销自己的子女，并为他们争抢心仪的相亲对象。相较海外版，中国版节目根据中国婚恋文化进行了几个方面的调整。首先是引入多方意见，中国版增设了现场观众投票以及单人嘉宾的父母登台表态等环节，在相亲中引入父母、社会代表等多方意见，符合中国传统的相亲文化，同时还勾勒出相亲背后的中国社会的缩影。其次是建立双向选择机制。原版节目中体现的是"单人嘉宾选择对方父母"这种单向选择的人物关系，中国版则通过建立双向选择的关系，即在场父母首先做出选择，然后嘉宾反选，让相亲主体之间产生更深度的互动和交流、碰撞和交锋。再次是中国版节目也更加突出代际沟通主题，中国版节目中除了相亲这个主体内容外，子女与父母通过相亲这一共同目标，来完成代际间的沟通和交流也是节目的重点表现内容。两代人的求同存异也让节目更具话题性和社会现实性。几个维度的调整使得《中国式相亲》获得了全国同时段收视率第二的成绩。

本书作者曾参与引进模式的央视综艺频道《幸福账单》节目也是一个

---

① DASWANI M. Endemol Shine's Peter Salmon［EB/OL］.（2018-10-23）［2020-01-26］. http://worldscreen.com/tvformats/endemol-shines-peter-salmon/.

本土化取得成功的案例。原模式来自荷兰，现场观众每个人都带来了一张自己的账单，被抽中的观众需要讲出账单产生的故事，并完成节目组根据故事设计的游戏，便可以由节目组将账单报销。原节目中的故事大多走的是搞怪路线。因此，中国版《幸福账单》进行了较大幅度的调整，节目方案中是如此描述其本土化定位的："这是一档以账单为载体，以游戏为表现形式的公益娱乐节目。支付账单不是节目的本质，账单只是一种载体，幸福无关金钱。这档节目是要通过形形色色的账单，展现出老百姓生活中的亲情、友情、爱情，发现身边的真、善、美，关注普通老百姓身边的幸福故事。"本土版节目保留了原模式中"讲述故事—完成任务—报销账单"的基本框架，但在适应中国文化传统和政策导向的过程，对故事选题、游戏设置等进行了一定的调整。和原版节目中根据参与者的故事为其量身定制游戏不同，中国版考虑到实际操作性和央视观众的观看习惯，将复杂的游戏任务直接变为固定的闯关游戏。原版节目为了增加笑点，倾向于选择比较猎奇搞笑的账单故事，而中国版为了传递正能量，则是选择普通人生活中能够体现真善美的价值观，同时兼具情感性的账单故事。最终这档节目成功在央视综艺频道落地，并持续播出多年。

　　而如果不顾民族文化特性，则可能造成严重的后果，因为在一些国家可大胆表现的元素在另一些国家可能被视为禁忌，比如与性有关的元素。中国的视频网站优酷曾经引进了《老大哥》模式制作了中国版《室友一起宅》，在节目主题上，原版《老大哥》以巨额奖金为驱动力，一群陌生人在一栋封闭的公寓内共同生活30天，通过各种淘汰游戏决出唯一获胜者。参赛者们为了奖金钩心斗角，将人性之恶赤裸裸地展现，而这样的设置显然难以符合中国的主流价值观，《室友一起宅》因此弱化了最后的奖金设置和淘汰赛制，淡化了节目参与者之间的竞争性和对抗性，但这种调整也让参与者之间很难产生出原版中那般剧烈的情感冲突和行为的驱动力，最终这档节目无论影响力和口碑都未能取得成功。

另一档输出到全球很多国家的节目模式《最弱一环》，也在一些亚洲市场遭遇了挫折。如上文所述，这档节目最大的卖点是冷酷的女主持人和选手们之间的互相指责。2001年，中国香港的TVB购买这一模式制作了本土版，节目试图保留原节目主持人的风格，但却遭遇了失败，在亚洲的"高语境"文化中，一个嚣张跋扈的女人是很招人厌的，并不能产生幽默效果。而选手们当众攻击彼此，也被认为是不礼貌的。很多香港观众写信批评这档节目，专家学者也纷纷发表批评意见，指摘这档节目鼓吹仇视、破坏了互信和谐等社会价值。最终，制作方不得不对节目做出大幅修改。①

从以上所列举的案例可以看出，合适的本土化过程对于节目模式能否取得成功具有至关重要的作用。中国香港学者保罗·李（Paul Lee）曾用一个生动的生物学比喻形容了本土文化对外国文化的消化和吸收过程中所存在的四种程度不同的模式。第一种是鹦鹉式，即原样使用外国文化产品不做改编，例如，原版引进的外国电影和电视节目；第二种是变形虫式的，即保留外国文化产品的内容但形式上进行本土化包装，例如，体育节目中聘用本土主持人对外国比赛进行解说；第三种是珊瑚式的，形式保持不变但内容进行了本土化；最后一种则是蝴蝶式的，外国文化产品在内容和形式上都被吸收和转换到本土文化中。②总的来说，根据节目模式制作出成功本土化模式的过程可能是一种珊瑚式乃至蝴蝶式的过程，外国节目模式开发商和本土制作商需要紧密合作，在综合考虑制作条件、经济和社会环境、历史和文化因素的背景下，决定在模式的形式和内容上进行怎样的调整。

---

① CHENG W, WARREN M. The television game show: an analysis of the potential problems of importing social communication from another culture[J]. Language & intercultural communication, 2006, 6(1): 1-22.

② LEE P. The absorption and indigenization of foreign media cultures: a study on a cultural meeting point of the east and west: Hong Kong[J]. Asian journal of communication, 1991, 1(2): 52-72.

三、节目模式的国际文化竞争

围绕文化产品的国际竞争，往往会与对文化帝国主义（Cultural Imperialism）的讨论联系在一起。20世纪六七十年代之后，伴随着美国等发达资本主义国家的文化产品加速向全球输出，文化帝国主义的概念在文化和传播学研究中开始反复出现，成为指控和批判西方发达国家运用媒体及其他文化载体控制第三世界国家的代名词。总的来说，文化帝国主义的理论框架是一种主动—被动，统治—受害者的二元主义框架，比较简单粗暴。随着20世纪80年代以来传播学研究的范式向"文化多元主义"的日益转变，这一理论日益受到了严峻的挑战。①

节目模式作为一种不断增长的国际文化贸易产品，也被纳入了文化帝国主义的讨论范畴。在各国节目模式产业发展水平不一和国际贸易不平衡的情况下，往往是发展中国家进口欧美国家的节目模式。学者们据此追问，发达国家向发展中国家输出的电视节目模式里是否包含着文化帝国主义的危险，是否侵害了发展中国家的本土文化？

作为一种发端于英美、在欧美国家逐渐发展起来、进而扩散到全球的文化贸易产品，国际节目模式的输出时至今日的确仍主要来自欧美国家，例如，在表3-5中所列出的全球最成功的节目模式，基本上都是来自美国和欧洲的发达国家，其中，来自英国的有17档，美国15档、荷兰8档，其他欧洲国家中西班牙2档，法国、瑞典和丹麦各1档，共45档，占到了总数的86.5%。只有7档来自世界其他地区，包括日本2档，韩国、澳大利亚、新西兰、哥伦比亚、黎巴嫩各1档。另外，从模式发行公司来看，也主要

---

① SREBERNY A. The global and local in international communication [M] // CURRAN J, GUREVITCH M. Mass media and society, 2nd ed. London: Edward Arnold, 1996: 179.

是由总部设立在美国或欧洲的公司主导，例如，总部在法国的班尼杰集团发行了其中18档，英国的弗里曼陀发行了其中12档。

相较于其他国家和地区，北美和欧洲发达国家的电视业发展更加成熟、市场化程度更高，发展节目模式产业也更早，因此这些国家能够成为节目模式的主要输出国，在节目模式的全球价值链上占据主导地位。但是这种现象并不能与"文化帝国主义"画等号。观察国际节目模式产业的发展，我们可以找到很多反驳"文化帝国主义"论的证据。首先，可以注意到节目模式的输出国并非一成不变的，例如近几年来，亚洲国家韩国的节目模式产业快速崛起，《蒙面歌王》甚至成为2019年输出国家最多的模式；其次，随着跨国的国际节目模式和制作集团的发展，模式来源国的概念逐渐模糊了，只要节目模式具有全球流行的潜力，小国家的、发展中国家的节目模式都可能被这些集团收入囊中，在世界各地发行和制作。另外，如上一小节所阐述的，当电视节目模式输出到全球各地时，要经历复杂的接受和本土化过程，很多不适合当地文化的节目模式可能根本就不会被引进，而引进的模式还要经过改编，本土化的文化内容会被填充进去，观众的理解可能也是多种多样的。正如莫兰等学者所指出的，模式并不是国家民族文化的消灭者，相反改编的过程以多种方式提供了重新想象"国家民族"的方式。全球的观众可能在观看同样模式的节目，但他们文化参与的方式是各不相同的。①

因此，文化帝国主义理论所描述的一些国家通过文化控制另一些国家的"霸权"结构不太适用于国际节目模式产业，但我们的确可以注意到全球各地的模式创新有日渐同步化的趋势，这一方面是因为前文所分析的，作为一种致力于在尽可能多的国家落地的文化产品，节目模式所遵循的往往是全球文化的"最大公约数"。另外，生活在一个全球化的时代，模式的

---

① MORAN A. When TV formats are translated[M]// MORAN A. TV formats worldwide: localizing global programs. Bristol, UK; Chicago, IL: Intellect, 2009.

研发者们的创意灵感来源可能来自同一个事件、同一篇科学期刊上的文字、同样的一种技术等，或是来自他们参加的同一场展会上的讨论，在这样的一种环境下，模式开发呈现出一定程度上的同质化也就顺理成章了。

如韦斯博德所指出的，在全球传媒体系中，存在着跨国的全球传媒精英群体，他们有着相似的工作环境和专业目标。世界各地的电视主管们在专业敏感度上存在着同质化的倾向。行业刊物、正式和非正式的社交网络为这种共同的职业文化起到了推波助澜的工作。参加年度贸易节展，阅读相同的行业刊物，越来越便利的通讯方式促进了全球各地电视业主管们的交往，也促使他们对节目的发展趋势形成了一致的观点。"全球化促使了一个由行业专业人士所组成的世界性阶层的形成，从纽约到新德里，他们日益共享着对商业电视中'什么行得通'和'什么行不通'的共同理念和态度。"①

作为一种追求迅速复制取得成功的全球商品化文化的产物，模式的确在另一层面上削弱了文化和价值观的多元性，如爱德华·布伦南在《模式化快感的政治经济学》一文中开篇所指出的，尽管表面上看上去多元各异，但大部分成功节目模式其实是非常类似的。它们提供给观众的快感大多聚焦于娱乐而不是提供信息或教育。并且这种娱乐也是某些特定的娱乐，它促使观众追求个人主义和物质主义的目标，与资本主义社会的主流价值观保持一致，将市场视为组织社会的唯一方式。这种节目模式所提供的刻板快感和自由市场意识形态之间的一致性，并不是来自任何精心的设计，而是因为电视节目制作为适应经济和社会环境而产生的后果。②

韦斯博德所提出的电视节目模式是文化"麦当劳化"（McDonaldi-

---

① WAISBORD S. McTV: understanding the global popularity of television formats [J]. Television & new media, 2004, 5(4): 364.

② BRENNAN E. A political economy of formatted pleasures [M] // OREN T, SHAHAF S. Global television formats circulating culture, producing identity. London: Routledge, 2012: 72-89.

zation）的一种形式或许是对这种后果一种准确的描述。①乔治·瑞泽尔（George Ritzer）基于麦当劳这一快餐连锁企业的商业模式，提出了"麦当劳化"这一概念，它代表的是一种讲求效率、可计算性、可预测性的国际商业模式，其中也包含为了迎合特定地方需求的调控机制。②而节目模式的跨国流动也具有"麦当劳化"的特征，它代表的是一种全球性的可以有效率地、可预测地制作电视节目，并能够根据各地的品位进行调整的商业模式，所投射的是一种效率、利润至上的全球化市场经济价值观。

但"麦当劳化"是否就意味着各国间围绕节目模式的文化竞争不存在呢？答案是否定的，即便麦当劳已经在中国开始推出中餐，在日本推出寿司，但消费者们仍然清晰地知道其是一个源自美国的品牌，反映的是美国的快餐文化。其他国家也依然希望创造出脱胎于本土的，然后能够走向世界的餐饮品牌，即便这些品牌可能最终与麦当劳表现出的相似性远大于差异度。节目模式与此类似，作为脱胎于节目成片的一种新型的知识产品，节目模式从无到有形成产业，并逐渐成为国际文化竞争的一个新的维度。相较于节目成片，节目模式的国际文化竞争对一个国家的创作者和企业运营提出了更高的要求，因为要推出一档国际成功的节目模式，需要具备更强的全球本土化（Globalization）的能力，一旦成功，它可能能够取得相较于节目成片更好的、更加"润物细无声"的文化输出效果。

正如斯克莱尔所指出的，"全球化研究实际上围绕两种现象展开，第一种是以生产、消费及财务管理的新机制为基础的全球经济的崛起，全球化的跨国公司在其中发挥着关键性的作用。第二种现象是常常和全球范围

---

① WAISBORD S. McTV: understanding the global popularity of television formats [J]. Television & new media, 2004, 5(4): 359-383.

② RITZER G. The McDonaldization thesis: explorations and extensions [M]. London: Sage, 1999.

的消费主义文化及意识形态联系在一起的全球文化理念的扩散"。^①回顾节目模式的发展史，可以发现它正是这两种现象的生动写照，在其全球性的价值链形成的过程中，也形成了自身的产业与文化结构，本章对此进行了详细的阐述。而对于那些希望融入节目模式全球价值链的国家和企业来说，他们也需要在制度框架的建设和创作实践中去适应这样的产业与文化结构。

---

① 麦圭根.重新思考文化政策［M］.何道宽，译.北京：中国人民大学出版社，2010：170.

第四章

节目模式全球价值链上的产业升级

全球价值链理论认为，价值链上各个产业环节的利润程度各异，各个国家和企业都会希望占据那些价值链上利润更高的环节，而为了达到这个目标，原本落后的国家和企业则需要通过产业升级（Industrial Upgrading），即格里芬所说的经济体或企业提高能力，迈向更具获利增值能力的、技术与资本密集型产业环节的过程。[①]产业升级策略因此成为全球价值链所探讨的核心命题之一。

我们可以注意到当一个国家融入节目模式的全球价值链之后，他们同样也不会甘于只作为下游的引进海外节目模式的买家，而是会努力成为上游的输出原创节目模式的卖家，这便是产业升级的过程。基于对各国模式产业发展过程的观察和归纳，首先，本章梳理出了节目模式产业升级一般所经历的四个阶段，并以韩国作为案例来具体说明这一过程。其次，本章将探讨在节目模式的国际化竞争中，什么是决定一个国家能否完成产业升级，成为模式输出国的关键因素？围绕这一问题，本章将选取三个近年来在模式输出方面表现突出的国家，通过对他们的案例分析来进行阐述，并总结它们所体现的共性。

---

① GEREFFI G. International trade and industrial upgrading in the apparel commodity chain [J]. Journal of international economics, 1999: 37-70.

第一节　节目模式全球价值链上的产业升级阶段

一、从模仿、引进到原创、输出

纵观各个国家节目模式产业发展的过程，可以发现其产业升级大致上可以分为以下四个阶段。

第一阶段是模仿、借鉴其他国家创新节目模式的阶段。在很长一段时间里，美国是全球节目模式最为先进的国家，也因此成为其他国家模仿的对象。例如，在20世纪六七十年代，一些欧洲国家经常会派出制片人前往美国出差，他们住在酒店里看大量的节目，然后将其中的创意点记录下来，回国后再利用这些创意点制作新节目。在一些地区，电视节目模式创意比较发达的国家也往往会被临近的国家模仿，例如，直到20世纪90年代，每逢到了日本电视节目的改版期，韩国电视台还会派出电视节目制作人前往日本当地的酒店订一间客房，打开电视，仔细地观摩记录日本新推出的节目内容，回到韩国之后再"依葫芦画瓢"。[①]由

[①] LEE, S. 표절이라는 건지 아니라는 건지 [EB/OL].（2015-06-09）[2020-04-01]. http://www.hani.co.kr/arti/culture/entertainment/696777.html#csidx9f35886e6bcabb2a01d2b11b62e5db0.

于知识产权法律对于节目模式的保护并不严格，大部分模仿节目模式的行为并不会受到法律的制裁。但是随着媒介技术的发展和信息传播的全球化，人们接触海外内容的渠道也越来越多，模仿节目模式的行为也越来越容易被观众识破，招致批评，甚至引发节目的舆论危机。如果模仿太过泛滥，可能也会引起政府主管机构或行业协会的关注，进而催生一些整治的举措。而随着国际节目模式产业的发展，模式发行公司也会在世界各地寻求发行的机会，针对那些模仿、抄袭模式的重灾区，他们会动用舆论的力量对当地的模仿者进行批判，同时通过各种营销活动，普及正版节目模式的价值，促使这些国家进入到购买、引进模式的阶段。

当这些国家逐渐开始购买、引进模式，平台管理者和制作者们会逐渐认识到节目模式的真正价值。正如本书第一章所论述的，节目模式并非只是内容创意，它也蕴含着制作技术和品牌价值，代表着一种更加先进的生产方式。模仿的方式虽然可以为节目制作商节省一笔费用，但与获得授权使用外国模式制作的节目相比，其弊端也是很明显的。首先，这种模仿很容易落得形似而神非的结果。电视节目的制作是一个系统工程，缺乏原版节目制作方所提供的模式宝典和飞行制作人的指引，而仅凭观摩节目视频可能很难全面地掌握节目中的创意元素，甚至落得"东施效颦"的结果。其次，节目模式授权方也会提供可供各国本土化改编使用的来自原节目中的素材，如视觉设计图、配乐、特效素材、软件程序等，能帮助本土节目制作公司降低制作费用。相比之下，盲目模仿则可能会耗费更多资源和时间而且效果难以保证。最后，本土制作方如果购买的是具有全球知名度的节目模式IP，还能使用模式的品牌作为营销手段，在帮助节目获得广告赞助、提升节目知名度方面都有很大作用。而简单模仿知名模式的节目则无法利用模式所建立起的品牌和影响力。

　　基于上述原因，那些起初热衷于模仿海外节目模式的国家往往会逐渐进化到第二阶段：购买、引进海外模式，尤其当一些基于海外模式制作的节目在当地取得巨大成功时，更可能激发出抢购模式的热潮，就像中国在 2013—2015 年间所出现的那样。通过引进代表国际先进水平的海外模式，本土创作者得以学习到有用的经验，提升创意和制作能力，进而实现本土节目生产方式上的升级换代。在这一过程中，他们也会萌生出像海外同行一样打造原创的节目模式的想法。这些想法可能会得到相关本土文化政策的助推，并逐步落实到行动。这时便会过渡到模式产业升级的第三个阶段：积极地大量打造自主原创节目模式的阶段。

　　这一阶段往往由这些国家引进过比较多海外节目模式的平台或制作公司推动，他们将学到的模式化节目的创意和制作经验付诸本土实践，追求打造创意上有原创性且具有清晰、完整的结构，制作上也更加工业化、流程化的节目。为了提高成功率，他们往往会先尝试原创跟此前引进的海外模式同样类型的模式，再逐渐摸索、拓展到其他类型。而随着原创的节目模式越来越多，这些国家也会逐渐将目光瞄向下一个阶段：向海外市场输出节目模式。

　　第四个阶段可能是最困难的，往往需要经历比较长的过程，因为这些国家的创作者需要找到本土原创节目模式与国际上因为文化差异而导致的复杂、多变的市场需求之间的平衡点，并且要花很长时间去建立海外买家对本国节目模式原创性及市场潜力的信心。为了推进海外销售，这些国家往往会采取渐进式的策略，先从文化比较接近的市场入手，在这些市场取得一定成功后再推广到更广阔的市场。从模仿、引进到原创、输出，一个国家的模式产业升级大致会经历这四个阶段。

　　下文将以韩国作为案例，来具体说明一个国家模式产业升级的过程是如何经历这四个阶段的。

二、案例分析：韩国节目模式产业升级的过程

（一）从模仿到引进

在1987年韩国开启民主化改革之前，韩国长期生活在政治及军事对峙的高压下，电视等大众媒体也受到了严格的管控，主要的电视台KBS和MBC均为公营电视台，内容主要以政治宣传、教育文化等题材为主，综艺娱乐创意缺乏活力。随着改革进程和1988年汉城（现名首尔）奥运会的召开，韩国的社会文化逐渐变得开放。1990年，SBS电视台成立是一大标志性事件，这是韩国第一家，也是唯一一家韩国国内覆盖全国的民营无线电视台。商业电视台的属性使其在内容创意上奉行市场导向，推出更多的娱乐类内容吸引观众，也给KBS和MBC带去了冲击。

在三大电视台的竞争中，内容创意被提到了更重要的位置。但韩国综艺节目原创能力还很匮乏，于是韩国电视台将目光投向了已领先发展多年的近邻日本，即便是在韩国对海外旅行尚未实行自由化的20世纪七八十年代，韩国节目制作人便开始模仿日本的节目，去可以接收到日本电视信号的韩国釜山出差。而到90年代，情况变本加厉，好多节目不仅和日本电视台节目的概念相似，连舞台布景都很相似，因而遭到了一些了解情况的观众的声讨，主管部门也注意到了这一情况，并进行了管控。①

1994年10月，韩国放送委员会下属的演艺娱乐审议委员会召开了"改善节目实务负责人会议"，指出以答题类节目为代表的韩国节目存在严重剽窃行为，KBS、MBC、SBS等3家电视台的12个节目中有8个模仿借鉴了

---

① LEE，S. 표절이라는 건지 아니라는 건지［EB/OL］.（2015-06-09）［2020-04-01］. http://www.hani.co.kr/arti/culture/entertainment/696777.html#csidx9f35886e6bcabb2a01d2b11b62e5db0.

日本节目，这些节目从主持人的动作到所使用的小道具、舞台装置，全部涉嫌抄袭。委员会因此向各电视台提议进行审议和修改。①

但由于节目模式是否抄袭很难判定，存在模糊地带，因此即便有主管部门的关切，韩国电视台还是持续地"借鉴"着日本综艺的创意。直至这种情况引发了日本电视台和舆论界的强烈抗议。1999年，日本时事周刊《AERA》发布题为《韩国电视剪切（抄袭）流行》的特辑报道，声称韩国电视台经常剽窃，并详细列举了30多档节目。②

节目抄袭所引发的国际舆论危机，再加上随着电视传播的国际化，韩国观众可以越来越便利地观看到日本的电视内容，对于本国节目抄袭乱象的批评声浪也越来越大，最终促使韩国主管部门加强了对这一现象的惩戒力度。例如，1999年韩国放送委员会判定当年7月播出的SBS电视台的《徐世源的超级电视台》的"悬赏通缉"单元抄袭了日本富士电视台的《奔跑吧 建设幸福》的"逃亡者"单元，给出了节目中有20多处场景相似，其中有4个场景完全相同的结论，被判定抄袭的内容也被要求整改或停播。③

在政策的引导下，韩国综艺节目进入了更加尊重版权、向海外学习节目研发与制作经验的阶段。例如2002年，MBC引进了日本的节目模式《头脑幸存者》（Brain Survivor），SBS分别于2003年和2007年引进了来自法国的节目模式《博涯古堡》（Fort Boyard）和来自日本的《洞洞墙》，KBS在2008年还引进了来自荷兰的《以一敌百》（1 VS 100）等。

为了让这些海外模式在韩国落地，韩国节目制作人需要对模式进行本土化改造，而各个模式在韩国不同的收视表现，也让节目制作人有了比较

① 欧尼，蔡晓咏.灿星专栏 | 韩国综艺原创的蜕变之路：从抄袭到原创［EB/OL］.（2018-10-22）［2020-04-01］. https://www.sohu.com/a/270447269_100097343.

② 韓国TV界 日本からのパクリ横行［J］.Aera，1999.

③ 연합뉴스. SBS, 표절시비 '슈퍼스테이션' 교체［EB/OL］.（1999-08-17）［2020-04-01］. https://news.naver.com/main/read.nhn?mode=LSD&mid=sec&sid1=103&oid=001&aid=0004470597.

的样本，去思考什么是更能吸引韩国观众的节目元素，不断试错、累积经验。在向海外学习的过程中，韩国的综艺节目原创事业得到了发展。例如，创作出模特竞技模式《魔鬼走秀》（*Devil's Runway*）的团队正是曾制作了韩国版的《下一个超模》和《天桥风云》的团队。而后来创作出风靡世界的节目模式《蒙面歌王》的制作人朴元宇（Wonwoo Park）曾在制作海外模式《最高档》（*Top Gear*）和《以一敌百》的过程中积累了模式化节目的制作经验。①

2005年MBC电视台播出的《无限挑战》成为一大标志性的作品，其开启了韩国"真实综艺"（Real Variety）的潮流，这一韩国综艺特有的概念，将当时欧美节目中流行的真人秀（Reality）与韩国人更喜欢的早年间脱胎于日本节目中的喜剧性更强的多样综艺元素（Variety）结合在了一起，成为在韩国收视最为成功的节目类型，涌现了KBS的《两天一夜》（2007）、SBS的《家族诞生》（2008）、《跑男》（2010）等一大批代表作品。

在借鉴欧美真人秀的基础上，真实综艺节目针对亚洲观众的审美特点进行了不少本土化调整，首先，欧美真人秀大多是以素人为参与主体，而韩国的真实综艺参与者大多是明星艺人。其次，欧美真人秀往往围绕残酷的生存挑战或个体间的激烈竞争展开，会设置巨额奖金和严密的规则以激发参与者之间的矛盾。而真实综艺虽然也有竞争元素，但更多是呈现参与者作为一个团体努力实现共同的目标或共同经历某件事情。再次，真实综艺的内容相较欧美真人秀往往更加丰富，但也不太聚焦，通常会融合游戏、表演、旅行、日常生活等多种元素，重点在于用各种手段展现出嘉宾的魅力。随着真实综艺的发展，韩国逐渐形成了自身独特的模式开发体系。

---

① MORGAN J. NBCU, The Masked Singer format creator Park Won Woo ink producing deal［EB/OL］.（2019-11-22）［2022-04-17］. https://realscreen. com/2019/11/22/nbcu-the-masked-singer-format-creator-park-won-woo-ink-producing-deal/.

（二）原创综艺节目的繁荣

到了2011年，随着政策的变化，除原有三大台外，韩国政府开始允许民间投资创立全国性电视台，当时有四家报社分别开设了四家电视台：JTBC、Channel A、TV朝鲜和MBN，这几个频道被称为"综合编成频道"。与无线电视台不同，它们是采用有线、卫星等传输方式进行全国播放的电视频道，但是节目内容类型上与无线电视台相差无几，都包括新闻、综艺、电视剧等内容。在四个综合编成频道中，以中央日报社为首投资4200亿韩币（约合人民币25.2亿元）成立的JTBC最受瞩目。在韩国"电视频道评价指数"（Korea Communications Commission Index）榜单中，JTBC自2014年起蝉联第一，一方面，依靠其优质的新闻节目；另一方面，也离不开其品相出色的娱乐节目。例如《隐藏的歌手》（2012）、《拜托了冰箱》（2014）、《非首脑会谈》（2014）、《犯罪现场》（2014）等节目深受韩国观众的欢迎。①

此外，有线电视频道也开始崛起，这些频道大多需要付费观看，以更加个性化和类型化的内容吸引特定的观众人群。其中韩国最大的娱乐传媒集团CJ旗下的有线频道tvN和Mnet的综艺节目表现最为出色。tvN从2012年开始大力发展综艺，当年引入了两个国际知名模式IP《周六夜现场》与《达人秀》。2013年更重金挖来了KBS王牌综艺制作人罗英石，打造了《三时三餐》和"花样三部曲"（《花样青春》、《花样爷爷》和《花样姐姐》）等一系列大获成功的节目。Mnet则专注于制作与音乐相关的内容，《超级明星》（*Super Star K*，2009）、《韩国有嘻哈》（*Show Me the Money*，2012）、

---

① SHIN J H, JI-EUN C, BOO-YEON J. The KI 2019 annual report of Korea information society development institute［EB/OL］.（2020-04-02）［2021-10-03］. https://www.kisdi.re.kr/kisdi/fp/kr/board/selectSingleBoard.do?cmd=selectSingleBoard&boardId=GPK_RND_DATA&seq=34003.

《制作人101》(*Producer 101*,2016）等节目以及大型音乐活动等，奠定了该频道在韩国偶像经济中的领先地位。

无线频道、综合编成频道及付费有线频道的多元化供给促进了韩国综艺的繁荣，而较为激烈的市场竞争也让韩国综艺保持了快速更迭。根据韩国文化产业振兴院的数据，韩国每年平均会有300档左右的新节目出现，绝大部分节目只播出一季便消失了。如近年来为韩国模式行业提供咨询的国际模式研究机构K7创始人李维斯·布朗（Lewis Brown）所说："韩国节目潮流是不断变化的，即便是曾经取得现象级成功的节目，保持播出3到4年也是一件很困难的事情。快速迭代是韩国模式的核心优势，导演要对潮流非常敏感，不断地想出新的点子。"[1]

（三）韩国节目模式在中国市场的成功

伴随着韩国综艺节目发展的，是21世纪初韩国流行文化业的兴起，并在海外产生了强大影响力，掀起了"韩流"。在《2013年文化艺术新趋势分析及展望》报告中，韩国文化体育观光部曾总结了韩国文化出口的几个阶段：第一阶段是20世纪90年代末至2005年，主要向外输出韩剧；第二阶段是2005年到2010年间，以偶像组合为主体的韩国流行音乐主导了"韩流"浪潮；2010年后是第三阶段，因骑马舞红遍全球的"鸟叔"为韩国文化又开创了一种新的输出形式——通过适合社交网站传播的内容吸引观众，以社交分享拓展影响力。韩国内容出口额也节节攀升，2017年韩国文化产业出口收入达到了68.9亿美元，同比增长14.7%。[2]

在韩国文化产品出口的浪潮中，韩国原创节目模式也登上了出口的舞

---

① MARLOW J. TBI formats: why Korean IP will cut through globally for years to come［EB/OL］.（2020-03-12）［2020-04-03］. https://tbivision.com/2020/03/12/tbi-formats-why-korean-ip-will-cut-through-globally-for-years-to-come/.

② 陶娅洁.韩流来袭，势不可挡［N/OL］.中国产经新闻报，2016-03-28［2020-04-05］. https://www.sohu.com/a/66234543_160337.

台。与韩国其他类型文化产品的输出类似，韩国节目模式的海外市场拓展也经历了两个阶段。首先，输出到中国、泰国、印度尼西亚、越南等文化较为接近的亚洲国家和地区；其次，在取得成功后再寻求进入美国、欧洲等西方市场。其中，中国市场在韩国节目模式海外输出的进程中扮演了重要的角色，甚至在某种程度上，是中国旺盛的市场需求"倒逼"着韩国节目模式产业的发展。

2012年左右，中国已经爆发了模式产业热，从欧美国家引进了《达人秀》《好声音》等成功的节目模式，在寻找爆款模式的过程中，中国的电视台和节目制作公司也开始将目光投向文化更加接近的韩国。其中，湖南卫视2013年引进两档韩国节目模式制作的《我是歌手》和《爸爸去哪儿》具有标志性的意义，这两档"现象级"的综艺使中国市场充分意识到了韩国模式的潜力。

但此时韩国节目模式产业还并不成熟，没有形成像欧美节目模式一样完整的产品，例如，笔者参与引进的韩国节目模式《韩国星力量》（*K Pop Star*）是韩国SBS电视台第一次向海外输出节目模式，在落地山东卫视制作《中国星力量》的过程中，其授权合同都是由中方提供，也无法提供模式宝典。当时采取的折中办法是邀请韩国原节目的主创人员，包括总导演、总编剧、摄像指导等来到中国指导，由中方的研发人员将他们的讲述进行归纳整理，形成帮助节目制作的模式宝典。

地理上的接近性，使韩国制作团队能够比较便捷和频繁地来到中国，而这逐渐成为韩国节目模式相较于欧美节目模式的一大优势，因为通过原版节目团队更深入地参与制作，能够更好地保证节目落地效果。例如，在后来大获成功的模式节目《奔跑吧兄弟》前几期节目的创作中，便几乎全由韩国团队操刀，中方团队则是跟组学习实操经验。

总体上来看，引进韩国节目模式的成功率要比引进其他国家的模式更高，因此，中国很快便掀起了韩国节目模式的热潮。如表4-1所示，在

2013—2016年上半年，在不算没有购买版权的"山寨节目"的情况下，中国电视荧屏上出现的韩综模式就有26档，甚至有一些节目在韩国的电视银屏上仅播出几个月便会诞生中国版。

表4-1　2013—2016年上半年中国引进的韩国节目模式

节目英文名称	韩国播出平台	中国节目名称	中国播出平台	中国首播时间
Two Days, One Night	KBS	《两天一夜》	四川卫视、东方卫视	2013.10.27
Immortal Songs	KBS	《不朽之名曲》	东方卫视	2014.3.1
Superman is Back	KBS	《爸爸回来了》	浙江卫视	2014.4.24
Gag Concert	KBS	《生活大爆笑》	东方卫视	2015.1.24
Let's Go Dream Team	KBS	《中韩梦之队》	深圳卫视	2015.9.19
Hello Baby	KBS	《闪亮的爸爸》	深圳卫视	2015.11.28
I am a Singer	MBC	《我是歌手》	湖南卫视	2013.1.18
Dad! Where are We Going	MBC	《爸爸去哪儿》	湖南卫视	2013.10.11
We Got Married	MBC	《我们相爱吧》	江苏卫视	2015.4.19
Real Men	MBC	《真正男子汉》	湖南卫视	2015.5.1
The Masked Singer	MBC	《蒙面歌王》	江苏卫视	2015.7.19
Infinite Challenge	MBC	《了不起的挑战》	央视一套	2015.12.6
Miracle Audition	SBS	《奇迹梦工厂》	重庆卫视	2013.10.19
Running Man	SBS	《奔跑吧兄弟》	浙江卫视	2014.10.10
Law of the Jungle	SBS	《我们的法则》	安徽卫视	2016.6.11
Kpop Star	SBS	《中国星力量》	山东卫视	2013.7.4
Here Comes the Bride	JTBC	《囍从天降》	天津卫视	2014.10.25
Non-Summit	JTBC	《世界青年说》	江苏卫视	2015.4.16
Off to School	JTBC	《我去上学啦》	东方卫视	2015.7.16
Hidden Singer	JTBC	《谁是大歌神》	浙江卫视	2016.3.6

续表

节目英文名称	韩国播出平台	中国节目名称	中国播出平台	中国首播时间
Super Diva	tvN	《妈妈咪呀》	东方卫视	2012.9.8
Grandpa Over Flowers	tvN	《花样爷爷》	东方卫视	2014.6.5
The Romantic	tvN	《完美邂逅》	贵州卫视	2013.12.29
Sisters Over Flowers	tvN	《花样姐姐》	东方卫视	2015.3.15
Time Exploration Team	tvN	《咱们穿越吧》	四川卫视	2015.7.26
Super Star K	Mnet	《我的中国星》	湖北卫视	2013.7.7

中国市场的繁荣使韩国各大电视台充分意识到了节目模式的商业价值。韩国节目模式的授权价格水涨船高。2012年，东方卫视引进韩国tvN电视台节目模式 *Super Diva* 改造为本土版《妈妈咪呀》，当时的模式费用仅为每期1万元人民币，湖南卫视引进《我是歌手》模式也不过每期1万美元，但很快随着《我是歌手》《爸爸去哪儿》的成功，韩国节目模式的价格上涨到数百万元甚至上千万元人民币的价格。除了模式授权费用外，韩方还会承接部分制作业务，而通常这样的合作价格都会达到上千万元人民币。

2014年，韩国SBS电视台向中国输出的节目模式 *Running Man* 更成了一个具有标志性意义的项目，由于中国有多家电视台争夺这一模式的版权，韩国电视台提出了高昂的合作条件，最终浙江卫视接受了这一条件，制作出中国版《奔跑吧兄弟》。根据韩国媒体的报道，韩方拿到的不只是一次性的版权引进费用和制作费（合计约4500万元人民币），还包括广告分成、后续版权分成等一系列收益，总计SBS通过中国版《奔跑吧兄弟》获利近300亿韩元（折合人民币1.8亿元），甚至让这家韩国上市公司一举还清了债务，扭亏为盈。① 正因为有了这个成功案例，SBS在之后的王牌节目模式

① 杨素琴.SBS凭running man获利近2亿洗清债务［EB/OL］.（2015-01-05）［2020-04-06］. http://news.sina.com.cn/m/2015-01-05/143431361964.shtml.

输出到中国时，都要求以这种收益分成的方式进行合作，包括本书作者曾经参与的、引进到安徽卫视的《我们的法则》节目也是如此。

（四）从中国市场到欧美市场

从中国市场获得的巨大收益激活了韩国节目模式市场，使得韩国各大电视台都愿意投入更多的资本和团队进行原创节目模式的开发，并将中国作为最重要的销售对象，例如，韩国最大的娱乐传媒集团CJ成立了专门的模式部门。

韩国节目模式在中国的成功表现，也激发了更多的国际市场对于韩国节目模式的兴趣。针对这些新的需求，韩国也积极响应，致力于将节目模式推向更广阔的国际市场。通过下文将要论述的一系列战略性步骤，一些韩国节目模式开始得到了欧美市场的接纳。如表4-2中列出了一些输出到欧美市场的韩国节目模式。

表 4-2　部分输出到欧美市场的韩国节目模式

节目名称	韩国播出频道	首播年份	输出国家（按播出顺序排列）
《隐藏的歌手》	JTBC	2012	泰国、越南、中国、马来西亚、意大利
《花样爷爷》	tvN	2013	中国、比利时、美国、意大利、土耳其、以色列
《看见你的声音》	Mnet	2015	泰国、中国、印度尼西亚、保加利亚、越南、马来西亚、菲律宾、法国
《蒙面歌王》	MBC	2015	中国、泰国、越南、印度尼西亚、美国、德国、墨西哥、保加利亚、澳大利亚、荷兰、法国、缅甸、葡萄牙、英国、意大利、匈牙利、秘鲁、俄罗斯、奥地利、芬兰、爱沙尼亚

根据表4-3韩国文化振兴院提供的数据，2013年，韩国节目模式的出口额为340万美元，2014年增长到870万美元，而2015年、2016年随着中国市场的旺盛需求爆发和合作方式的变化，韩国节目模式的出口额达到了3900万、5490万美元的高峰。但之后随着中国开始限制模式的引进，韩国节目模式的出口额直线下降至2017年的880万美元和2018年的990万美元。①

表4-3　2013—2018年韩国电视内容及节目模式出口额

年份	韩国电视内容总出口额（万美元）	韩国电视节目模式出口额（万美元）	节目模式占比
2013	30900	340	1.1%
2014	33600	870	2.6%
2015	32000	3900	12.2%
2016	41100	5490	13.4%
2017	36200	880	2.4%
2018	47800	990	2.1%

2019年1月，随着美国版《蒙面歌王》取得的巨大成功，进一步推高了国际市场对韩国节目模式的认可度。《蒙面歌王》2015年2月18日春节期间在韩国MBC播出了试播期，取得了不错收视率，因此4月5日开始整季播出。这是一档明星戴着面具进行唱歌比赛的音乐类节目，嘉宾包括演员、喜剧艺人、体育明星和被遗忘的歌手等。每期8位挑战者全程戴着特殊的假面隐藏自己的身份，仅凭歌声进行比赛，听审团包括11位明星和88位大众评审。比赛分为4轮，最终的胜者与上期歌王展开独唱对决，胜者成为本期的歌王，每轮的败者会当场揭下面具揭晓真实身份。

节目创意来自制片人朴元宇在制作另一档音乐类节目时的经历，他注

---

① WALLER E. Surf the Korean wave［EB/OL］.（2020-10-12）［2020-10-14］. https://www.c21media.net/surf-the-korean-wave/.

意到长相好的选手会得到更多的投票，尽管他们唱得并不如长相普通的选手。朴元宇认为这并不公平，同时《蒙面达虎》这部由车太贤主演的韩国电影也给了制片人启发，电影中因为特殊原因戴上面具的主人公参加一个歌唱比赛，没想到却因此一夜成名。朴元宇因此萌生了让明星们戴着面具来唱歌比赛的创意。

制片人开发《蒙面歌王》的模式并向韩国电视台推荐花了3年时间，最终获得了MBC的试播机会。在韩国播出成功后，《蒙面歌王》很快在中国制作了本土版，2015年7月在江苏卫视播出，由灿星制作，此前他们已从MBC引进了《无限挑战》模式。此后，《蒙面歌王》于2016年10月在泰国播出当地版本，2017年1月和10月相继在越南和印度尼西亚播出了当地版本。但在亚洲邻近国家的输出并未引起国际市场太多的注意。

直到2018年，曾制作过《学徒》《成交不成交》等知名节目的资深真人秀制作人克雷格·普雷斯提斯（Craig Plestis）在洛杉矶的一个泰国餐厅和家人就餐时偶然看到了泰国版《蒙面歌王》，他发现餐厅里的人都会被这档节目的画面所吸引，尽管他们可能听不懂泰语。随后他开始在Google上检索节目，发现其在亚洲很受欢迎，中国、印度尼西亚、越南、泰国都推出过本土版本。因此他开始着手联系模式版权方，谋划美国版。[①]

福克斯电视台同意为这档节目立项，但要求制作方必须找来顶级的嘉宾。最终出演的12位嘉宾累计拿过65次格莱美提名、16次艾美奖提名，发行过16张白金唱片，出演过9部百老汇大戏，其中4位在好莱坞星光大道留下过名字，有4位是超级碗冠军得主。豪华阵容保证了节目的影响力。在内容层面，美国版《蒙面歌王》在韩国版基础上根据美国观众的欣赏习

---

① BENTLEY J. The Masked Singer: how the Fox reality show scored top talent and kept it secret [EB/OL]. (2019-01-02) [2022-08-15]. https://www. hollywoodreporter.com/tv/tv-news/masked-singer-ep-explains-how-his-insane-reality-competition-made-it-air-1171775/.

惯进行了调整。韩国版一期节目90分钟，美版单期节目时长45分钟，每期揭面1位明星，十期节目共12位嘉宾。猜评团数量上，韩版动辄十多位艺人加入，而美版猜评团只有四位艺人。为了强化节目的推理元素和观众的参与感，每位嘉宾表演之前，节目组都会播放一部关于这位嘉宾的小片，关于他真实身份的线索就藏在这个小片里。而韩国版没有设置这个小片。此外，在服化道和伴舞等节目制作层面，美国版也较韩国版有更大投入，每一首歌都有与之对应的舞台布景和伴舞，嘉宾们一套装扮的造价就超过了17万美元。[①]更高的制作水准增强了对观众的吸引力。

在节目调性上，美国版《蒙面歌王》也进行了一些调整。韩国版节目的明星嘉宾中很重要的一类组成者是被人遗忘的过气艺人或是怀才不遇的歌手，他们凭借过硬的实力在节目中得到认可，现场陷入喜悦与泪水交织的情绪之中，也让普通人感受到一种励志精神。但美国版节目则更看重单纯的惊喜与欢乐。用USA Today的一篇评论文章的话来说就是：美版《蒙面歌王》"没有催人泪下的幕后故事，没有来自评委的真正批评，没有试图让'全美国'参与在线投票和无休止的公布结果的过程。这是一个节奏紧凑的节目，主要的乐趣是好声音和坏声音、服装以及评委和演播室观众的反应"[②]。《蒙面歌王》在美国获得了巨大的成功。收视率达到3.0%，总计936万观众收看了当期节目。其首播收视成绩，是自2012年《X音素》之后美国非剧本类节目取得的最好成绩。

美国版的成功使得《蒙面歌王》这一模式迅速得到了国际市场的关注。据MBC电视台美国分部总经理金娜熙（Nahee Kim）回忆，"福克斯电视

---

① 曾明.美版《蒙面歌王》开播，韩综赴美的表现如何？［EB/OL］.（2019-01-16）［2022-08-15］. https://mp.weixin.qq.com/s/uNzP3B1j21Q6xvwDcc8UAg.

② LAWLER K.Review: Fox's the Masked Singer is the next great singing contest but who's competing?［EB/OL］.（2019-01-02）［2022-08-15］. https://www.usatoday. com/story/life/tv/2019/01/02/masked-singer-review-next-great-reality-singing-show/2463352002/.

台改编版播出后，人人都想要《蒙面歌王》，我们不再需要联络国际买家，他们都来找我们，希望得到这个模式"。根据K7传媒统计的数据，《蒙面歌王》成为2019年输出国家最多的新模式，截至2020年5月，其累计在韩国之外的21个国家制作和播出了本土化版本。[①] 截至2022年2月，《蒙面歌王》模式已经授权到了全球53个国家和地区。它也带动了MBC其他模式的销售，金娜熙表示"其他模式销售变得更加容易，现在国际买家仿佛认为来自我们片单里的任何节目都很棒"。韩国节目模式在国际市场上的吸引力获得了大幅度提升。CJ娱乐的模式销售负责人黛安娜·闵（Diane Min）介绍，CJ娱乐的节目模式《看见你的声音》与《蒙面歌王》一样2015年在韩国播出并取得了成功，之后陆续输出到了7个国家，但并未输出到美国、英国等欧美主流市场。而随着《蒙面歌王》美国版的成功，情况发生了变化。"当第一集播出后，我便开始接到很多电话，有多达6家美国电视台给出购买意向希望制作《看见你的声音》的美国版，"黛安娜·闵回忆道。最终CJ娱乐选择了与福克斯电视网展开合作，于2020年9月推出美国版。截至2022年2月，该模式已经输出到了16个国家和地区，还有7个交易在商讨当中。[②] 根据The Wit的数据，韩国在2019年和2020年分别向国际市场售出了15档和28档模式。

朴元宇也一举成为受追捧的国际知名制作人。众多国际合作伙伴寻求与其创办的公司dITurn合作。2019年，dITurn与美国NBC环球公司签署了优先合作协议，2021年又与福克斯旗下娱乐节目公司签署了战略合作协议，双方共同开发面向美国等国际市场的模式。2022年，朴元宇获得了国际模式认知保护协会和C21传媒等联合主小的2022年国际模式大奖颁发的行业

---

① K7 MEDIA.Tracking the giants: the top 100 travelling unscripted formats 2019-2020［R］. London: K7 Media, 2020.

② PINTO J. Masked Zingers: formats on a Korea high［EB/OL］.（2022-02-14）［2022-08-14］. https://www.c21media.net/department/next-big-things/masked-zingers-formats-on-a-korea-high/?ss=masked+singer.

金奖。在接受采访时，朴元宇表示，其在3年前创办dITurn的用意在于希望颠覆传统的韩国电视台与独立制作公司的合作模式。将dI倒过来便是IP。"在韩国电视产业中，制片人和编剧通常不能保留他们自己IP的权利，即便是由他们自己创造的。他们往往不得不将权利给到电视台。而我希望将这一模式倒转过来，将IP的权利赋予创作者。"朴元宇认为20年前英国传播法案所进行的赋予创作者更多权利的变革很有借鉴价值。"我很幸运能成为一位拥有我的大部分IP的韩国制作人。但这是因为我创造了《蒙面歌王》而成为特例。在韩国，传统上版权优先给予的是电视台，而不是编剧和制作人。但在剧集领域，现在超过50%的编剧从电视台获得了IP，这是一个非常积极的变化。我相信在无剧本节目领域也会有类似的变化，在dITurn公司，我们正在推动更多创作者从电视台获得权利，就像他们20年前在英国所做的那样。"[①]

在朴元宇的带动下，近几年有更多的韩国综艺制作人成立公司。例如tvN电视台资深制作人、曾担任韩国CJ娱乐传媒集团全球内容企划与制作总负责人的黄振宇于2020年创办了Something Special公司，这是韩国首个专门研究节目模式，致力于全球性内容策划制作与发行的独立公司，到2021年时与大约20位韩国综艺节目和电视剧编剧签约，并与16家韩国本土及国际制作公司建立了合作。黄征宇曾在2020年的采访中表示："2019年是改变一切的一年，我们现在进入了韩国模式发展的新阶段。在之前的3—4年里，我一直在告诉制作人他们不必只为韩国本土市场，或只为中国市场制作节目。现在他们终于意识到需要在节目策划的更早阶段融入具有普遍适用性的基因，考虑到韩国之外的观众，这也正是我想做的。"[②]

---

① WALLER E. Behind the mask: IFA Gold Award recipient Wonwoo Park [EB/OL]. (2022-04-04) [2022-08-14]. https://www.c21media.net/department/thought-leadership/behind-the-mask-ifa-gold-award-recipient-wonwoo-park/?ss=masked+singer.

② K7 MEDIA. Insight report: K-formats [R]. London: K7 Media, 2020: 6.

　　从以上的梳理可以看出，21世纪以来，韩国已经从曾经的剽窃、模仿了大量日本综艺的国家，一步步地蜕变成了国际节目模式市场上的主要输出国之一。这也说明了一个国家在节目模式产业的全球价值链上的位置并非一成不变的，可以通过有针对性的举措实现产业升级。

第二节　模式输出大国的产业升级策略

　　尽管处于节目模式全球价值链中的很多国家都希望成为上游的输出国，但并非所有国家都能如愿，只有少数国家能成长为模式输出国，在节目模式的增值链中获得最大的利益。那么什么是决定一个国家能否实现模式产业升级，成长为模式输出国的关键性因素呢？本节将选取几个代表性的模式输出国，包括取代美国成为模式第一大输出国的英国，虽然是小国但却跻身模式输出国前三位的荷兰，以及代表亚洲国家成功"逆袭"节目模式市场的韩国，通过对激活他们模式产业成长的因素进行深入的案例分析，既关注其广阔的社会政治、经济和文化环境对模式产业的影响，也关注各个国家模式产业内部独特的运转机制，最终总结出这些国家之所以能够成为节目模式输出大国的共通因素。

一、英国为何能取代美国跻身全球模式市场首位

　　最早的节目模式贸易便是在美国和英国之间产生的。如本书的第二章所梳理的，英国曾从美国进口了大量的节目模式，主要是游戏类节目。在20世纪80年代之前，英国还是节目模式的净进口国，很少向其他国家输出模式。但从20世纪80年代开始，这种情况发生了变化，英国向海外输出的节目模式逐渐增多，尤其在21世纪之后，英国一跃成为全球最大的节目模

式输出国，连美国也开始大量地反向引进英国的节目模式。英国是如何从节目模式全球产业链的下游提升到上游的？本节将对此进行分析。

（一）英国电视节目模式产业崛起的历史与社会背景

在过往学者们对英国模式产业为何发达的分析中，已经有了多维度的探讨。从历史背景来看，英国拥有殖民时代留下的遗产。在19世纪时，英国曾经是全球的统治力量，这段时期的英国对全球产生了重要影响，包括英语的全球化、英国在全球贸易和金融体系中的核心位置以及联邦制。[①] 在英联邦国家之间（主要包括澳大利亚、新西兰、加拿大、印度）和美国之间基于历史而奠定的文化联系，有益于英国电视业的贸易输出，这些国家也正是英国节目模式和制作力量的主要输出国。

英国比较保守的社会传统和中产阶级文化，在一些研究者看来，也助推了节目模式的输出。在伊恩·伯勒尔撰写的文章《为何英国电视统治了世界》中如此写道："随着大量的中产阶级群体开始在中国和印度、巴西等其他新兴经济体中成型，涌现出了对展现、倡导富裕生活方式的节目的需求。而没有国家像英国一般制作如此优质的生活方式类节目——美食节目、家庭装修节目和旅游节目。"[②] 因为英国比较保守的文化传统，节目中不会出现太多出格的内容，意味着在向国外输出时可以有比较强的适应性。

而从传媒市场的规模来看，英国也占有优势，在脱欧之前，英国某种程度上占据着欧盟"传媒之都"的地位，在欧美100家最大的视听传媒公司创造的收入中，以英国为总部的公司占据了27%，超过了第二名德国及第三名法国的总和。此外，29%的欧盟电视频道和27%的欧盟电视点播服

---

①　FERGUSON N. Empire: how Britain made the modern world[M]. London: Penguin, 2004.

②　BURRELL I. Why are UK producers the superheroes of the global format trade[EB/OL].（2012-08-22）[2020-01-02]. http://blogs.bbcworldwide.com/2012/08/22/why-are-uk-producers-the-superheroes-of-the-global-format-trade/.

务商都是在英国设立总部。①这使得英国的节目模式可以更加容易在其他欧盟国家落地。

英国也是全球创意产业最发达的国家之一。根据英国数字、媒体、文化和体育部的统计，2017年，英国影视、广播、音乐、广告、博物馆、艺术馆等创意文化产业产值突破了1000亿英镑。相关数据显示，英国创意产业比其他经济领域保持了更快的增长速度，从2011年到2018年，其创意产业的就业人数增长了30.6%，是英国整体就业人数增长速度的3倍。2018年创意产业就业人数超过了200万，占到了英国总就业人数的6.2%。②相关创意文化产业的成果和人才也能为节目模式的研发提供支持。

上述长期积累下来的社会文化和创意产业方面的优势为英国节目模式的发展奠定了很好的基础，但这并不能解释英国为何能够超越美国成为全球第一节目模式输出大国。英国尽管整体的创意文化产业规模位居世界前列，但能位列第一的细分文化产业却并不多见。笔者认为造就英国节目模式产业从20世纪80年代开始崛起，并最终超越美国的直接原因，是英国政府所推进的一系列关于电视及内容产业机制的改革给英国节目模式业所带来的变化，以及欧盟文化政策所造就的英美两国间在模式产业领域的特殊关系。

（二）鼓励内容创新和文化多元化的"制播分离"机制

在大力发展创意经济和文化产业的大背景下，从20世纪80年代开始，英国政府陆续出台了一系列鼓励电视台内容创新和文化多元化的举措，这些举措大多与"制播分离"的机制有关。

---

① WEBDALE J. C21pro 2019 UK territory report［EB/OL］.（2019-07）［2020-02-01］. https://www.c21media.net/television-on-standby/.

② WEBDALE J. C21pro 2019 UK territory report［EB/OL］.（2019-07）［2020-02-01］. https://www.c21media.net/television-on-standby/.

所谓"制播分离"是指电视台将部分内容的生产外包给独立的制作公司——不隶属于电视台的制作公司。相较于电视台完全的"制播合一"，适度的"制播分离"被认为是有利于内容创新的。1982年英国设立了公共电视台第四频道，规定其节目100%都是采购自独立制作公司，这是世界上主流的电视市场中唯一一家所有内容都采购自外部制作公司的国家级电视台。第四频道在支持独立制作业，尤其是中小制作公司发展方面发挥着重要作用。

1990年，英国又通过广播法案（UK Broadcasting Act），英国政府规定无线电视频道至少1/4的节目必须来自独立的节目制作商，以促进节目内容的多元化。1996年的广播法案，又将这项政策的实行范围扩大到了数字电视频道。

基于政策要求，英国各个电视台建立了制播分离的机制，尤其是BBC作为国家级的公共电视台，肩负着提供高品质内容和促进文化多样化的使命，因此将节目内容创新放在了重要的位置，并形成了一整套鼓励创新的机制。

目前，BBC的节目内容中有25%是必须向独立制片公司采购的。50%由BBC内部制片部门提供，还有25%则通过创意竞争窗口（Window of Creative Competition，WOCC）这一平台进行公开招标，内部制作部门和独立制作公司都可以参与。这一制度始于2007年。[1] 2013年，BBC共花费了4.76亿英镑采购外部制片人的内容，是英国市场上最大的内容采购商。[2]

BBC专门为节目提案设立了网站，每年会收到超过一万份提案。提案会每年两次，频道管理小组和各种类型的管理小组会总结节目的表现，并

[1]　House of Commons – Culture, Media and Sport Committee.Future of the BBC［R］. London, UK: The Stationery Office, 2015: 52.

[2]　PACT. Independent production sector financial census and survey 2014［R］. London: PACT, 2014.

提出接下来所需节目的方向。这些内容会被作为公告发布在官方网站上，供提案的公司参考。英国知名模式研发专家、国际咨询公司K7董事克莱尔·汤普森在其讲座《创意的诞生历程》中分享了BBC1频道发布的需求简述，翻译如下：

我们在寻找什么？

周中晚8点或9点播出的节目。

需要寻找改造型（transformational）的模式。

我们乐于承担风险，致力于为未来建立新的、有可持续性的节目品牌。我们所寻找的节目模式需要符合以下主要特征：

广谱观众群：BBC1套的观众群是广谱的，因此我们的节目也必须与广谱观众群的生活有关。

可持续性：我们需要有在BBC1套的晚9点档持续播出潜力的模式，有足够的规模、戏剧性、温暖和情感共鸣，就像《拯救DIY》（DIY SOS）、《花得少吃得好》（Eat Well for Less）或《花得少买得好》（Shop Well for Less）等节目那样。可以去寻找还有哪些领域可以运用改造型的节目机制。

规模：需要是敢于冒险的、清晰的创意，能够在这一时段产生影响力。在形式方面要有创新性。BBC1频道不是意味着要"安全"。可以参考《休的垃圾战争》（Hugh's War on Waste）这档节目，它非常符合BBC1频道的观众定位，吸引观众加入了休发起的环保活动。

目标：普遍适用性的主题，例如食物、金钱或年龄等可以对观众的生活提出重要问题的领域。我们能否在节目中以一种更加直接的、不带主观评判的方式去探讨这些命题，从而吸引观众？此前我们的《英国消费的秘密》（Britain's Spending Secrets）取得了巨大成功，我们是否可以开动脑筋找到探讨这些命题的其他方式：消费、育儿，我们如何过自己的生活？

　　这些需求简述对节目的目标观众群、规模、调性、模式特征等给出了清晰的描述，并提供了过往节目的参考案例。根据这些需求，提案者首先通过网站提交他们的创意，如果被挑中，可以获得与节目立项主管一对一会面的机会。每个类型会有专门的立项主管，他们会筛选出好的创意，如果他们认可这个创意的话，他们会要求提交创意的制作方进一步开发这个创意，当准备好后，制作者会提交到频道总监。之后制作者会在立项主管的帮助下，就这个创意的开发与频道之间进行进一步沟通。BBC承诺2周内会给予反馈。如果得以通过，BBC会提供经费用于进一步发展节目创意。当成熟的方案通过后，便会签署制作协议。即便是被拒绝的提案，也会收到一定的反馈意见，关于题材、模式、目标观众、情节或是角色，以利于提案者未来更好地去创意。

　　BBC还为立项主管们确立了如下立项准则：

　　　　我们会对所有的创意方案在两周内回复，告知你接下来该如何推进。

　　　　我们会诚实地表达我们的意见，如果不行也会尽快说。

　　　　进入到实际开发阶段的创意，我们会每个月向你更新一次进展状况。

　　　　我们会待所有的制片人如伙伴——并且给你足够的专业的尊重。

　　　　一般情况下，我们不会要求你改变创意，除非是在这种改变对我们的观众意义重大的情况下。①

---

　　① BBC. The commissioning process and commitments［EB/OL］.（2015-10-07）［2019-09-22］. https://www.bbc.co.uk/commissioning/how-we-commission/.

如果提案者认为自己遭到了不公正的待遇，还可以向独立的监察官发起申诉。每年年底，BBC 还会向各个制作公司发放调查问卷，调查他们对各个立项主管的意见。

制播分离配额制促使英国形成了繁荣的独立节目制作行业，涌现出了一批小规模、各有擅长类型的制作公司，与电视台形成了稳定的合作关系，到 1997 年时已有 700 家公司，创造了 10 亿英镑的年产值。一批新锐的节目制作人如彼得·巴扎尔杰特（Peter Bazalgette）、查理·帕森斯（Charlie Parsons）和保罗·史密斯，他们善于将创意和商业思维结合在一起，创造出更快速、更便宜、性价比更高的节目模式，从而脱颖而出，并建立了自己的公司。例如 1994 年，彼得·巴扎尔杰特研发了一档倡导"自己动手"理念（Do it yourself）的厨艺竞技类节目《创意厨艺秀》（*Ready Steady Cook*）并卖给了 BBC。这档日间节目大获成功，因此被挪到了黄金档。而巴扎尔杰特也顺势将这种理念和形式与其他的题材相结合，研发出了家装类节目《交换房间》（*Changing Room*）和园艺类节目《地面部队》（*Ground Force*），这几档节目后来位列 1990 年代最成功的一批节目模式，输出到了全球数十个国家，也让巴扎尔杰特的公司在市场上站稳了脚跟。[①]

（三）知识产权新规与独立节目制作行业的国际化

尽管一批独立制作公司在英国成长起来，但起初他们并没有将节目模式的国际发行作为一项业务，而只是为电视台生产节目。在创意这些模式时，英国的独立节目制作人往往并没有着眼于国际市场。例如《谁想成为百万富翁》的创造者保罗·史密斯曾在接受采访中表示，自己起初压根没有考虑过这档节目的国际化潜力。这一方面是因为节目模式的概念在 1990 年代还没有在行业普及，但更重要的原因在于虽然电视台必须要

---

① CHALABY J. The format age: television's entertainment revolution [M]. Cambridge; Malden, MA: Polity Press, 2016: 40.

按配额采购独立制作公司的内容，但它们在谈判中仍然处于非常强势的地位，制作公司创作出的节目的所有权利，包括在各种电视渠道的播映权、国际销售权、模式权利、衍生开发权利等，往往都永远地属于电视台所有，而独立制作公司只能按照预算获得比例有限的制作费利润，一般只在10%左右。

因此在21世纪初时，大部分的英国独立制作公司的日子并不好过。2002年的一项调查发现，在英国前100名的节目制作公司中，有36家出现了亏损，20家经营困难，27家销售下降。面对这种局面，独立制作公司没有坐以待毙，而是通过行业组织英国独立制作公司协会（PACT）积极地展开政策游说活动，最终促成了2003年英国通过《传播法案》（Communications Act）修正案，在重视创意经济发展的新工党政府的支持下，更改了英国电视台和节目供应商之间的交易规则。过去，节目的所有知识产权都归属投资制作的电视台所有。而新的规则对一档节目的权利进行了细分，并规定只要播出平台没有明确买下的权利就归属制作方所有，因此在播出平台通常会买下的本国播映权之外，制片方得以有可能保留部分权利，例如国际发行权、节目模式权、音像版权和衍生品开发权等，尽管这些权利的开发净收益的15%要归属于播出平台，但其对制作公司的利益诱惑已大幅度提升。①

这些对知识产权的新规定从根本上改变了英国电视业的游戏规则，促使制作公司将他们的节目开发成模式，并进行国际发行，也吸引了更多的资本进入节目制作和模式开发领域。②

2005年到2008年间，英国的独立电视制作公司经历了快速的发展，年

---

① House of Commons – Culture, Media and Sport Committee. Future of the BBC [R]. London, UK: The Stationery Office, 2015: 53.

② Entertainers to the world [EB/OL]. (2011-11-05) [2020-04-10]. https://www.economist.com/britain/2011/11/05/entertainers-to-the-world.

平均增速达到15.6%，2008年达到2亿英镑。此时英国共拥有约550家独立制作公司，聘请超过26000名员工，超过一半的英国原创新节目是由独立公司制作的。[①]

基于新政的规定，节目制作公司也可能获得为播出平台制作的节目模式版权，而向海外发行这些模式可以创造额外的收益，这促使英国的节目制作公司开始重视海外发行，甚至成立专门的发行部门。当制作公司开始掌握节目IP之后，其也对资本产生了更强的吸引力。而资本的涌入帮助一些公司得以迅速通过自身的发展和收购扩大规模，形成了被英国业界称为"超级独立"（Super-indies）的公司。它们都采用了一种类似的结构，收编多家制作公司，然后设立一个统一的发行部门负责海内外发行，这样可以更加高效、节约成本地开发旗下制作公司的内容版权。除了收购英国制作公司外，他们也收购了一些海外制作公司，将触角伸展到了一些关键的电视市场，为将他们原创的节目模式输出到海外市场提供了更大便利。以英国最大的"超级独立"公司All 3传媒为例，这家公司在新政后迅速地收购了当时在美国有较大规模业务的狮子电视公司（Lion TV）。2007年，又收购了当时德国最大独立制作公司MME Moviement公司。2008年，美国的Zoo制作公司也被并入。正如All 3传媒的首席执行官所说，这些收购是为了使公司从一家以英国为主的公司变成一家国际化的公司。[②]当All 3传媒被美国的探索集团收购时，其已经在6个地区拥有了20家公司。根据《广播》（*Broadcast*）杂志的年度调查，在2018年英国前十大

---

① BROWN M. International rescue［N/OL］. The Guardian，2009-04-05［2020-04-01］. https://www.theguardian.com/media/2009/apr/06/bbc-world-service-relocation-funding.

② CAMPBELL L. All 3 Media moves into Germany［EB/OL］.（2007-03-01）［2021-10-02］. https://www.broadcastnow.co.uk/all3media-moves-into-germany/119882. article.

独立制作公司中，有9家都隶属于更大的集团公司。①

　　根据英国独立制作公司联合会的年度调查，如表4-4所示，在新冠肺炎疫情暴发之前的2019年，英国独立制作公司全年收入为33.3亿英镑，较2018年增长10.85%。其中19.43亿英镑的收入来自英国本土，增长3.19%，而来自国际市场的收入达到了12.51亿英镑，增长高达30%。繁荣的独立制作行业，对于英国节目内容创意的多样性发挥着非常重要的作用。而且为了保证这种多样性，英国也会根据独立制作行业的变化，进行政策调整，包括要求BBC等公共电视台对小的独立制作公司给予一定的合作机会上的倾斜和相关扶持等。例如，2020年1月，BBC公布了一项扶持年收入少于1000万英镑的制作公司的计划，其中包括投入100万英镑开发基金，为这些公司提供立项指导、项目开发机会等。②

表 4-4　2011—2020 年英国独立制作公司收入（单位：亿英镑）③

	2011年	2012年	2013年	2014年	2015年	2016年	2017年	2018年	2019年	2020年
英国本土电视市场收入	14.63	17.66	18.87	18.59	18.46	17.79	18.28	18.83	19.43	16.87
国际电视市场收入	5.42	5.33	4.88	4.84	6.84	7.25	8.02	9.62	12.51	10.89
非电视业务收入	1.67	2.00	2.36	1.79	1.34	0.82	1.10	1.59	1.36	1.00
总计	21.72	24.99	26.11	25.22	26.64	25.86	27.40	30.04	33.30	28.76

---

① BARCLAYS. Calm after the consolidation storm［EB/OL］.（2019-03-21）［2020-02-07］. https://www.broadcastnow.co.uk/indie-survey-2019/calm-after-the-consolidation-storm/5137864.article.

② BBC. BBC unveils new package of measures to help support small British indies［EB/OL］.（2020-01-08）［2020-02-01］. https://www.bbc.co.uk/mediacentre/latestnews/2020/new-measures-to-help-british-indies.

③ OLIVER & OHIBAUM. UK television production survey financial census 2021［R］. London: PACT, 2021.

在为行业的长远发展整合资源方面，行业组织英国独立制作公司协会也发挥着重要作用，例如2021年，其联合英国各大播出平台和制作公司，发起成立了无剧本内容技能基金（The Unscripted TV Skills Fund），参与的播出平台和制作公司同意将他们制作项目0.25%的预算投入基金（同一个项目，播出平台和制作公司各自承担0.125%），用于培养无剧本内容领域的创作人才。①

（四）定位差异化、收入多元化的电视台经营机制

如果说繁荣的英国独立制作业为众多节目创意提供了新鲜的种子，那么主要由电视台构成的播出平台便为它们提供了良好的生长土壤。如查拉比在他的研究中所指出的，英国的电视台比他们大部分的欧洲同行都要更敢于冒险，是少数愿意尝试新点子的播出机构。②而之所以能形成这种局面，在于英国形成了比较健康、利于创新的电视生态。

首先，英国比较成功地建立了公共电视和商业电视并行的机制。面向全国播出的免费电视频道，英国主要有BBC1频道和BBC2频道、ITV、第四频道和第五频道，数量合理，且定位和商业模式又各有不同。其中BBC1和BBC2为公共电视频道，主要是依靠观众收视费，节目内容以满足公共利益和文化多样性的新闻、教育、文化类内容为主；ITV和第五频道则是依靠商业广告运营，播出以市场为导向的娱乐性内容为主；第四频道则更为特殊，它虽是依靠广告收入的商业频道，但定位却是公共平台，以少数族裔、青年、知识分子等为收视目标群，播出大量实验性内容。除此之外，以天空电视台为代表的有线电视台，则主要是依靠观众付费订阅。几大电视台之间在内容层面既有一定的竞争，但又有区隔，生存状态较为从容，

---

① SCREENSKILLS. Unscripted TV Skills Fund［EB/OL］.（2021-12-01）［2022-04-14］. https://www.screenskills.com/industry-partners/unscripted-tv-skills-fund/.

② CHALABY J. The format age: television's entertainment revolution［M］. Cambridge; Malden, MA: Polity Press, 2016: 98.

因此敢于创新。其中表现最为突出的如第四频道，在2008年到2013年间，它平均每年会批准超过350档新节目的制作，而且其所有的节目都是由独立制作公司提供，在如此大量的新节目中，迸发出了很多新鲜的创意。[①]

BBC和ITV除了部分采购独立制作公司提供的内容及进口内容外，大部分内容都是由下属的部门或制作公司自制的。经过长期的发展和整合后，这些负责自制内容的公司都已经成为集模式开发、制作与发行于一体的国际化的公司。在推动节目模式的原创开发和海外发行方面发挥着重要的作用。例如1995年，BBC为了发展海外业务，专门对相关部门进行重组，成立了BBC环球，除发行、经营BBC内容品牌外，也代理销售英国超过250家独立制作公司的内容。2014—2015年度实现收入10.18亿英镑，利润1.39亿英镑。2016年，BBC将其下属的喜剧、剧集、娱乐、音乐&活动和纪实节目部门整合成为了BBC制片厂（BBC Studios），旨在将其建设成为盈利性部门，除BBC外，也可以为其他的播出平台制作内容，从而补充BBC除了收视费之外的收入来源。2019年，BBC又将BBC制片厂与BBC环球合并，让内容制作和发行部门之间产生更好的协同效应。而ITV也在2009年成立了ITV制片厂（ITV studios），对旗下的制作和发行部门进行了重组，除主要在英国开展业务外，也在美国、澳大利亚、德国等地设立分公司。每年制作超过3500小时的节目内容，发行超过4万小时的节目内容。

此外，英国电视业的收入来源也比较多元化，并且保持着增长的态势。如表4-5所示，2020年，英国的电视产业收入为163亿英镑，来源包括电视订阅、电视广告、公共资金、在线视听收入等。其中62.2亿英镑来自付费订阅费用，占比最高，且较2013年的64.7亿英镑减少并不明显，可见英国观众为优质内容付费观看的习惯已经被培养得比较好。相较于2013年，尽管来自广告和公共资金的收入有较大幅度收缩，但被来自在线视听收入的

---

① OLIVER & OHLBAUM. Channel 4: taking risks, challenging the mainstream[R]. London: Channel 4 and Oliver & Ohlbaum, 2014.

高速增长所填补。此外，英国电视业还有较为稳定的其他收入，包括互动收入、节目销售收入、单次点播收入、广告植入收入、电视购物收入等，2020年总计为8.7亿英镑。在有稳定收入来源和市场消费需求的背景下，英国电视台愿意在原创内容方面有较大投入。2020年，虽然受到了疫情的影响，但英国各电视频道在除电视剧之外的内容投入仍达到44亿英镑。多元化的收入来源和稳定的投入规模为内容的生产提供了保障。[①]

表4-5　2013—2020年英国电视产业的收入来源（单位：亿英镑）

英国电视产业	2013年	2014年	2015年	2016年	2017年	2018年	2019年	2020年
电视产业收入	148	153	160	165	161	164	165	163
电视订阅收入	64.7	64.6	66.2	67.6	64.6	65.1	63.4	62.2
电视广告收入	40.7	41.7	44.3	44.0	40.8	39.2	36.8	31.5
公共资金	28.9	29.7	28.4	27.5	26.3	25.3	24.1	22.2
其他电视收入	7.4	7.3	7.9	8.6	9.3	9.3	9.2	8.7
在线视听收入	6.5	9.9	12.8	16.8	20.5	24.7	31.5	38.1
内容投入（除电视剧）	33.7	38.1	40.5	47.5	50.3	49.4	49.9	44.2

（五）英国领先地位背后的美国因素

值得注意的是，在英国模式产业成长的过程中，美国也起到了重要的推波助澜的作用。从20世纪50年代到80年代，美国曾一度凭借大量的游戏节目占据着节目模式领域的主导地位。但到90年代之后，这一领域的主导地位逐渐被英国抢占。一方面，这是因为美国电视商将资源集中投入在高投资的电视剧集的制作上，以保持其在全球电视成片节目市场上的优势地位。相形之下，其在电视节目模式的开发和营销上并没有投入太多资源。

---

① OFCOM. Communications market report 2020［R/OL］.（2021-12-01）［2022-04-14］. https://www.ofcom.org.uk/research-and-data/.

另一方面，在一些源自海外但却在美国取得了成功的节目模式如《谁想成为百万富翁》《大众偶像》《幸存者》《老大哥》的推动下，美国电视业认识到引进节目模式是一种帮助其降低原创节目风险、提高节目研发和制作效率的有效策略。而在文化产业领域，美国向来坚持的是以市场为导向。于是在美国这一世界上最大的电视市场，各大电视网自1990年代中期起将模式节目作为黄金档节目的重要组成部分。根据对美国几大电视网节目编排的综合分析，可以发现，在1976—1985年间，美国几大主流电视网平均每年秋季档黄金时间（每晚8点—11点）播放的模式节目仅为1.9档，总播出时间15小时；到1986—1995年间，这一数字小幅增长为2.6档和18小时；到1996—2006年间，则突飞猛涨为9.4档模式节目，播出时间91小时。[①]除了上述模式之外，《地狱厨房》、《特训营》（ *Brat Camp* ）、《交换妻子》、《超级保姆》、《达人秀》和《卧底老板》等很多在美国成功的综艺节目也都来自国外，尤其是与美国文化比较接近的英国。

到20世纪90年代，很多英国公司基于输出到美国的模式，在美国成立制作公司，负责制作这些节目并拓展其他业务，例如Shed传媒、RDF传媒、DCD传媒等。BBC电视台也于2004年在洛杉矶建立基地，负责给ABC电视网制作《与星共舞》。

学者安德拉·埃森在详细分析了美国五大电视网ABC、CBS、FOX、NBC和CW电视网在2007—2008年播出季黄金时段的节目编排后发现，这五大电视网当季共播出了52个模式节目，而如表4-6所示，模式节目在这五大电视网黄金时段占据了33%，其中NBC黄金时段播放的模式节目高达50%。除了美国本土开发的节目模式外，这些节目模式主要来自英国。[②]

①　GOTTLIEB N E. Free to air? Legal protection for TV program formats［EB/OL］.（2010-02）［2020-05-01］. https://chicagounbound.uchicago.edu/cgi/viewcontent.cgi?article=1214&context=law_and_economics.

②　ESSER A. Television formats: primetime staple, global market［J］. Population communication, 2010, 8(4): 273-292.

表 4-6　2007—2008 年播出季美国五大电视网电视节目构成比例

	ABC	CBS	FOX	NBC	CW	所有频道总计
非模式节目	56%	82%	69%	50%	75%	65%
模式节目	44%	18%	31%	50%	25%	35%
节目播出总时长（小时）	787	784	535	792	468	3365

　　除了大量地引进英国节目模式外，美国助推英国模式产业发展更主要体现在其对英国电视业的投资上。东欧剧变之后，世界各国的意识形态对抗色彩有所缓解，很多国家放松了对国外传媒机构的管制，与此同时，卫星电视和有线电视蓬勃发展，很多美国主导的国际传媒集团开始在世界各地落地，但他们仍然会遇到一些在当地本土化运营的问题，因为很多国家政府仍然对电视频道引进海外成片节目播出实行了配额制，以保护本土的文化，即便在欧盟这些跟美国关系密切的发达资本主义国家，也规定电视频道播出非欧洲的内容不能超过50%。

　　为了绕过这一政策限制，美国的国际传媒集团开始采取在各国本土化制作内容的策略，例如，索尼影业是好莱坞大公司当中最早加强世界各地的内容制作的，而英国是其国际电视部门最早建立本土制作公司的国家，到20世纪90年代末其已经在英国、德国和亚洲一些国家建立了本土制作公司。到2020年，其已在12个国家拥有20家电视节目制作公司，而其中有8家位于英国。NBC环球公司则在2005年创办了国际电视制作部门，总部设在伦敦，之后又收购了澳大利亚和英国等地的制作公司。华纳兄弟也在2009年创办了电视节目的国际制作部门，总部也设立在伦敦，2010年便收购了英国规模最大的独立制作公司之一Shed传媒，然后又收购了在比利时、卢森堡和荷兰地区开展业务的制作公司blazhoffski。21世纪福克斯也于2011年收购了总部设在英国的阳光集团，2014年21世纪福克斯和阿波罗全球管理公司宣布将他们控制的恩德摩尔集团、阳光集团和Core传媒合并，两家各在新公司中占据50%的股份，并将新公司命名为恩德莫尚集团。此外，2014年，探索集团和自由全球集团联合收购了英国最大的独立制作公司All 3传媒。

可以看出，在美国国际传媒集团的电视产业版图中，英国占据着重要的位置，他们往往将伦敦作为其开展国际制作业务的总部，并建立或收购较多的英国本土制作公司。而这些公司在英国的制作业中占据着不小的市场份额。如表4-7所示，在英国前19大独立制作公司中，美资背景的公司有8家，占到了接近一半。

表 4-7　2018—2019 年美资背景的英国独立制作公司排行 [①]

英国独立制作公司总排名	公司名称	2019年英国收入（百万英镑）	2018年英国收入（百万英镑）
1	All 3传媒	520.40	486.30
2	恩德莫尚集团	364.90	480.40
5	Endeavor	112.30	114.60
7	天空制片厂	100.30	89.00
11	索尼	23.30	9.85
14	Vice传媒	8.00	49.00
16	eOne	4.90	——
18	Critical Content	2.00	——

美国本土市场对于英国节目制作公司来说也有着举足轻重的影响，根据英国独立制作公司联合会发布的数据，2018年，英国独立电视节目制作公司的收入为30亿英镑，增长了9.6%。增长主要来自海外收入的大幅增

---

① BARCLAYS. Calm after the consolidation storm［EB/OL］.（2019-03-21）［2020-02-07］. https://www.broadcastnow.co.uk/indie-survey-2019/calm-after-the-consolidation-storm/5137864.article.

长，较2017年增长了20%，达到了9.62亿英镑。在这其中有40%，即2.8亿英镑来自奈飞、亚马逊等国际视频网站，较2017年增长高达87%，剩下的60%则来自探索频道和A&E频道等电视台，增长率为6.5%。[①] 如何生产出适合美国市场的内容产品，是很多英国独立制作公司的经营重心所在。

而除了制作公司外，美国资本也渗入了英国商业电视台当中，在2013年到2015年之间，自由全球集团收购了英国的有线电视运营商Virgin传媒，并投资了英国最大的商业电视台ITV；维亚康姆集团则收购了英国无线免费电视台第五频道；美国生活方式传媒集团Scripps收购了英国数字电视集团UKTV中50%的股份。[②] 2018年美国最大有线电视运营商康卡斯特（Comcast）更以高达388亿美元收购总部位于伦敦的欧洲付费电视集团Sky。[③]

在全球节目模式的价值链中，英国和美国实际上结成了关系颇为紧密的利益共同体。对于美国来说，建立或收购在英国的制作公司和电视台是其进军欧盟市场重要的"跳板"，而对于英国节目模式行业来说，来自美国的传媒集团和资本的扶持，也是其快速发展的重要因素。

结语

总的来看，在英国节目模式产业发展壮大、成为全球最大的节目模式输出国的过程中，英国政府所颁布的有针对性的政策发挥了重要作用。在

---

① WALSH B. UK indie production revenues hit new high: pact census［EB/OL］. （2019-09-06）［2020-02-01］. https://realscreen.com/2019/09/06/uk-indie-production-revenues-hit-all-time-high-pact-census/.

② ESSER A. TV format sector consolidation and its impact on the configuration and 'stickness' of the UK entertainment production market［J］. International journal of digital television, 2017, 8(1): 155.

③ CONRAD R. Great speculations, comcast wins sky bid: step in and buy［EB/OL］. （2018-09-25）［2020-02-01］. https://www.forbes.com/sites/greatspeculations/2018/09/25/comcast-wins-sky-bid-step-in-and-buy/#75bd619621c0.

推动英国创意文化产业发展及国际输出的整体政策导向下，英国政府所推行的电视及节目内容产业管理政策较好地处理了以下三方面的关系。

首先，理顺了各个电视频道之间的关系，通过严控电视频道数量和对不同频道的定位及运营模式的区隔化，保持了英国电视市场的适度竞争和内容供给符合文化多元化标准的格局，形成了利于节目模式创新的生态。其次，英国根据市场的变化，通过内容制播分离的比例规定及版权政策的调整平衡了电视台和制作公司之间的关系。基于政策的引导，让"买方"（播出平台）与"生产者"（制作公司）之间的关系更加平衡，从而激发出后者更大的活力。再次，英国较好地协调了本土市场和国际市场之间的关系。对于本土市场足够大的国家而言，电视台和制作公司可能不像荷兰、以色列等小国家一样有必须要开拓内容海外市场的压力，凭借本土市场便可实现内循环。但英国出台了一系列政策推动本土的电视台和制作公司更加积极地参与国际市场的竞争，促使本土节目创作着眼于全球市场，而非局限于本土市场。

二、小国荷兰为何能成为国际节目模式输出的大国

在全球版图上，国土面积4.15万平方公里、人口1700万的荷兰不能算是一个大国。但在节目模式输出方面，它却堪称"大国"，根据表4-8行业媒体C21media统计的数据显示，在2004—2016年间，荷兰每年的节目模式输出数量都仅次于英国和美国，位列第三，市场份额在8%—17%之间上下浮动。而在K7传媒统计的迄今为止输出到超过30个以上国家的52档"现象级"节目模式中，荷兰占到了8个，占据了15%，包括《成交不成交》《好声音》《老大哥》等。①

──────────

① K7 MEDIA. Tracking the giants: the top 100 travelling TV formats 2018-2019［R］. London: K7 Media, 2019.

表4-8　输出到超过30个以上国家的荷兰节目模式

总排名	节目名称	节目英文名	首播年份	播出频道	发行公司	销售国家数量
2	《成交不成交》	*Deal Or No Deal*	2000	Ned 2	班尼杰	85
4	《老大哥》	*Big Brother*	1999	Veronica	班尼杰	78
7	《好声音》	*The Voice*	2010	RTL4	ITV	71
24	《好声音少儿版》	*The Voice Kids*	2012	RTL4	ITV	42
26	《老大哥明星版》	*Big Brother Vips*	2000	Veronica	班尼杰	41
28	《以一敌百》	*1 Vs 100*	2000	Ned 2	班尼杰	39
36	《我爱我的祖国》	*I Love My Country*	2008	Ned 1	ITV	36
43	《恐惧元素》	*Fear Factor*	1999	SBS 6	班尼杰	32

在节目模式的全球价值链中，荷兰的特殊定位不仅在于其是位列第三的模式输出国，也在于它是重要的创新模式孵化器和试验场。很多在节目模式发展史上具有开创性意义的节目模式，如《老大哥》《一掷千金》《成交不成交》《好声音》等都是在荷兰率先播出的。那么为何荷兰的节目模式展现出了如此强的创新性？作为一个小国的荷兰又为何能够成为排名第三的模式输出国呢？这是本节希望探讨的问题。

（一）开放的社会文化和市场环境

围绕荷兰模式产业成功的原因，曾有研究者基于对荷兰一线从业者的深度访谈总结出了一系列因素，主要包括文化遗产（荷兰很高的开放与宽容度、较弱的国家民族文化身份、贸易的传统以及出色的语言技能等）以及市场环境（多元化的供给关系、健康的市场结构、多元化的频道竞争以及有利的政策因素等）。[①]本节也将从这两个维度入手展开分析。

从宏观的社会环境来看，荷兰之所以有发达的节目模式产业，与该国长期开放的贸易历史和敢于冒险的民族文化性格紧密相关。

很多个世纪以来，荷兰的经济发展依赖于和其他国家的贸易往来。现代荷兰于1588年宣布从西班牙统治下获得独立，被称为世界上第一个赋予商人阶层充分政治权利的国家。追溯其贸易发展历史可以看到，荷兰早在17世纪就已凭借强大的航海、贸易实力成为殖民强国。1602年，荷兰联合东印度公司成立。随着海上贸易的不断发展，荷兰商船的数量甚至超过了欧洲所有国家商船数的总和，因此被誉为"海上马车夫"，荷兰也凭借这种优势在世界各地建立贸易据点和殖民地，在最高峰时期，荷兰联合东印度公司的分支机构高达15000个，占到了全球贸易总额的一半。从17世纪后期到18世纪，荷兰逐渐衰败下来，直到二战之后才逐渐恢复国力。但是长久以来的贸易思维和商业精神早已渗透到荷兰人的基因中，包括广播电视业在内的文化产业也被他们当作贸易活动来经营。

在对外贸易方面，荷兰至少具有几大优势，首先，有很多精通多门外语的人才。由于长期的贸易传统，荷兰的教育体系将学习外语放在了很重要的位置。在初中阶段有1/5到1/4的课程是跟外语有关的，绝大多数学生除了英语外会再学习一门外语，占比甚至达到75%。其次，在长期贸易文化的熏陶下，荷兰的整体社会环境非常开放，具有很强的包容性，让其能接纳不同的想法。曾担任荷兰知名模式公司绝对独立（Absolutely Independent）公司首席执行官的帕蒂·格莱斯特（Patty Geneste）便表示："几个世纪以来，贸易的直觉已经深植于我们民族的基因之中，这让我们充满创造力，思路也很开阔，因为我们接触着许许多多不同的文化和想法，

---

① SU X. Economic and cultural forces in the Netherlands as contributors to the success of Dutch TV format business［D］. Rotterdam: Erasmus University Rotterdam, 2019.

这让我们不惧创新。"①

而这种开放性和包容性也体现在荷兰的电视市场上，荷兰电视市场主要包括三类电视台，第一类是公共电视台，主要包括NPO1、2、3三个频道，占据着32%的收视份额，预算来自国家财政，2014年的预算为7.6亿欧元。第二类是贝塔斯曼集团下属的RTL荷兰电视台，2014年时拥有四个荷兰语的商业电视频道，包括RTL5、6、7、8，收视份额为24%，年收入为4.57亿欧元。第三类是Sanoma集团旗下的三个荷兰语频道Net5、SBS6和Veronica，2014年的收视份额为15%，总收入2.24亿欧元。除了这十个电视频道外，还有其他国际电视集团旗下的专业电视频道，例如探索频道、国家地理频道、欧洲体育等，它们合计占据着14%的收视份额；13个地区性电视频道占据着不到2%的收视份额；以及数以百计的外国免费或付费电视频道，占据着9%的收视份额；剩下的收视份额则来自观众录制回看节目，这在荷兰被单独计算收视。②

总的来说，荷兰只有1/3左右的收视份额是由本土的全国性公共电视台或地区电视台产生的，而剩下的则被国际性的电视集团所占据。而且荷兰观众收看电视也是通过被八家国际电信集团旗下的供应商所控制的有线、卫星或数字频道观看。由此可以看出荷兰电视市场的国际化程度颇高，很多国家为了保护本地的电视市场，对于国际电视集团在当地的落地，会设置很多的限制政策，但荷兰却保持着颇为开放的姿态。

在播出内容方面，为了和欧盟国家统一制定的政策保持一致，荷兰

---

① ESCRITT T. Welcome to Utopia, coming to a screen near you[EB/OL].（2014-02-19）[2020-05-02]. https://in.reuters.com/article/us-reality-television-demol/welcome-to-utopia-coming-to-a-screen-near-you-idINBREA1H1LW20140218.

② MULLER E, ZANDE D V.Embracing the international market: the Dutch film and television production landscape in transition[M]// BAKOY E, PUIJK R, SPICER A. Building successful and sustainable film and television businesses: a cross-national perspective. Bristol UK: Intellect, 2017: 187.

2008年通过了修订的传媒法案，要求所有的电视频道满足播放欧盟节目的最低配额，其中源自欧洲的节目必须达到50%，且有10%的节目必须由欧洲独立制作公司生产，这10%中至少要有1/3是在过去5年间生产的。此外，商业电视频道至少要有40%的节目是荷兰语。这些规定保证了要在荷兰开设电视频道，必须要播出部分由荷兰和欧盟国家生产的内容，而不能仅靠引进国外内容或重播旧内容来填补时段。据统计，2014年，荷兰的三大公共频道中75%左右的内容和其他7个商业频道中50%左右的内容都是以荷兰语在当地生产的，总计46840小时的内容，其中主要包括了游戏类节目、真人秀、体育类和新闻报道等。①

总的来说，荷兰电视市场虽不大，但已发展到高度成熟阶段，十大全国性的公共性和商业性电视频道、数十个来自其他国家的跨国有线和卫星频道以及上百个数字频道形成了高度竞争的局面。与此同时，这些主要由国际电视集团控制的频道又必须播出一定数量的荷兰当地内容，高度竞争的市场对内容的品质要求较高，也意味着要有较高的投入，但如果仅依靠狭小的本土市场又难以收回成本，因此荷兰的节目内容生产商必须考虑国外市场的机会。另外，对于在全球各地开展电视业务的国际电视集团来说，荷兰对于实验新鲜的节目模式创意也是合适的地方，因为如果节目模式在这样具有高度竞争性的市场也能受到观众的欢迎，那证明其有更高的国际化潜力。正是在这样的背景下，荷兰的大量节目被赋予了试验创意的使命。

（二）鼓励节目创新的电视产业机制

从具体的电视产业机制来看，荷兰也是一个大力鼓励节目创新的国家。

---

① MULLER E, ZANDE D V. Embracing the international market: the Dutch film and television production landscape in transition [M] // BAKOY E, PUIJK R, SPICER A. Building successful and sustainable film and television businesses: a cross-national perspective. Bristol UK: Intellect, 2017: 188.

其中对创新产生最大影响的是其公共电视制度。与世界上大多数国家公共电视频道与运营机构一体化的架构不同，荷兰公共电视频道的内容是由一系列公共电视机构提供的。这些机构共同接受NPO管理，但每家又独立运营，获得分配一定的公共频道时段。荷兰有3大无线公共电视频道和12个公共数字电视频道。其中最主要的是3大无线公共电视频道，NPO1主打以家庭观众为目标的节目，收视率最高。NPO2播放新闻和文化节目，NPO3则主打青少年节目和创新型的节目。①而这些频道的时段按照法律被分配给三类不同的组织。

第一类是基于法律规定的承担社会公共使命的机构，主要机构是荷兰广播基金会（Dutch Broadcasting Foundation，简称NOS），提供新闻、议会报道和体育赛事。2010年该国又成立了一家新的机构NTRA，也提供新闻以及文化、教育、儿童和民族类的节目。

第二类是基于会员制的组织。荷兰政府允许任何组织申请成为公共广播电视机构并获得时段，前提是它们有足够数量的会员，并能够比较稳定地维持会员数量。如表4-9所示，荷兰目前有11家这样的组织。它们获得了公共电视频道的大部分时段，各自获分配的时段长度则取决于每家机构所拥有的会员数量。

表 4-9　荷兰主要的公共电视机构

机构缩写	说明
AVROTROS	荷兰最早的广播电视机构 AVRO 和最受欢迎的公共广播电视机构 TROS 于 2014 年 9 月合并而来。前者代表自由党派的声音。后者受众最广，节目数量最多，以娱乐节目为主
BNN	由身患残疾的传奇荷兰媒体人巴特·格拉夫（Bart Graaff）创办，以年轻观众为对象，通常推出题材大胆的节目

① Dutch TV market analysis［EB/OL］.（2007-10-15）［2020-04-10］. https://www.broadcastnow.co.uk/dutch-tv-market-analysis/158932.article.

续表

机构缩写	说明
EO	代表新教基督徒，经常推出传教节目
KRO	代表天主教徒，但节目宗教色彩并不强，偏自由派
MAX	节目以50岁以上的观众为目标群体
NCRV	主要的新教广播电视结构
PowNed	2010年成立，从一家激进的政治博客网站"无法无天"衍生而来
VARA	代表左翼劳动党派利益
VPRO	比较激进的自由派色彩机构，推出较多知识、文化类节目
WNL	由荷兰《电讯报》集团开办的机构

除了以上两类，少部分播放时段分配给了第三类一些小规模的机构，它们可能代表一些宗教团体、少数族裔的利益等。例如，BOS是一家致力于宣扬佛教的广播电视机构，Joodse Omroep代表荷兰的犹太人发声，OHM则代表印度裔人发声。这种特别的广播电视体系是荷兰柱状化（Pillarisation）的社会与政治体系的产物。所谓柱状化指的是社会上按照不同阶级、地域、文化等所产生的区隔而形成不同的政治阵营，形成柱状化的结构，以此结构为前提的联合政权内，各阵营进行"协调的政治"。比例性，即国会议员及公关资源等按照不同的阵营占比进行分配，是其很重要的特征。不同的阵营拥有自己的社会机构，包括政党、报社、电视台、工会、银行、学校、医院等。①

这种柱状式的公共电视机制有利于创新，因为 方面，人部分公共电视机构所获时段长短取决于其会员数量，它们需要努力提供有吸引力的内容去招揽并维持观众群体。另一方面，它们又分别代表某种社会群体的利

---

① LIJPHART A. From the politics of accommodation to adversarial politics in the Netherlands: a reassessment［J］. West European Politics, 2007, 12(1): 139-153.

益，可以"通过公共服务广播实现多元化"，并保持反映"容易被媒体忽视的少数群体利益"。[①]有些电视台为了发出所代表的群体的声音而大胆创新，甚至不惜剑走偏锋。例如BNN频道，其由身患残疾的荷兰媒体人巴特·格拉夫创办，因此特别关注残疾人群体的权益，常常会推出一些引发社会关注的、富有争议性的节目内容。例如，2007年其推出了一档名为《大捐献秀》（*The Great Donor Show*）的节目，内容是一位得了绝症的女性要在25位等待肾脏移植的病人中挑选一位，将肾脏捐献给他，而观众可以通过发送短信来发表自己的意见。尽管这档节目的初衷是为了促进器官捐献，女性绝症患者事后也被揭晓是演员，但仍然掀起了巨大的舆论风波。[②]

荷兰的公共电视台还率先建立了"电视节目实验室"的试播制度。从2009年开始，荷兰NPO3频道会安排每年8月其中一周的晚间时段播出来自各个模式开发与制作公司的新节目样片，并邀请观众投票以及发表评论。电视台会收集观众的反馈和社交网络上的讨论，并结合样片播出的收视效果，挑选出部分节目续订一整季。2010年起，"电视节目实验室"还推出了面向普通观众的电视节目创意比赛活动，观众可以提交原创的电视节目模式创意，然后专业评审团会从中选出优秀的模式创意，制作出样片在"电视节目实验室"播出。

"电视节目实验室"成了很多成功的节目模式的孵化器，例如2013年播出的11档节目中，让主持人通过特效化妆化身为采访对象的访谈类节目模式《双面人生》（*How To Be*），迄今已经输出到了全球十几个国家。另一

---

① HARCOURT A. The European Union and the regulation of media markets［M］. New York, NY: Manchester University Press, 2005: 137.

② SCHREIBER D. 'Big Donor Show' causes storm［EB/OL］.（2007-05-31）［2020-03-30］. https://variety.com/2007/scene/markets-festivals/big-donor-show-causes-storm-1117966058/.

档节目模式《我的5000个朋友》（*My 5000 Friends*）也输出到了5个国家。①通过这种方式，电视台可以更加直接、有效地得到观众的反馈，帮助激发和改进电视节目的模式创意，并使优秀的模式创意可以获得落地的机会。而因为在荷兰取得了出色的效果，这一做法也被欧洲广播联合会推广到了其他欧洲国家。②

（三）国际资本与荷兰模式业的成长

国际资本在推动荷兰模式业成长的过程中也发挥着非常重要的作用，一方面，因为荷兰所具备的开放的市场环境和鼓励创新的市场机制，吸引了大量的国际电视网或制作公司在荷兰展开经营，或在荷兰设立分公司，或收购荷兰本土的公司；另一方面，荷兰本地的节目模式和制作公司，也是通过与国际资本的结合而迅速地成长，其中最具代表性的是总部设立在阿姆斯特丹的全球最大的独立节目制作公司及模式发行公司恩德莫尚（目前已被班尼杰集团收购），本小节将通过对其发展历史的梳理，在其中说明荷兰模式产业是如何在国际资本和荷兰的本土制作力量相结合的作用下发展起来的。

在国际节目模式行业发展的早期阶段，荷兰的节目制作人乔普·范登·恩德和约翰·德摩尔成了重要的先驱者。乔普·范登·恩德于1969年成立了JE娱乐公司，起初主要是组织活动和戏剧表演的公司，曾将很多来自英国和美国的舞台戏剧改编成本土版在荷兰上演。而随着其旗下的一些戏剧表演节目被荷兰电视台播出，他意识到了电视这一媒介的潜力。1983

---

① WHITTOCK J. Dutch TV Lab returns, goes online first［EB/OL］.（2013-08-09）［2020-03-21］. https://tbivision.com/2013/08/09/dutch-tv-lab-returns-goes-online-first/.

② EUROPEAN BROADCASTING UNION. Eurovision TV Lab attracts 12 countries: sign up now［EB/OL］.（2011-02-22）［2020-03-21］. https://www.ebu.ch/news/2011/eurovision-tv-lab-attracts-12-co.

年，其建立了一个规模较大的电视节目制片厂，制作轻娱乐节目和电视剧。到1988年时，JE娱乐公司已经成为荷兰最大的独立电视节目制作公司。随着规模的扩大，JE娱乐还建立了自己的播出平台TV10，通过卫星电视平台播出，但在1992年因为未能符合相关政策要求而被关闭。

与此同时，JE娱乐进军电视频道的举动引起了荷兰公共电视台的抵制，曾有长达一年的时间，JE娱乐的节目无法出售给荷兰公共电视台，因此其转而与新进入荷兰市场的德国资本电视台RTL4达成了战略合作，为后者提供大量的节目制作。在1989年欧盟发布了《电视无国界指令》之后，欧盟的电视市场变得更加开放，商业性电视台蓬勃发展，很多国际电视集团都在荷兰落地。JE娱乐很好地抓住了这一机会，后来还在RTL4频道母公司CTL的邀约下，于1991年在德国科隆成立了分公司，与德国RTL电视集团达成了为期三年、金额高达1.6亿美元的节目制作合作。①

JE娱乐公司最擅长开发的是游戏类节目，包括《蜜月问答》（*The Honeymoon Quiz*）、《声音模仿秀》（*Soundmix Show*）等，这些模式输出到了德国、西班牙、葡萄牙、比利时等欧洲国家。另外，它也热衷于将其他国家的节目模式引入荷兰，例如英国的《惊喜、惊喜》和《我们两个》（*The Two of Us*），美国的《谁是老板》（*Who's the Boss*）、《瑞恩的心愿》（*Ryan's Hope*）等。对节目模式的开发帮助JE娱乐实现了快速的增长，在1989年到1994年期间，其利润从3400万美元上涨到1.04亿美元，使其成为欧洲最大的电视节目制作公司之一。

而另一位先驱人物约翰·德摩尔早年间曾在荷兰公共电视台TROS担任导演，1979年成立了以自己名字命名的约翰·德摩尔制作公司（John de

① MULLER E, ZANDE D V. Embracing the international market: the Dutch film and television production landscape in transition［M］// BAKOY E, PUIJK R, SPICER A.Building successful and sustainable film and television businesses: a cross-national perspective. Bristol UK: Intellect, 2017.

Mol Productions），德摩尔公司起初以音乐类节目打开了局面，20世纪90年代初期，德摩尔制作公司与当时刚刚开设自己的电视台的JE娱乐达成了深度合作。其后，德摩尔也与RTL电视台达成了合作，制作的节目从音乐类扩展到了游戏类、喜剧等类型。与此同时，德摩尔制作公司也购买了一些在美国最为成功的游戏类节目模式，如《命运之轮》（*Wheel of Fortune*）、《价钱是对的》和《约会游戏》等。

在学习美国模式开发经验的过程中，德摩尔制作公司也开始创造自己的节目模式，其中最为成功的是《情书》（*Love Letters*）。1992年，德摩尔制作公司与RTL4频道达成了三年的战略合作，为后者提供各种类型的节目，合同额高达6500万美元。同一年，在RTL4频道母公司CTL的邀约下，德摩尔制作公司在德国开设了办公室，为德国RTL Plus频道提供内容。其节目模式库得以迅速扩张，其中最为成功的是已带有一定的真人秀节目元素的娱乐节目，如《原谅我》（*Forgive Me*）和《你需要的只是爱》，这些模式输出到了欧洲的多个国家。在1989年到1994年间，德摩尔制作公司的收入从1800万美元增长到了7500万美元。[①]

可以看出乔普·范登·恩德成立的JE娱乐公司和约翰·德摩尔两家公司之间有很多的相似之处，它们都有强烈的商业取向，都生产了大量的娱乐性电视节目，都与RTL4频道及其母公司CTL有着紧密的合作关系，还都在德国成立了分公司。两家公司因此决定合并，以在市场上谋求更大的竞争优势。1994年，恩德莫尚的前身恩德摩尔宣告成立。起初，在荷兰市场上，两家公司仍然保持独立运营，但在国际市场上，两家公司统一以恩德摩尔娱乐公司的名称运作，这是欧洲最大的独立电视节目制作公司，在1996—1997年度的营业额高达5.35亿美元。

在1995年到1999年间，恩德摩尔展开了持续的国际化扩张进程。首

---

① BELL N. Major men［J］. Television business international, 1994(4): 18-25.

先，其成为一家上市公司；其次，其在美国、德国、卢森堡、葡萄牙、比利时和斯堪的纳维亚半岛等多地设立了分公司，并持有一些法国和西班牙等地制作公司的股份；再次，其效仿格伦迪环球公司的做法建立了国际发行部门。

1999年，由恩德摩尔创意和制作的《老大哥》在荷兰 Veronica 频道首播，取得了巨大的成功，并迅速地通过其旗下的发行和制作网络传播到世界各地，标志着真人秀时代的来临。其后《恐惧元素》（1999）、《成交不成交》（2000）等模式也大获成功。恩德摩尔也凭借《老大哥》在美国市场的成功开设了北美分公司。

在资本运作的层面上，恩德摩尔在国际买家间经历了一系列复杂的交易，几度易主，2000年，其被以55亿欧元的价格卖给了西班牙的电信传媒集团 Telefónica。2005年，恩德摩尔以25%的资产上市，在 Euronext 阿姆斯特丹证券交易所以 EML 的名称挂牌上市。2007年，恩德摩尔剩下的75%的股份被意大利的 Mediaset 牵头的财团收购，投资者中也包括投资公司 Cyrte，恩德摩尔最初的创立者约翰·德摩尔持有这家投资公司的股份。之后通过收购其他股份，这一财团持有了恩德摩尔99.54%的股份。恩德摩尔退市。

2010年、2011年间，恩德摩尔遭遇了债务危机。因此2011年时开始进行了债务重组。2012年，美国的投资公司阿波罗管理公司以债转股的方式成为恩德摩尔的大股东。2014年，阿波罗管理公司和21世纪福克斯宣布将两者分别拥有的阳光集团和恩德摩尔、Core 传媒集团合并，成立了恩德莫尚集团。而2019年，欧洲传媒集团班尼杰发起了对恩德莫尚集团的收购，价格为22亿美元，收购完成后，这家新公司成为全球最大的节目模式发行及制作公司。①

---

① CLARKE S, KESLASSY E. Banijay seals $2.2 billion deal for Endemol Shine, paving way for huge new global player［EB/OL］.（2019-10-26）［2020-03-21］. https://variety.com/2019/tv/news/banijay-buys-endemol-shine-stephane-courbit-marco-bassetti-sophie-turner-laing-1203380620/.

在恩德摩尔的引领下，荷兰还陆续出现了其他多家节目模式公司，包括2001年成立的Eyeworks，2004年由恩德摩尔前任高管凯斯·亚伯拉罕（Kees Abrahams）等成立的2twotraffic，以及2005年由恩德摩尔的创始人约翰·德摩尔新成立的塔尔帕等。但在经历一系列的兼并和股权变化后，这些公司几乎都被来自英国和美国的传媒集团收购。2008年，2twotraffic被索尼影业旗下公司2JS制作公司收购，其成为索尼影业旗下娱乐节目模式的国际发行部门。2015年，美国的华纳集团收购了Eyeworks除美国分公司之外的资产，包括后者在欧洲、南美和澳大利亚、新西兰等地的15个制作公司。华纳集团表示这起收购使得其版图增添了13个国家，大大增强了电视节目的国际制作能力。①2015年，英国的ITV集团宣布以5.3亿美元收购了荷兰塔尔帕传媒集团。②

总的来说，荷兰的模式产业之所以能够迅速发展，很重要的一个原因在于以恩德摩尔为代表的成长于荷兰本土的公司很好地抓住了国际化的机遇，通过在欧洲各国开展业务以及合并的方式成长为具备一定规模的跨国公司，进而在国际资本的运作下，被融合到版图更大的全球性传媒集团当中。这些集团为荷兰节目模式向世界各地输出提供了广阔而便捷的渠道。

（四）荷兰作为国际节目模式IP孵化器

为什么荷兰的模式和节目制作公司会成长为国际化的公司，或受到国际传媒集团的青睐？一个重要的原因在于这些荷兰本土公司从成立之初便意识到荷兰本土市场是非常有限的，因此有明确的面向国际市场的目标。

① ROXBOROUGH S. Warner Bros. TV group completes eyeworks takeover [EB/OL]. (2014-02-06) [2020-03-22]. https://www.hollywoodreporter.com/news/warner-bros-tv-group-completes-708577.

② DICKENS A. ITV buys Talpa for $530m [EB/OL]. (2015-03-12) [2020-03-22]. https://www.c21media.net/itv-buys-talpa-for-530m/.

它们主动地融合到节目模式全球价值链当中，并且找到了自身准确的定位——作为国际节目模式的IP孵化器。它们投入了大量的资源在新鲜的节目模式研发上，通过掌控IP在国际节目模式的价值链上占据上游的位置。与那些来自美国好莱坞或英国的传媒集团相比，荷兰公司无论是在资本还是制作资源层面都是相对弱小的，而创造出能够引领国际节目发展潮流的模式IP则称得上是它们能够在全球节目模式价值链上占据优势地位的关键因素。

塔尔帕传媒公司是其中一个典型的案例，其凭借《好声音》《我爱我的祖国》等现象级的节目模式打开了局面，在被ITV收购之前，已经发展成为全球最大的模式研发、制作和发行公司之一，在过去十余年里已在180多个国家播出了超过150档的创意模式。而在架构这个媒体帝国之初，创始人约翰·德摩尔便有意增强了其孵化模式IP的功能。

未出售给ITV之前，塔尔帕传媒旗下主要有三大业务板块：第一部分是塔尔帕荷兰（Talpa Netherlands），包括塔尔帕内容（Talpa Content），是集团的创意研发部门，负责开发电视节目模式等；塔尔帕制作（Talpa Productions），负责在荷兰制作由塔尔帕开发的模式；以及塔尔帕剧集部门，负责开发、制作电视剧。此外还设有Vorst传媒和Mas传媒两个类似于独立工作室的机构，也从事节目模式开发和制作的相关业务。

第二部分规模更大的传媒资产是塔尔帕网络（Talpa Networks），这一网络旗下拥有多家电视频道——SBS 6、Net 5、Veronica，还拥有广播电台、新媒体平台等资产。其中，电视台部分与塔尔帕传媒形成了很好的协同效应，一方面，与很多节目模式和制作公司需要寻求播出平台的立项审批不同，塔尔帕传媒研发的模式可以快速地在塔尔帕网络旗下的电视台播出，根据播出的反馈决定节目模式后续是否推向国际市场。由于没有能否播出的后顾之忧，塔尔帕传媒的团队得以将更多的精力用于节目模式创意研发，而非提案和立项过程中。另一方面，塔尔帕网络旗下还设立了专门的数字化部门，包括运动、游戏、新闻、音乐和休闲五个小组，分别对塔尔帕研发的不同类型的内容进行跨媒体的深度开发，放大其价值。伴随着媒体传播环境的变化，跨媒体开发也构成了塔尔帕节目模式竞争力的重要组成部分。约翰·德摩尔曾在公开讲话中表示"跨媒体思维是塔尔帕最重要的属性之一"①。

第三部分是塔尔帕环球（Talpa Global），负责在全球范围内发行塔尔帕的节目成片和模式，塔尔帕环球在北美、中东和德国分别设立了分部，也在英国、澳大利亚、法国、意大利、葡萄牙和北欧地区等地与当地公司建立了合作伙伴关系。塔尔帕环球旗下也设有国际制作部门（Global Productions），负责监督、管理塔尔帕的节目模式在其他国家的本土化过程，还有全球音乐＆艺人部门，负责从塔尔帕的节目中选拔出的歌手、艺人的经纪事宜。

可以看出在塔尔帕的体系中，节目模式有一条从研发—制作—播出—全球发行—国际版制作的完整产业链，而模式IP是否具有强大市场吸引力成为这一产业链能否稳固的关键所在，这也是塔尔帕的创始人约翰·德摩尔非常注重创意板块的原因。他的名片上印制的头衔除了"创始人"便是"首席创意官"。塔尔帕拥有一个由德摩尔领导的模式研发部门，其中有40到50名员工。一共有8个研发团队，每个团队有一个资深的或新锐的创意人才做"队长"，还有负责把创意撰写出来的文案，研究员、导演以及一或两个"思维大胆、激进的年轻人"。每一周，德摩尔会召集8个队长开会，每个月他会召集10个人举行一次深夜座谈会，大家带来"上个月看到的任何可能作为创意起点的东西，例如地图、剪报或是DVD等"进行交流，碰

---

① WIKIPEDIA. Talpa Network［EB/OL］.［2020-03-25］. https://en.wikipedia.org/wiki/Talpa_Network#Talpa_Productions.

撞出新鲜的节目创意。①

　　塔尔帕研发团队的点子最终会变成每年15到20个新节目，在其旗下拥有的SBS6频道或合作的RTL4频道播出，迅速将创意变成节目并检验效果。与此同时，塔尔帕也在美国、俄罗斯、法国等十多个国家建立了分公司或与当地电视商建立合资公司，借助这一全球化网络可以迅速将本土试验成功的节目模式推向国际市场。例如《好声音》最早于2010年9月在荷兰RTL4频道播出，大获成功后，其美国分公司向美国NBC电视网推销了这一模式。半年后，美国版于2011年4月播出，也取得了出色的成绩，从而引发了国际市场的热烈反响，很快输出到了全球超过50个国家。2017年，塔尔帕又设立了一个名为"银屏捷径"的国际模式创意加速器。通过这个加速器会挑选一些新的还没有在其他国家推出的纸上模式在荷兰电视台推出，而塔尔帕会联合拥有这些模式的版权。②在解释"银屏捷径"的运作逻辑时，约翰·德摩尔表示："创造一个好模式的点子本身已经是一项艰巨的任务，但是如果你没有合适的人脉，销售可能会很糟糕，尤其是在更大的国家。最后，如果你成功了，你还将失去100%的版权。我们想做的是利用我们的经验，为每个有好想法的人提供一条捷径。我们在荷兰有四家电视网，我们有一家经验丰富的制作公司，我们对有好想法和好模式的人持开放态度。我们会在六到八个月内让这个节目播出。而当一个节目在荷兰表现出色时，它会销往世界各地，因为它已成为一个经验证的节目。"③

①　CHAMPAGNE C. TV utopia: how John de Mol keeps creating reality shows the world can't stop watching［EB/OL］.（2014-09-05）［2020-02-01］. https://www.fastcompany.com/3035135/tv-utopia-how-john-de-mol-keeps-creating-reality-shows-the-world-cant-stop-watching.

②　FRANKS N. De Mol sets up 'format accelerator'［EB/OL］.（2017-12-13）［2020-03-30］. http://www.c21media.net/de-mol-sets-up-format-accelerator/.

③　KASHTY M. Interview: John de Mol talks risk and reward［EB/OL］.（2017-12-19）［2022-04-17］. https://realscreen.com/2017/12/19/interview-john-de-mol-talks-risk-and-reward/.

　　在被ITV收购后，塔尔帕的创始人德摩尔也公开表示，这有助于"让其个人更加专注于创造新的、突破性的内容"，[①]由此可见创新的模式内容被荷兰模式公司放在了非常核心的地位。正如约翰·德摩尔所说："一旦经过我们的实验证实而获得成功，我们就会走出去，将我们的成果带到世界其他地方。所以说，荷兰是一个再好不过的基地了，因为我们是非常国际化的。也因为我们国家比较小，我们会更多地放眼整个世界，而不仅仅是荷兰一个国家。所以我们关心全球创意，试图开发出能吸引全球观众的内容。"[②]

　　总的来说，荷兰之所以能在全球模式价值链上脱颖而出，成为最成功的国家之一，正是因为它出色地扮演了创新模式IP的国际孵化器的角色。荷兰长期的贸易文化、开放的社会环境、鼓励创新的电视行业机制等，都让荷兰成为试验新模式的最佳场所。荷兰的成功说明了能否在节目模式的全球价值链上占据有利的位置，与国家的大小无关，而取决于这个国家能否找准在价值链上的定位，并利用自身优势发挥出促进整个价值链发展的作用。

三、韩国节目模式产业为何能快速崛起

　　如前两部分所分析的，英国、美国、荷兰等欧美国家在节目模式这一发轫于欧美市场的全球价值链中占据着主要输出国的位置，而除了日本外，其他亚洲国家在这一价值链上扮演的往往都是输入国的角色，很少有源自亚洲国家的模式进入欧美主流市场。但最近几年，这种情况发生了明显的

---

①　DICKENS A. ITV buys Talpa for $530m［EB/OL］.（2015-03-12）［2020-03-22］. https://www.c21media.net/itv-buys-talpa-for-530m/.

②　易珥.荷兰人约翰·德摩尔：真人秀之父，他一手创造了《好声音》，靠它登上了福布斯［EB/OL］.（2014-12-03）［2020-12-05］. https://ent.qq.com/original/bigstar/f106.html.

变化，体现为韩国节目模式在国际市场上受到了欢迎，《花样爷爷》《蒙面歌王》《看见你的声音》等多档节目输出到了很多欧美国家，韩国在节目模式全球价值链上的地位迅速提升。在20世纪八九十年代，韩国还因为抄袭日本的综艺节目而引发丑闻，而如今它却能将大量的原创节目模式卖给海外市场，这背后的原因是什么？本节将分析帮助韩国提升节目模式全球价值链上地位的主要因素。

（一）"创造世界中的韩国文化"的文化产业政策推动

首先，韩国节目模式产业的发展与韩国政府为推动文化产业发展和韩国文化产品出口所采取的一系列政策有密切的关系。在亚洲金融危机后，继任的金大中总统将发展文化产业作为帮助韩国进行经济结构转型的重要举措，在其总统就职演说中明确提出了"创造世界中的韩国文化"的施政目标，致力于将文化产业培育成为韩国21世纪的支柱产业，并在其在任期间推出了一系列举措，包括1999年制定的《文化产业振兴基本法》以及国家级的文化产业扶持基金。一系列推动文化产业发展的官方机构也开始成立，韩国文化产业振兴委员会于2000年成立，负责制定国家的文化政策，检查和监督落实情况等；之后又在2001年设立了文化产业振兴院，负责文化产业扶持政策的具体执行。"文化产业五年计划"（1999年）、"文化产业蓝图21"（2000年）、"影视产业振兴综合计划"（2000年）、"内容韩国蓝图21"（2001年）等计划也接连发布，文化产业的政策资助体系得以确立，并推进了很多扶持项目的实施。

韩国后续继任的总统们也基本上沿袭了金大中执政时期的政策方针，如卢武铉政府提出了"创意韩国"发展规划，李明博政府提出"实现创造文化强国"的口号，提出"确保核心内容产业的竞争力、构筑亚洲文化产业合作体系、确立增强全球竞争力的市场机制和培养专业人才"的具体目标；朴槿惠政府也将"开发以就业为中心的创造经济"作为重要的施政纲领，致力于发展文化产业以开发新的经济增长动力、新市场以及创造新的就业机会。[①]

2009年，为了整合政府内部促进文化产业发展的力量，韩国将韩国文化产业振兴院、韩国广播影像产业振兴院、文化产业中心、韩国游戏产业振兴院、韩国软件振兴院、数字化文化产业团等相关机构，合并组成了韩国文化振兴院，其在美国、日本、中国、欧洲、印度尼西亚、巴西、阿联酋等韩国文化输出的重要市场设立了代表处，在帮助韩国文化"走出去"方面发挥了积极的作用。

在推动韩国节目模式走出去的过程中，韩国文化振兴院等政府资助的机构功不可没。例如，从2012年开始，韩国文化振兴院在每年春季夏纳电视节的MIPFormats展会上都会将韩国的几大电视台组织起来，举办专场推介活动。[②]韩国政府还曾为促进文化产品出口，对韩文翻译为外语和产品制作的费用几乎给予全额补助，并特别设立公司帮助处理。[③]可见其扶持政策落实到了非常细化的程度。

更重要的是，在大力扶持文化产业的政策推动下，鼓励了更多其他领域的大企业和资本进入这一行业。例如2018年12月，韩国三大电视台中唯一的民营电视台SBS成立了全资子公司FormatEast，通过与韩国顶尖的综艺导演、编剧合作，同时作为由韩国文化振兴院发起的"电视模式开发项目"的官方运营机构之一，致力于开发可以出口至全球的创新型韩国电视节目模式。

而在韩国节目模式领域最为活跃的民营公司希杰娱乐集团，其所属的

---

① 刘宇.韩国政府在文化产业发展中的帮扶政策［EB/OL］.（2015-08-20）［2020-04-07］. http://www.199it.com/archives/377438.html.

② THE KOREA HERALD. KOCCA to showcase S. Korean television formats at MipFormats［EB/OL］.（2018-04-06）［2020-04-10］. http://kpopherald.koreaherald.com/view.php?ud=201804061439441294515_2.

③ 闫玉刚.韩国的"文化立国"战略［EB/OL］.（2006-05-09）［2020-04-18］. http://www.chinawriter.com.cn/bk/2006-05-09/24276.html.

希杰集团本是韩国最大的食品公司，曾是三星集团子公司。伴随着韩国政府对经济转型的战略调整，希杰集团从1995年开始进军文化产业，与斯皮尔伯格、卡曾伯格等共同创立了"梦工厂"、成立CJV院线等。到2000年时，希杰集团将旗下希杰娱乐设立为分公司，开始大举在娱乐、媒体领域布局。到2011年，希杰集团将旗下娱乐、媒体等领域资产重组成立希杰娱乐&媒体公司时，业务已横跨电视频道经营、电影、音乐、会展、动画等多个领域，是亚洲最大的文化内容企业之一。在电视节目领域，其负责运营多个有线电视频道，包括Mnet、tvN、XtvN、Onstyle等十几个，这些频道在娱乐节目和生活方式类节目方面表现突出，成为希杰向海外输出的节目模式的源泉。2018年5月，希杰娱乐&媒体公司又被重组为希杰娱乐和衍生销售公司（CJ Entertainment and Merchandising）的下属部门，以对娱乐IP内容进行更好的产业链开发。据希杰娱乐国际内容发展部门的负责人金基和（Jihee Kim）介绍："直到几年前，我们的大部分节目仍然是以本土市场为目标，但如今，我们正在不断加强面向国际市场的节目研发。而且我们针对以海外销售为目标的内容设立了专门的制作预算，采用多种方式，例如国际联合开发和联合制作，再加上我们有自己的旗舰频道，能够为各种细分类型的节目模式提供空间，包括生活方式类、美食类及以女性和年轻人群为目标的短视频内容等。"①正是希杰集团这一财团所提供的雄厚的资金和全球化的资源网络，帮助希杰娱乐能够迅速地进入已被少数巨头公司把持的国际节目模式市场中，参与竞争。

（二）促进创新的节目行业生态

从电视节目的行业生态来看，韩国也建立了比较利于创新的机制。首

① MARLOW J. TBI formats: why Korean IP will cut through globally for years to come［EB/OL］.（2020-03-12）［2020-04-03］. https://tbivision.com/2020/03/12/tbi-formats-why-korean-ip-will-cut-through-globally-for-years-to-come/.

先，韩国通过电视管理制度的改革，允许民间投资创立全国性电视台，从而激活了电视市场的活力，诞生了JTBC、Channel A、TV朝鲜和MBN四个新的"综合编成频道"以及tvN、Mnet等专业化的有线电视频道，与三大无线电视台更重视电视剧相比，推出大量相较于电视剧成本更低的综艺节目成为这些频道抢占市场的重要策略。

其次，韩国电视建立了特别的广告经营机制，使得韩国综艺创作者不需要直接背负用节目招揽广告、在内容上迎合赞助商需求的压力，而可以更加聚焦在创作精彩的内容上。一方面，韩国电视虽然也是依靠广告收入盈利，但主要是通过中插式的硬广而非植入性的软广。如表4-10所示，韩国对于电视广告时长、数量及播出的范围等有着严格的规定。例如，韩国综艺节目中是不存在冠名赞助商的，因此广告主们的营销诉求对于节目内容不会产生太大的影响。

表4-10　韩国对电视广告的时长规定

类型	定义	广告容量
节目广告	作为节目赞助，在节目前后播出	节目长度的10%，一般每次15秒
插播广告	节目内容之间的广告	每小时2次，1分30秒以内
字幕广告	随节目名称或预告，在画面下方播出	每小时4次，每次10秒之内，不超过全部画面的1/4
报时广告	告知整点时间	每小时2次，一天10次，每次10秒
间接广告	在节目内容中将产品与节目内容有机结合，展现品牌以及产品	节目长度的5%

另一方面，韩国电视广告采用的是官方垄断式经营的机制。成立于1987年的韩国放送广告振兴公社（Korea Broadcast Advertising Corporation，简称kobaco）隶属于韩国政府文化观光部，是韩国唯一的国营媒体代理机

构，全权代理 KBS、MBC 和 SBS 三大电视台的广告销售业务，同时也进行公益广告制作、广告行业研究等工作。kobaco 将营利性广告业务从各大电视台中剥离出来，实行集中调控、垄断经营，并预留公益基金用来振兴韩国公益广告事业。这样做，首先，让 kobaco 把握住了各大电视台的生存命脉，从制度上保障了韩国电视台需要承担公共广播电视的使命，否则便可能受到盈利上的惩罚，因为 kobaco 所制定的广告价格会根据每个电视台的内容品质，结合市场反馈来决定。其次，这种市场垄断地位也使得 kobaco 在面对广告主委托投放的媒介购买公司时拥有更强的议价权，能够保证韩国电视业的整体收益。再次，kobaco 还能通过内部调控平衡强弱电视台间的关系，让各个电视台都有生存的空间。

不过 kobaco 的存在也让很多小广告代理商举步维艰。2008 年，在民营电视广告代理商的不断抗议下，kobaco 被判定为垄断违宪。2012 年，电视台也可以开始设立自营的广告代理公司。但即便如此，kobaco 的业务量仍占韩国广电广告经营额的 70%，每年代理韩国 4000 余家广告主，通过 700 余家广告公司购买 30 余家媒体的广告时段。尽管这种寡头垄断式的广告经营方式对于广告行业来说有一定的不利影响，但对于综艺节目创作者们来说，这种广告经营机制却能让他们不必过多面对来自广告主的压力，从而能够让他们有更大的自由发挥空间，这对于韩国综艺节目创意的繁荣具有重要的作用。

此外，近些年随着韩国节目开始有了更大的国际市场，韩国电视业也在建立新的行业机制推动节目创新和输出。例如，KBS 和 MBC 电视台开始计划改变与外部制作公司的合作方式，不再给它们支付 100% 的节目制作预算，而只支付 60% 的预算，剩下的预算则需要制作公司自行承担，但制作公司可以保留节目的国际发行权。这种机制在某种程度上与英国 2003 年改变电视台与独立制作公司之间合作关系的政策类似，后者的政策曾对英国成长为全球最大的模式输出国产生了巨大的影响，韩国所推行的政策也会促使制作公司不得不将国际发行放在更重要的位置上。①

（三）渐进式的输出策略

韩国电视台创造出大量原创节目模式，为其向海外市场输出奠定了基础。但是在由英国、美国、荷兰等欧美国家主导的国际节目模式市场上，韩国节目模式的成功输出并非一蹴而就，而是经历了一个有策略、渐进式的过程。

观察韩国节目模式的输出过程可以发现，其往往先被输出到中国、印度尼西亚、泰国、越南等文化上比较接近的亚洲国家，在这些国家取得成功后，进而被推向更广阔的国际市场。

对于国际节目模式而言，一般会将输出到美国、英国等欧美主流市场作为模式输出取得真正的国际化成功的标志。但因为文化差异，亚洲的节目模式中，仅有日本的《龙穴》（*Dragons' Den*）、《洞洞墙》和《极限勇士》（*Ninja Warrior*）等少数模式取得了这样的成功。

尽管韩国节目模式在中国、泰国、印度尼西亚等亚洲市场取得了成功，但如何将这些模式推向欧美主流市场却仍旧是巨大的挑战，据韩国MBC电视台的版权部门负责人Hur介绍，在欧美买家购买韩国模式时，会有很大的担忧："他们更倾向于从那些国际主流的制作公司，例如恩德莫尚或者弗里曼陀购买模式，即便他们认为我们的模式很有趣，他们也很不确定，是否应该去冒险从一个他们从未合作过的国家和公司那里去购买模式。"②

为了解决这一问题，可以看到以希杰娱乐&媒体公司（简称希杰娱乐）为代表的韩国模式发行机构在近年来采取的一系列有步骤的行动。首先，

① MARLOW J. TBI formats: why Korean IP will cut through globally for years to come［EB/OL］.（2020-03-12）［2020-04-03］. https://tbivision.com/2020/03/12/tbi-formats-why-korean-ip-will-cut-through-globally-for-years-to-come/.

② MIDDLETON R. Korea progression［EB/OL］.（2014-04-30）［2020-04-15］. https://www.c21media.net/korea-progression/?ss=Jin+Woo+Hwang%2C.

它们将节目模式委托给在欧美市场更有运作经验的国际节目模式发行公司。例如，希杰娱乐将《花样爷爷》的版权委托给了总部位于英国的Small World，后者帮助这个模式成功卖给了美国的主流电视网NBC，并且大获成功，获得了第二季的续订，又相继输出到了意大利、土耳其等欧洲国家。《看见你的声音》则通过与恩德莫尚集团的合作输出到了超过10个国家。通过这种方式，让欧美市场认识到了韩国节目模式的潜力。

其次，希杰娱乐、SBS电视台等韩国公司也开始与欧美模式公司展开联合研发，例如，希杰娱乐旗下的tvN电视台2016年和恩德莫尚集团合作，tvN派出了热门的心理战游戏节目《游戏的法则》的制片人，与恩德莫尚集团派出的真人秀《老大哥》的制片人，双方碰撞，形成了既包含东方哲学思维又有《老大哥》印记的社会实验类真人秀《模拟社会》。之后2017年，希杰娱乐又与英国的ITV联合研发了游戏类节目模式《排队》（The Line-Up），2018年与以色列模式公司Gil合作开发了亲子教育主题的社会实验真人秀模式《小鬼当家》（Kids in Power）等。[①] 在这些合作中，都是由希杰娱乐负责根据联合研发的成果，制作出在旗下电视台播出的韩国版本，再由国外的模式公司负责亚洲之外地区的发行。韩国SBS电视台也在2018年与法国的班尼杰公司联合开发了音乐选秀类节目模式《粉丝大战》（The Fan）。

在这些合作中，韩国电视台和制作公司进一步学习到了欧美模式公司的研发经验，并得以进一步了解什么样的创意更具备国际化的吸引力，能够引发东西方观众的共鸣。例如，负责制作韩国版《粉丝大战》的制作人金英旭在采访中表示："美国和欧洲市场比较喜欢融合大众化题材和新形式的节目内容。《粉丝大战》就是在音乐的素材中融入了YouTube的新元素，班尼杰公司拥有系统的节目模式开发和发行网络，将韩国创作者的创意与

① WALLER E. Korea goals［EB/OL］.（2017-10-23）［2020-04-15］. http://www. c21media.net/korea-goals/?ss=korea.

他们的技术结合起来，将会产生协同效应。"①

2018年底，希杰娱乐公司更迈出了具有标志性意义的一步——收购欧美节目模式公司，12月18日，其宣布收购总部设在瑞典的模式发行公司Eccho Rights，后者在斯德哥尔摩、伊斯坦布尔、马德里、马尼拉等地设立了办公室，曾代理发行过希杰娱乐不少的电视剧模式。通过这起收购，希杰娱乐得以将Eccho Rights在欧洲、中东和拉美地区的发行网络收入囊中，迅速增强了其全球发行实力。②

从委托欧美模式公司发行到联合研发，再到收购欧美模式公司，通过这种层层推进的方式，韩国节目模式在短短的几年间进入了欧美市场，并取得了一定的成功。这一策略被证明是成功的，韩国政府也推出了政策进一步推动韩国电视台和公司与国际合作伙伴之间的联合研发、联合制作。例如，2020年韩国文化振兴院宣布其将把帮助韩国内容输出的预算提高至三倍，而为电视行业增加的预算则将主要用于推动联合研发与制作合作。③

总的来说，从韩国近20年来节目模式行业的发展可以看出，一个国家在节目模式的全球价值链上的位置是可以改变的，从剽窃、模仿海外节目的国家到引进海外的节目模式学习经验，再到自身原创节目的繁荣，并将原创的节目模式推广到海外市场，这是一个渐进式的过程。这个过程中最重要的经验在于，政府和行业要建立起鼓励创新和国际交流的政策，积极地融入全球价值链当中，主动地去学习和适应产业的国际运行规则。

---

① 南智恩. 韩国综艺与外国制作公司合作走向世界［EB/OL］.（2018-08-24）［2020-04-15］. http://china.hani.co.kr/popups/print.hani?ksn=5441.

② MIDDLETON R. CJ ENM acquires eccho rights［EB/OL］.（2018-12-18）［2020-04-22］. https://www.c21media.net/cj-enm-acquires-eccho-rights/.

③ MARLOW J. TBI formats: why Korean IP will cut through globally for years to come［EB/OL］.（2020-03-12）［2020-04-03］. https://tbivision.com/2020/03/12/tbi-formats-why-korean-ip-will-cut-through-globally-for-years-to-come/.

第三节　推动节目模式产业升级的一般性因素

　　综观英国、荷兰和韩国等成为模式输出大国的国家，可以发现它们的模式产业都达到了两个标准，一是原创度高，不再依靠模仿，而拥有大量原创的节目创意，能够满足电视市场求新求变的需求。二是国际化程度高，即节目模式不仅适用于本土市场，也能够被不同文化背景的国际市场改编。原创度和国际化程度的高低决定了一个国家在国际节目模式市场中的位置，如图4-1所示，如果一个国家节目的原创度和国际化程度都不高，那往往意味着它还处在以模仿海外模式为主的模式产业升级第一阶段；然后会进入到引进海外模式加以利用和学习的阶段，产业的国际化程度由此提高；之后这个国家的创作者会基于所学习到的经验，尝试创造出模式产品，但起初还是会从更加熟悉的本土市场出发；而当越来越多原创的模式在本土市场取得成功之后，去开拓更广阔的国际市场会被提上议程，如果这一国家能发展到节目模式的原创度和国际化程度都很高的阶段，那么就能占据节目模式全球价值链上最有利的位置。对于那些希望实现模式产业升级的国家来说，需要在这四个象限中定位出自身所处的位置，并针对提高本国节目模式的原创度和国际化程度采取相应的策略。

　　而从英国、荷兰和韩国这些国家的经验中，可以发现推动它们模式产业发展的共同因素和差异化特征。迈克尔·波特在《国家竞争优势》一书中所提出的钻石模型为分析为什么某些国家的特定产业可以取得国际水平的成功提供了富有启发性的理论工具，已经成为经济学和管理学领域的经典分析模型。本章也将借这一模型来对模式输出大国的经验进行总结。

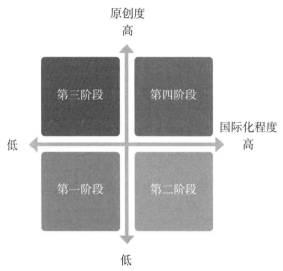

图 4-1　节目模式产业升级阶段示意图

从生产要素来看，在波特所归纳的五大类生产要素：人力资源、天然资源、知识资源、资本资源和基础设施中，对于模式产业发展更加重要的是人力、知识和资本资源，尤其是属于高级生产要素的创意人才以及知识资源。在这些方面，模式输出大国都在全球处于比较领先的位置。而这与钻石模型的第二个要素即相关的支持性产业密切相关，因为电视节目是一个综合性的视听产品，其创意和制作涉及很多其他的创意文化产业，包括视听媒体产业、时尚、舞台艺术、互动技术产业等。而这些模式产业发达的国家，在不同的相关产业有着出色的表现。英国是全球文化创意产业占GDP比重最大的国家，其在音乐、广告、出版、设计、表演艺术等行业都处于世界前列。荷兰被誉为"创意之国"和"设计之邦"，除了娱乐和媒体外，在时装和广告等创意产业领域同样处于领先地位。而韩国近些年已在剧集、音乐、社交网络内容等领域掀起了一波波"韩流"风潮。如果一个产业的相关产业具有国际竞争力，无疑也有利于这一产业的发展。对于节目模式产业来说，主要涉及的相关产业能够为节目模式的创新提供人才和技术等方面的滋养。

从钻石模型的第三大要素需求条件来看，国内市场的需求结构对于模式产业的发展有着举足轻重的意义。如波特所指出的，本国市场能产生国际竞争优势的产业，其本土需求往往呈现多元、细分化的结构，这样有助于形成更多创意差异化的产品，从而能够更好地适应国际市场上各个国家的不同需求。同时，如果国内市场的客户要求比较苛刻，本地企业也会在市场竞争压力下努力改善和创新，形成更先进的竞争优势。[①]

本章所分析的三个国家的模式产业，颇为符合这样的特征，对于模式开发商来说，他们的主要买家是电视台，而这三个国家的电视台都数量较多，竞争激烈，但各个电视台在定位上呈现出了明显的区隔化特征，因此并未陷入同质化竞争，从而在满足不同目标观众群体需求的同时，催生了大量的创新节目模式。例如在英国，在设置五大频道BBC1、BBC2、ITV、第四频道和第五频道时，就对其目标观众定位和商业模式都有区隔化的设置。在荷兰，以三大公共电视台为阵地，形成了一系列代表不同社会群体利益的公共电视机构。而在韩国，三大无线电视台、四大综合频道和几个主要的有线频道之间也形成了明显的定位区隔。这种内需市场的差异化结构是模式输出大国最显著的特点和优势之一。

钻石模型的第四大要素涉及企业战略和结构的维度，即企业在一个国家的基础、组织和管理的形态。在这方面，这些模式输出大国的显著特点在于都形成了大规模的以节目模式研发、发行和制作为核心的垂直一体化的跨国集团。在英国，BBC和ITV这两大电视台都基于自己的内容IP和制作能力，建设了国际发行和制作网络，并不断强化对海外市场的开拓。例

---

① 波特.国家竞争优势［M］.李明轩，邱如美，译.北京：中信出版社，2012：79-83.

如1995年，BBC为了发展海外业务，专门对相关部门进行重组，成立了BBC环球。2016年时，为了让BBC的制作部门保持"世界上最好的节目制作商"的地位，成立了BBC制片厂，实行独立的商业化运作，既继续为BBC提供内容，也为全球各地的合作伙伴制作节目。[①]2019年，又将BBC制片厂与BBC环球合并，以让内容制作和发行部门之间产生更好的协同效应。通过这一系列重组，BBC大大增强了运营海外市场的能力。而ITV也在2009年成立了ITV制片厂（ITV Studios），对旗下的制作和发行部门进行了重组，除主要在英国开展业务外，也在海外多个国家设立分公司，还相继收购了荷兰的塔尔帕、以色列的阿莫扎等国际节目模式公司。在荷兰，不断发展壮大的恩德莫尚和塔尔帕这两大跨国集团构成了荷兰模式产业最重要的组成部分。在韩国，也有近年来迅速发展的希杰娱乐集团，其已在中国、日本、印度尼西亚、美国等多地设置了分部，并在2018年收购了在欧洲、中东和拉美地区拥有发行网络的瑞典模式公司Eccho Rights。正如本书在第三章中所分析的那样，这些节目模式跨国集团往往都是一开始从发行公司发展起来，然后逐步进入本土化制作的领域，它们构成了模式输出大国在国际市场上冲锋陷阵最中坚的力量，也通过它们在全球各地的本土化深耕反过来推动了本国模式产业的发展。

　　政府的角色作为钻石模型所涉及的第五个要素，对于节目模式产业的发展有着至关重要的作用，因为政府所制定的知识产权政策、产业促进政策以及所推行的电视台组织架构和管理政策会深刻地影响模式产业的走向。这几个模式大国同样在政府的政策导向方面体现出了一些共同的特征。首先，这些国家都较早地将发展文化创意产业作为促进自身经济结构转型的一种策略，并推行了一系列政策。英国政府率先提出了文化创意产业的概念，并早在1998年便出台了《英国创意产业路径文件》，制定了组织管理、

---

① GANNAGE-STEWART H. BBC studios ready to hit the road [N]. Broadcast, 1999-04-29(6/7).

人才培养、资金扶持等方面的具体举措。在韩国，亚洲金融危机后，要将文化产业作为韩国21世纪的支柱产业进行培育的目标便成为历届政府都在延续的政策导向。其次，这些国家都推行了以促进文化多元化为宗旨的电视管理政策并建立了行之有效的能与市场接轨的机制。为了防止电视台利用自身寡头垄断的地位而形成对独立制作公司的压倒性优势，进而不利于节目生产和文化的多元化，英国政府制定了一系列向独立制作公司一方有所倾斜的政策，包括要求电视台必须有一定数量的节目采取"制播分离"的方式和独立制作公司合作，2003年的《传播法案》改变了电视台和制作公司的交易规则，让后者有可能保留节目模式的国际发行权等能产生额外收益的权利。在政策推动下，英国形成了比较健康、利于创新的电视生态。而基于官方机构kobaco垄断式经营这一特别的广告经营机制，使得韩国综艺创作者不需要直接背负为节目招揽广告、在内容上迎合赞助商需求的压力，而可以更加聚焦在创作精彩的内容上。在荷兰也建立了促进多元文化表达的公共电视频道时段分配制度以及直接推动节目模式创新的"电视节目实验室"制度。这些制度帮助这些国家的电视节目在竞争和多元性之间取得了一种巧妙的平衡，能够给大胆的创新节目模式提供试错的机会，而一旦成功后能取得足够丰厚的回报。再次，这些国家都出台了一系列政策推动本土的电视台和制作公司更加积极地参与国际市场的竞争，促使本土节目创作着眼于全球市场，而非局限于本土市场。在荷兰，长久以来重视贸易的传统和对于国际资本开放、包容的政策推动着本土节目模式公司成长为国际节目模式的IP孵化器和试验场。在英国，从20世纪70年代后期开始将推动电视节目内容的出口作为重要的目标。在20世纪80年代第四频道成立的过程中，为了说服政府让这一频道完全实行制播分离，游说者的一条重要理由是"与ITV这样的大公司相比，小的制作公司更有努力开拓海外销售的动力"。而在1997年托尼·布莱尔当选首相后，更将促进出口作为首要目标，政府出资赞助了多项关于海外市场中英国电视节目表现的研究，并最终在2003年出台了促进内容出口的《传播法案》。^①在韩国，21世纪以来，推行了一系列的以"创造世界中的韩国文化"为目标的文化产业政策，韩国文化振兴院等政府机构在推动韩国节目模式进入国际市场的过程中也施行了一系列有针对性的举措，取得了很好的效果。政府的政策导向成为这些国家节目模式产业发展及向外扩张的核心动能之一。

在波特所架构的钻石模型中，具有一定偶然性的机会也构成了推动某种产业发展的重要因素。对于这些模式输出大国来说，机会因素各不相同。对于英国来说，美国这一战略同盟面对欧盟的内容保护政策，需要一个国家作为进入"跳板"。这称得上是英国模式产业发展过程中最大的机会。正如前文所分析的，虽然英国是节目模式的最大输出国，但可能美国仍是其背后隐藏的"领导者"。对于韩国来说，中国近年来对节目模式的旺盛需求构成了其模式产业发展的主要机会。如果没有中国作为主要买家，韩国模式输出难以在短时间内实现规模化。而对于荷兰来说，其以率先推出的《老大哥》等真人秀节目模式，抓住了世纪之交美国市场对于新兴内容形态的需求，之后荷兰推出的创新模式，也往往需要等到美国版成功之后，才能被输出到更广阔的国际市场。这些机会性质看似各不相同，但实则其中也蕴含着共通性，它们都代表着国际模式市场中某种新的需求，而触发新需求的因素可能包括国际性电视政策的变动、某些地域市场的爆发式增长以及新的节目潮流出现等。

如表4-11所示，上述所总结的这些要素，从行业内外推动着这些国家模式产业原创度和国际化程度的提升，从而得以在节目模式的全球价值链上占据优势地位。换言之，一个国家的模式产业若要建立国家竞争优势，必须善用上述的几大关键要素，并让这些要素彼此强化和互动，共同作用

① CHALABY J. Can a GVC-oriented policy mitigate the inequalities of the world media system? Strategies for economic upgrading in the TV format global value chain[J]. International journal of digital television, 2017, 8(1): 18.

于提升模式产业的原创度和国际化程度，从而实现产业的发展。

表 4-11　推动模式产业发展的主要因素

因素类别	因素特点
生产要素	拥有较好的高级生产要素资源，包括创意人才以及知识资源等
相关的支持性产业	在节目模式创意和制作涉及的相关支持性创意文化产业表现突出
需求条件	国内电视台数量较多，但各个电视台在定位上呈现明显的区隔化特征，呈现差异化竞争，而非同质化竞争状态
企业战略和结构	形成了大规模的以节目模式研发、发行和制作为核心的垂直一体化的跨国集团
政府	都较早地将发展文化创意产业作为促进自身经济结构转型的一种策略，都推行了以促进文化多元化为宗旨的电视管理政策并建立了行之有效的能与市场接轨的机制，都出台了一系列政策推动本土的电视台和制作公司更加积极地参与国际市场的竞争
机会	都抓住了国际性电视政策的变动、某些地域市场的爆发式增长或新的节目潮流出现等因素所触发的市场机会

第五章

中国融入节目模式全球价值链的进程和挑战

如果说上一章所分析的英国、荷兰和韩国的案例从正面为我们展现了一个国家在节目模式全球价值链当中如何从下游买家跻身为上游卖家的产业升级策略，那么中国则提供了一个不那么成功的案例。

近年来，中国政府一直致力于推动本土原创节目模式的发展，并试图让中国模式向海外输出，达到文化"走出去"的目标，为此相关部门出台了一系列的政策和相关的扶持举措，但这些政策和举措取得的效果是喜忧参半的。近些年来，中国节目的制作水准和原创能力的确有较大的提升，尤其是在文化类节目的创新方面，一些创新节目也被电视台、视频网站或制作公司发展成了模式产品，试图向国际市场输出。

因此，本章将聚焦于中国一步步努力融入节目模式的全球价值链的过程，分析这一过程给中国节目内容行业所带来的影响，以及中国节目模式在从本土价值链向全球价值链进化的过程中所面临的问题和背后的原因，并给出相应的策略建议。

第一节　从模仿到引进：中国融入节目模式全球价值链的历史

在20世纪90年代之前较长一段时间内，中国的综艺节目并不发达，与国际节目模式行业也几乎没有交集，直到90年代中期，随着中国电视市场化改革的加速，综艺节目有了更大的生存空间和创新需要，国内制作人开始将目光投向海外的节目模式，但起初往往是借鉴、模仿创意，真正的模式引进非常少见。直到21世纪之后，随着国际节目模式行业的发展壮大，国际发行公司加强了在中国的市场推广，部分模仿海外模式的节目所取得巨大成功也让国内电视台意识到了节目模式的潜力，模式引进开始逐渐增多。2010年之后，在《中国达人秀》《中国好声音》等成功的模式引进案例的示范效应下，国内市场意识到通过引进模式可以学习到更加工业化、流程化地制作节目的经验，能够帮助国内综艺的生产方式实现升级，同时广告市场也更加认可有模式背书的项目，因此，中国逐渐掀起了一股模式引进热潮，在2013—2015年之间达到了高潮，每年都会引进数十档海外模式。但中国市场对海外节目模式的狂热也引起了主管部门的警惕，在2014年、2016年相继颁布了严格地限制模式引进的政策，此后，对海外节目模式的利用又倒退回了以模仿、借鉴的方式为主。接下来，本节将以时间为线索，梳理中国逐步融入节目模式全球价值链的历史。

一、20世纪90年代至21世纪初：中国电视利用国际节目模式的破冰期

尽管1958年中国电视已开始播出，但很长时间内是主要作为政治宣传和教育的工具，直到20世纪80年代，在市场化改革的背景下，电视台才开始逐渐地重视观众的娱乐需求，在新闻和电视剧节目之外增设知识性游戏和综艺节目。20世纪80年代中期，从中央电视台到各省级电视台开始举办各类知识竞赛节目，如《中学生知识竞赛》《军事知识竞赛》《大学生知识竞赛》等，为观众提供一定的参与机会。起初，这种能增长知识又带有一定悬念和竞争的新型节目形态很受观众欢迎，但过于呆板的问答形式以及专业性过强的问题也逐渐消磨了观众的观看兴趣。而相对而言，稀少的综艺类节目受到了观众更大的欢迎，1981年广东电视台推出了中国第一档综艺节目《万紫千红》，1985年中央电视台推出了《周末文艺》，1990年又推出了《正大综艺》和《综艺大观》。《正大综艺》的形式是来宾参与答题，题目的内容与自然和外国的文化有关。它的出现满足了中国观众放眼看世界的愿望和当时的追星潮流，取得了很大的成功。而《综艺大观》则综合了各个艺术门类的表演，如小品、舞蹈、歌曲、曲艺等。在20世纪90年代仍一片沉闷的中国电视荧屏上，这种以表演为主、与观众互动很少、娱乐性不强的节目仍然受到了观众的热烈欢迎，如1997年4月13日到5月3日间，中央一套播放的《综艺大观》第141期收视人数达1.29亿，收视率为15.09%。①

但总的来说，尽管中国电视台的数量在"四级办电视"的政策指导下经历飞速增长，从1984年到1990年间，电视台从93家增长到了509家，到

---

① 张传玲.《综艺大观》改版前后收视率简要分析［J］.电视研究，1997（6）：64.

1995年时已经有2740套电视频道播出，但在节目形态更迭方面却非常缓慢，与电视台增长的速度不相匹配。一方面，电视台缺乏创新节目的动力，也没有必要学习借鉴海外的节目模式；另一方面，在"等米下锅"的财政困局下，电视台也并无太多资金投入节目创新。因此，在90年代之前，中国与国际节目模式市场之间几乎没有产生交集。

90年代初，随着我国社会主义市场经济战略目标的确立，电视台等事业单位也开始遭受了市场经济的洗礼，决策者们认识到只有引入竞争和市场机制，才能改善事业单位低效、僵化的局面。一些电视台开始了深度的体制改革。1995年，湖南电视台率先打破僵局，成立了新的湖南经济电视台，这家电视台彻底打破了"铁饭碗"的体制，实行了全员聘任制、自负盈亏制和承包责任制。新机制激活了湖南经济电视台内容创新的活力，而在自身创新能力尚很弱小的情况下，成功的娱乐节目自然地成为被模仿的对象。1996年，湖南经济电视台模仿台湾的《超级星期天》制作了明星综艺节目《幸运3721》，用明星各种令人捧腹的表演来吸引观众，当年的收视率位列湖南首位。而随着1997年1月1日湖南电视台一频道登上卫星面向全国播出，也仿照《超级星期天》和《幸运3721》打造了一档明星综艺节目《快乐大本营》，借助明星娱乐大众，明星们唱歌跳舞、模仿表演，并设置了很多现场观众也可参与的游戏环节，强调观众的参与性，实现了明星与观众的互动狂欢。这档令人耳目一新的综艺节目借助卫视的平台迅速在全国取得了成功，并引来了众多的模仿者。1998年，湖南卫视又模仿台湾的《非常男女》制作了婚恋交友类节目《玫瑰之约》，同样产生了深远的影响。而1999年6月28日新开播的湖南娱乐频道，也采取了与湖南经视类似的体制，同样激发出一些模仿海外模式的节目，如《娱乐急先锋》和《星姐选举》。尽管这时对节目模式的利用只是简单依葫芦画瓢，但仍然给当时尚非常稚嫩的中国电视业注入了巨大的活力，体制的创新使湖南电视台迅速崛起为全国娱乐节目制作的领军力量。

除湖南电视台之外，较早加入了运用海外节目模式行列的还有中央电视台体育频道（CCTV-5）和经济频道（CCTV-2）。1998年，CCTV-5引进法国体育竞技类节目模式制作的《城市之间》，是国内首档正式引进国外模式版权的节目。节目制片人辛少英回顾和法国版权方Mistral电视台的合作经历时表示："如果没有他们几十年的经验，我们绝对制作不了。交学费确实非常必要。"①同期，曾有其他中国制作团队试图仿照《城市之间》法国原版节目进行复制，但由于缺少制作经验，最终节目录制未能顺利进行。而CCTV-5推出的《城市之间》则在模式开发商的帮助下顺利进行，并成为该频道年度收视冠军。

同一年，CCTV-2也播出了根据英国的节目模式 *GO BINGO* 改编的节目《幸运52》，通过知识问答的形式，以期发挥经济频道的功能——普及经济知识，唤起观众对自己身边的经济现象的关注。这个现场气氛热烈，让观众有参与感的游戏节目很快赢得了大量的观众，到2000年时，获得了中国电视榜"最佳游戏节目"和"年度电视节目"等荣誉。

20世纪90年代末，国际电视节目模式行业涌现出的三大超级模式，《谁想成为百万富翁》、《幸存者》和《老大哥》在中国引来了众多的模仿者。2000年7月，CCTV-2模仿《谁想成为百万富翁》模式推出了益智问答节目《开心辞典》。节目打出了"知识就是财富""一人努力，全家开心"的口号，开启了普通人也可参与电视节目的潮流，迅速得到了观众的欢迎，收视率稳居CCTV-2频道首位。②《开心辞典》也在全国掀起了一股益智问答节目热潮，出现了湖南经视《超级英雄》、江苏电视台的《无敌智多星》、广东卫视的《步步为赢》等一大批同类节目。

总的来说，从20世纪90年代到21世纪初，虽然中国也有引进海外节

---

① 林嘉澍.电视节目：超级模仿秀［N］.经济观察报，2005-09-12（46）.

② 王莹，娜布琪.益智类节目的发展状态及收视分析［J］.视听界，2018（1）：72-73.

目模式，但还未成规模，更多的还是对海外节目的模仿和借鉴，但这种过程也逐渐让国内电视台和创作者们认识到了节目模式在创意和生产方式上的先进性。

二、21世纪初至2010年：中国电视利用国际节目模式的深化期

随着中国改革开放的深入，2001年中国加入了WTO（世界贸易组织），经济全球化的步伐不断加速。而卫星电视、互联网等跨国媒体的发展，使中国与世界的联系和沟通日益紧密。在电视节目模式领域，国内电视台变得可以快捷而方便地了解到国际电视节目模式的动态发展，模仿或引进海外节目模式的速度开始加快。2002年《美国偶像》这档平民选秀节目的热播迅速得到了国内电视台的关注。2003年，湖南电视台娱乐频道推出了模仿《美国偶像》的节目《超级男声》，在湖南当地取得了很好的收视率。于是次年，湖南卫视和娱乐频道联合制作了《超级女声》，通过卫视平台全国播出。此后2005年的《超级女声》取得了空前成功。根据央视索福瑞公布的收视数据，在北京、上海、长沙等12个城市，《超级女声》达到了8.54%的平均收视率，平均收视份额高达26.22%，决赛期间平均收视率更达到11%，在个别时段的收视份额最高达49%，大约有2.8亿中国观众收看了这期节目。[①]比赛的进展和选手们的情况成了全国媒体关注的焦点，当年的冠军李宇春更以其个性十足的中性形象引起了社会大讨论，被美国《时代》周刊亚洲版称为"亚洲英雄"。

《超级女声》的空前成功，一时催生了其他电视台的数十档平民选秀节

---

① 孙倩."超女决战"收视超强，全国2.8亿观众同时捧场［N/OL］.南方都市报，2015-08-30［2020-05-01］. http://ent.sina.com.cn/v/2005-08-30/1011824877. html.

目，其中，比较成功的如中央电视台推出的《非常6+1》特别版《梦想中国》，上海东方卫视推出的《我型我秀》等。而这股潮流也让中国电视节目行业进一步意识到节目模式的潜力。

纵观2003—2009年间中国各电视台引进或模仿的节目模式，湖南卫视占据着领军地位。作为国内娱乐节目的领军力量，湖南广电较早地认识到了节目模式的价值，但在《超级女声》及之前的节目中，都只是单纯地模仿海外的节目模式，并没有经过授权正式引进。这使得尽管多档湖南卫视的成功娱乐节目都被国内其他电视台所克隆，但湖南卫视却无力指责和抗议，因为其自身也模仿了海外节目。对于国外节目长期的模仿和借鉴也损害了湖南卫视的声誉。随着湖南卫视打造"最具活力的中国电视娱乐品牌"的理念在2005年提出，通过正规方式引进海外模式以维护品牌形象成为必然的选择。从2006年播出的《名声大震》引进英国BBC的《只有我们俩》（*Just the Two of Us*）起，湖南卫视陆续引进了英国的《认真来跳舞》、《歌剧的机会》（*Opera Opportunity*）、《安特和戴克的星期六外卖之夜》（*Ant & Dec's Saturday Night Takeaway*）、《跟我约会吧》（*Take Me Out*），荷兰的《以一敌百》等节目模式，制作出了《舞动奇迹》《明星出戏》《快乐2008》《我们约会吧》《以一敌百》等品牌节目。海外节目模式方的指导使湖南卫视的制作团队学习到了先进的电视制作理念和制作流程以及节目创意的方法，使其认识到了支付授权费引进节目模式的益处。而基于与海外合作所建立起的良好关系，湖南卫视也开始派遣骨干人员前往英国BBC等电视机构接受培训，学习节目创意的技巧。2006年，湖南卫视成立创新小组，后又扩展为创新研发中心，西学归来的骨干们设计出了《变形计》《挑战麦克风》等成功的原创节目模式。

随着中国电视台的改制，加上可全国覆盖卫星电视频道日益增多，竞争变得日益激烈。电视台需要想方设法制作能吸引观众的节目。另外，国际模式商为了开发电视节目模式的价值，开始积极地进行跨国营销。国内电视台引进的海外节目模式开始增多，国内也出现了专司此项业务的公司，如成立于2004年的世熙传媒公司，在2006年取得了BBC节目模式《认真来跳舞》中国地区的独家授权，继而与湖南卫视和香港TVB联合制作了中国版《舞动奇迹》。

但在日益增多的通过授权购买节目模式的案例之外，模仿海外节目模式的现象也很常见，甚至时常出现模仿制作的节目比获得授权制作的节目提前出现，从而挤压后者的现象。单纯模仿海外模式的节目因为不需要经过与版权方的沟通和磨合，推出节目的过程往往会比获得模式授权制作的节目更为迅速，尽管制作可能不如后者精良，但在市场上却能捷足先登、抢占先机，甚至让后者反落得抄袭前者的骂名，如，江苏卫视2006年模仿英国节目《只有我们俩》推出了《绝对唱响》，而湖南卫视获得授权制作的该节目模式中国版《名声大震》稍后播出时却被不明就里的观众指责抄袭《绝对唱响》，反映出模式节目在中国当时所遭遇的困境。

当率先模仿或引进海外节目模式的节目在国内取得成功后，往往还会引发国内其他电视台群起而上的模仿。如，2007年深圳卫视推出了模仿美国福克斯电视台播出的《你有五年级学生聪明吗》（*Are You Smarter Than A 5th Grader*）的节目《谁比谁聪明》，节目的核心看点是以"小学课本"内容为主打，邀请成年人回答一些小学课程范畴的问题，当成年人面对这些问题手足无措而纷纷败给小学生时，强烈的反差性使人忍俊不禁，获得了观众的欢迎。而短短数月内，陕西卫视《不考不知道》、天津少儿频道的《你能毕业吗》、广东公共频道的《五年级插班生》等十来个相似模式的节目也一拥而至。2009年，湖南卫视引进英国的婚恋交友节目模式《跟我约会吧》制作了《我们约会吧》，到2010年初，江苏卫视推出了模仿之作《非诚勿扰》，正在两家卫视为模式版权问题而争论时，其他电视台推出的类似节目同样已经泛滥成灾。这种一窝蜂而上、同质化竞争的现象可谓中国电视业的一大痼疾，但也反过来说明了成功节目模式的影响力在中国日益增强。

电视节目是集体配合创作的产品，尤其是大型节目，往往需要多达上百人甚至数百人的制作团队的紧密配合。而人员的专业化分工与协调以及制作流程化管理却是中国电视业长久以来的短板，在条块分割的产业结构下，中国电视制作业不但没有建立起统一的行业标准，连成熟、稳定的制作团队都很匮乏，"散兵游勇式"的生产方式限制了中国电视将节目创意执行到位，很多好创意在执行时变形走样。也正是由于这一缺陷，引进海外模式成为中国电视业的现实选择。因为历经数十年产业化发展的欧美电视业，已发展出了一套高度专业化和系统化的制作流程，能从制度层面保证节目创意的实现。

伴随对海外模式使用的增多，综艺节目的生产方式也发生着变化。在引进海外节目模式过程中，电视台发现单凭体制内的力量难以满足制作这些大型节目的要求，于是开始寻求外部合作方，随着这种情况的增多，便推动了社会制作公司的发展和繁荣。如世熙传媒总裁刘熙晨所总结的："模式节目意味着投资大，制作精良，给了社会制作公司很大市场空间。所以说，节目模式引进直接推动了中国电视节目的发展，其对中国电视业市场化具有历史性的意义。"[1]与此同时，为了激活电视节目内容市场的活力，主管部门也对制播分离持鼓励态度。2009年8月，国家广播电影电视总局颁布《关于认真做好广播电视制播分离改革的意见》，其中强调"制播分离是电台电视台深化改革的重要内容，实施制播分离改革，对于改编电台电视台单纯的自制自播模式，降低节目成本，提高节目质量，转换经营机制、增强发展活力；对于允分调动社会力量，发展壮大节目内容生产能力，提高规模化、集约化生产水平，具有十分重要的意义"。在政策的鼓励下，越来越多的社会资本开始进入节目制作领域，也反过来推动了引进海外节目

---

① 赵秋杰.中国模式：国际标准下的文化碰撞——专访世熙传媒董事长刘熙晨 [J].视听界，2016(9)：35.

模式在2010年之后的繁荣。

三、2010年至2015年：中国节目模式引进的爆发期

随着社会经济、文化的发展，人们的娱乐方式越来越多样化，而在互联网等新媒体崛起冲击下，人们看电视的方式也不再局限于电视机，还可以通过在线视频网站、移动设备等收看。新媒体运营商、终端生产商通过施展浑身解数来抢占市场先机，它们以富有创新性、开放性和包容性的战略不断吸纳传统媒体生产的内容，并开始独立生产资讯、娱乐、影视等节目内容经由各种终端播放，这给传统电视业带来了巨大的挑战。据中国互联网络信息中心调查，2010年全国电视收视率下降了13%左右，有4000万人声称不再通过电视机观看节目。而在2010—2012年间，网络视频流量以每年高达300%到400%的速度增长。[①]

面对重重冲击，国内各大电视台纷纷加大了节目创新的力度，并各自提出要打造独特的品牌定位，以提高自己的竞争力，促使节目创新、防止同质化成为各电视台的当务之急。2011年10月，广电总局颁布的《关于进一步加强电视上星综合频道节目管理的意见》提出，对节目形态雷同、过多过滥的婚恋交友类、才艺竞秀类、情感故事类、游戏竞技类、综艺娱乐类、访谈脱口秀、真人秀等类型节目实行播出总量控制。每天19：30—22：00全国电视上星综合频道播出上述类型节目总数控制在9档以内，每个电视上星综合频道每周播出上述类型节目总数不超过2档。每个电视上星综合频道每天19：30—22：00播出的上述类型节目时长不超过90分钟。广电

---

① 陆小华.新传播格局对电视竞争方法的影响［EB/OL］.（2012-03-20）［2020-04-20］.http://www.ccTV.com/ccTVsurvey/special/zgmydph/20120320/109827.shtml.

总局还将对类型相近的节目进行结构调控，防止节目类型过度同质化。①

在争相创新的大背景下，国外成功的节目模式成为各大电视台抢夺的香饽饽，2012 年时的媒体报道显示："4 年前，参加北京某节目模式研讨会，那时候还是买方市场，卖方是推销模式。但这两年已经成为卖方市场，各电视台都是主动去寻找模式。"②电视节目模式在蓬勃发展的中国电视业也占据着日益重要的战略性地位。除了之前引进海外模式活跃的湖南卫视、浙江卫视、东方卫视、江苏卫视外，其他的很多二线电视台也加入了这一行列，如东南卫视、广西卫视、湖北卫视、辽宁卫视、安徽卫视等。引进的节目模式也更加多元。

在节目模式引进走入繁荣期的过程中，东方卫视 2010 年推出的模式节目《中国达人秀》发挥着里程碑式的作用。这档节目来自在欧美国家大热的模式《达人秀》，旨在为身怀绝技的普通人提供表现的舞台，"没有任何门槛，不限任何才艺"是这档节目的核心特征。简单的规则使这档节目看似非常容易模仿，在东方卫视未推出之前，国内已有多个电视台播出类似节目，但并未取得很大成功。但《中国达人秀》却在每周日收视率统计中经常高居榜首，2010 年 10 月 10 日播出的总决赛全国收视率更是高达 5.7%。究其原因，除了模式版权方带来的专业制作经验和技术以及东方卫视自身的平台优势外，更在于在全球化时代，借助《英国达人秀》《美国达人秀》在中国互联网上的传播，"达人秀"已经成为国际性的、为中国观众所认可的节目品牌。这种品牌在帮助节目宣传推广和商业开发方面有可观的价值。基于这一品牌，模式代理方 IPCN 在节目摄制之前就已与宝洁公司达成赞助合作意向，从而顺利地在东方卫视落地，并为其后节目的成功奠定了基

---

① 新华社.广电总局下发加强电视上星综合频道节目管理意见［EB/OL］.（2011-10-25）［2020-02-01］. http://www.gov.cn/govweb/jrzg/2011-10/25/content_1977909.htm.

② 张莉.上星频道节目创新 2012 关键词［J］.综艺报，2012.

础。① 而最终2010年《中国达人秀》创造的直接收益高达4亿元，接近东方卫视当年总收入的一半。它的成功使中国电视台真正认识到了节目模式的品牌和商业价值。

而2012年浙江卫视《中国好声音》的成功则进一步放大了节目模式的商业价值。2012年，在华人文化产业投资基金的资本支持下，灿星制作引进了来自荷兰的音乐选秀节目模式《好声音》，并与浙江卫视采用了新的"收视对赌，广告分成"合作模式。浙江卫视提供播出平台，而灿星负责投资与制作，与此同时，双方给予广告主收视率承诺，如果收视率未达标，则会免除部分广告费用。而灿星和浙江卫视双方也商定将根据收视率的情况对广告进行阶梯式的分成，收视率越高，灿星方获得的分成就越高。基于这一商业模式，灿星不惜重金以提升制作水准，包括投入人数庞大的制作团队，严格按照原版模式的方法制作，甚至不惜成本将原版节目的转椅从国外空运来中国。节目聘用巨星级评委、采用顶级音响和音乐团队，使用多达27台摄像机进行拍摄，每期的素材量高达1200分钟。这种颠覆过往中国综艺节目的操作方式和投入规模保证了节目的水准，也使得《中国好声音》取得了巨大的收视成功，第一季前13集节目的CSM44城平均收视率高达3.7%。而总决赛巅峰时刻的收视率更高达6.1%。灿星也由此获得了巨大回报，在高额的广告分成之外，艺人经纪、彩铃下载、演唱会等渠道也带来了可观的收入。根据灿星的招股书披露，2015年时，《中国好声音》节目制作收入达到了11.43亿元，占公司年收入的46.43%，2016年，因为模式版权纠纷，更名为《中国新歌声》后，收入有所下滑，为10.1亿元，仍占公司年收入的37.33%。

《中国好声音》商业模式的成功对电视节目行业产生了深远影响，使得投资人和社会制作公司都充分认识到了运营综艺节目的巨大商业潜力。《中

国好声音》之后，通过"收视对赌，广告分成"的合作方式运作的大型综艺不断涌现，大量资本涌入综艺行业，很多上市影视公司和社会制作公司开始改变平台主导的局面，进行综艺节目的操盘运作，不但投资甚至自己组建制作团队、负责招商等。而为了提高成功率，它们往往会选择已在海外被验证过的成功节目模式。

在《中国达人秀》《中国好声音》等成功案例的带动下，中国掀起了一股引进海外节目模式的热潮。越来越多的电视台都将模式节目作为年度主打节目，腾讯视频等视频网站也加入了这一行列，它们不仅遵照制作宝典中的流程，在模式开发商的指导下进行严格的质量控制，更集合全平台的资源，并引入社会力量，聚集各个配套团队协力完成，以期将一个个模式节目打造为一个成功的文化和社会事件，提高平台的竞争力和影响力。

据公开资料统计，2010年到2015年，中国所引进的海外节目模式总计达到了200多档，2013年、2014年、2015年是高峰期，引进模式数量分别达到了56档、61档和52档。如表5-1所示，2014年各个电视台和视频网站从不同国家引进了61档节目模式，这一年，由于《爸爸去哪儿》《我是歌手》等韩国模式2013年在中国取得的巨大成功，韩国取代美国成为中国节目模式最大的进口来源国。中国电视台共从韩国购进了12档节目模式，而如果算上与韩国电视台或制作公司联合研发的新节目，这一数字还会翻番。与欧美模式相比，韩国模式对中国市场而言有着更强的文化接近性，同时由于地理邻近、交通便捷，韩国原版节目的制作团队可以深度地参与到中国版的节目制作中，从而能够更好地帮助节目提升制作品质，而不像欧美模式方往往只能派1到2位飞行制作人来中国短期指导。韩国的节目模式成功率由此也较欧美更高，也进一步推高了中国市场对韩国模式的热情。2014年中国电视节目模式的另一大趋势则是节目形态从演播室娱乐节目向户外真人秀节目的转向。在中国电视节目的版图中，外拍类节目曾长期处于边缘位置，但湖南卫视2013年引进韩国模式制作的《爸爸去哪儿》则破除了这一魔咒，其凭借"合家欢"的亲子主题、全明星阵容和将综艺游戏元素与纪实相融合的内容形态，取得了收视成功，颠覆了"户外节目难有收视率"的刻板印象。在其带动下，户外真人秀节目在2014年出现井喷，达到了近30档，其中有6档为引进自韩国的模式，经典的美国户外真人秀《极速前进》也被深圳卫视引进。这些节目大多取得了不错的收视成绩，相较于演播室娱乐节目，也更有广告价值，因其发生在生活化场景中的内容更适合品牌的植入。例如在《爸爸去哪儿》第二季中，有多达12个品牌投放了植入广告。此后，户外真人秀成为中国综艺节目的重要类型。

表 5-1　2014 年中国引进的海外节目模式 [①]

序号	播出平台	节目名称	节目英文名	原产国家
1	CCTV-1	《谢天谢地你来啦》	*Thank God You're Here*	澳大利亚
2	CCTV-1	《喜乐街》	*Schiller Street*	德国
3	CCTV-1	《为你而战》	*You Deserve It*	德国
4	CCTV-1	《正大综艺宝宝来啦》	*Bet on Your Baby*	美国
5	CCTV-2	《味觉大战》	*The Taste*	美国
6	CCTV-2	《超级育儿师》	*Super Nanny*	美国
7	CCTV-2	《升级到家》	*Upgrade*	以色列
8	CCTV-3	《开门大吉》	*Superstar Ding Dong*	爱尔兰
9	CCTV-3	《黄金100秒》	*Don't Stop Me Now*	英国
10	CCTV-3	《幸福账单》	*Give Me that Bill*	荷兰
11	CCTV-3	《完美星开幕》	*Bring Them Back*	土耳其
12	CCTV-3	《中国正在听》	*Rising Star*	以色列
13	CCTV-12	《社区英雄》	*Dancing Nation*	阿根廷

① 彭侃.国际电视节目模式商业大趋势（一）[EB/OL].（2014-04-28）[2019-04-20]. http://blog.sina.com.cn/s/blog_47384d2e0101k6yn.html.

续表

序号	播出平台	节目名称	节目英文名	原产国家
14	湖南卫视	《我是歌手》	*I am a Singer*	韩国
15	湖南卫视	《爸爸去哪儿》	*Dad! Where are We Going*	韩国
16	湖南卫视	《我们约会吧》	*Take Me Out*	英国
17	湖南卫视	《百变大咖秀》	*Your Face Sounds Familiar*	西班牙
18	湖南卫视	《我们都爱笑》	*Anything Goes*	法国
19	浙江卫视	《中国好声音》	*The Voice*	荷兰
20	浙江卫视	《王牌谍中谍》	*Poker Face*	英国
21	浙江卫视	《我爱好声音》	*Keep Your Light Shining*	土耳其
22	浙江卫视	《爸爸回来了》	*Superman is Back*	韩国
23	浙江卫视	《奔跑吧兄弟》	*Running Man*	韩国
24	浙江卫视	《健康007》	*Doctor What*	日本
25	浙江卫视	《星星的密室》	*Exit*	日本
26	江苏卫视	《一站到底》	*Still Standing*	以色列
27	江苏卫视	《芝麻开门》	*Raid the Cage*	以色列
28	江苏卫视	《最强大脑》	*The Brain*	德国
29	东方卫视	《中国梦之声》	*American Idol*	美国
30	东方卫视	《中国达人秀》	*Britain's Got Talent*	英国
31	东方卫视	《妈妈咪呀》	*Super Diva*	韩国
32	东方卫视	《小善大爱》	*Secret Millionaire*	英国
33	东方卫视	《不朽之名曲》	*Immortal Songs*	韩国
34	东方卫视	《花样爷爷》	*Grandpa Over Flowers*	韩国
35	东方卫视	《两天一夜》	*Two Days, One Night*	韩国
36	东方卫视	《巅峰拍档》	*Top Gear*	英国
37	北京卫视	《最美和声》	*Duets*	美国

续表

序号	播出平台	节目名称	节目英文名	原产国家
38	安徽卫视	《我为歌狂》	*Mad for Music*	荷兰
39	安徽卫视	《全星全益》	*Holding Out for a Hero*	英国
40	天津卫视	《囍从天降》	*Here Comes the Bride*	韩国
41	天津卫视	《百万粉丝》	*I Want a Million Friends*	西班牙
42	深圳卫视	《年代秀》	*Generation Show*	比利时
43	深圳卫视	《男左女右》	*The Battle of the Sexes*	荷兰
44	深圳卫视	《你有一封信》	*You've got Mail*	意大利
45	深圳卫视	《一键启动》	*Gadget Show*	英国
46	深圳卫视	《极速前进》	*Amazing Race*	美国
47	湖北卫视	《如果爱》	*We Got Married*	韩国
48	湖北卫视	《我爱我的祖国》	*I Love My Country*	荷兰
49	湖北卫视	《谁是我家人》	*The Big Guess Who's Family Show*	荷兰
50	江西卫视	《谁能逗乐喜剧明星》	*Crack Them Up*	乌克兰
51	厦门卫视	《鸡蛋碰石头》	*The Kids are All Right*	英国
52	厦门卫视	《老爸拼吧》	*My Dad is Better than Your Dad*	美国
53	旅游卫视	《神探医生》	*The Symptom*	泰国
54	旅游卫视	《完美箱遇》	*Baggage*	美国
55	贵州卫视	《最强大夫》	*The Doctor*	韩国
56	云南卫视	《舞动全城》	*Big Town Dance*	英国
57	黑龙江卫视	《全民电影梦》	*Entertainment Experience*	荷兰
58	重庆卫视	《奇迹梦工厂》	*Miracle Audition*	韩国

续表

序号	播出平台	节目名称	节目英文名	原产国家
59	陕西卫视	《家有陌生人》	*The Imposter*	西班牙
60	腾讯视频	《你正常吗》	*Are You Normal?*	美国
61	腾讯视频	《Hi歌》	*The Hit*	爱尔兰

　　模式节目成为电视台收视率和广告收入的支柱，也推动综艺节目进入了"大片化"时代。各电视台囿于内部的人员和资源循环已难以满足市场需求，必须以更为开放的姿态与社会公司合作，整合各方资源，才能满足大型综艺节目在投资、广告运营、制作、营销等各方面的要求。正是在此背景下，制播分离改革得到了深入发展的机会。如表5-2所示，2014年，包括央视、北京卫视、浙江卫视、江苏卫视等在内的多个卫视加快了在节目制播分离领域的改革。这些改革为社会制作公司的发展创造了更好的机遇。

表 5-2　2014 年各电视台的制播分离改革简况

电视台	2014年的制播分离改革举措
中央电视台	成立央视创造和央视纪录两家市场化的制作公司，引入影视基金合作《喜乐街》等节目
东方卫视	打破原有组织架构，成立了以娱乐节目研发、生产和播出运营为主的东方卫视中心，并实行项目招标制和独立制作人制，面向社会制作公司开放
浙江卫视	进行"节目团队化"改革，尝试在频道内部实行"准制播分离"，交给制片人八项权利，以制片人为核心的团队进行项目竞标
北京卫视	成立京视卫星传媒公司，负责独立运营北京卫视的广告以及大型季播节目
辽宁卫视	推行"独立制片人"制，平台资源向全台、全社会开放
东南卫视	实施"独立制片人"制，给栏目组放开有限的人事和财务权

在节目模式的版权引进领域，也出现了多家专业公司，世熙传媒2010年5月与BBC环球公司达成在中国大陆独家运营其全球节目模式的协议，成为BBC环球公司在全球的第11个制作中心，其后又与恩德摩尔、ITV制片厂、索尼影业陆续建立了节目模式合作关系。2011年至2015年世熙传媒与湖南卫视、东南卫视、浙江卫视等近10家省级电视台推出了10余档模式节目，如《中国梦想秀》《欢乐合唱团》《一声所爱·大地飞歌》等。由湖南广电前制作人胡南创办的创意亚洲传媒公司也与多个全球著名的电视节目模式版权公司签订了在华分销协议，曾在2011年至2012年期间与湖南卫视、江苏卫视、东方卫视、深圳卫视合作8档节目。由留学英国的杨媛草与ITV广播公司前任CEO米克·戴思蒙2007年在伦敦创办的IPCN国际传媒，也加入了向中国推销节目模式的行列，2010年IPCN将《达人秀》模式卖给了东方卫视，此后又相继将NBC环球的模式《舞出曼妙臀》(*Dance Your Ass Off*)以及塔尔帕公司的《好声音》推销给了浙江卫视制作《越跳越美丽》和《中国好声音》。2013年，乐正传媒也开始展开引进海外节目模式的业务，其更强调在模式本土化制作的过程中提供深度的服务，深度地参与了天津卫视《天下无双》、央视综艺频道《幸福账单》、山东卫视《中国星力量》、安徽卫视《丛林的法则》、江苏卫视《我们战斗吧》等模式引进和制作项目。这些民营公司在推动中国节目模式市场发展的过程中发挥了重要的作用。

一些电视台开始尝试签约国外模式公司或节目制作团队，由他们根据中国的市场需求定制节目模式，如浙江卫视聘请《幸存者》和《学徒》的制作人马克·伯内特（Mark Burnett）联袂打造了国内首个新概念模特节目《卧底超模》，将模特选拔与剧情化元素结合在一起。有些模式节目甚至走出了国门制作，如浙江卫视2012年推出的游戏闯关类节目《冲关我最棒·心跳阿根廷》，脱胎于美国广播公司（ABC）的《101种逃离游戏秀的方法》，是跟模式版权方恩德摩尔合作在阿根廷拍摄制作的，以此共享

《101种逃离游戏秀的方法》在阿根廷拍摄所留下的设施和当地的制作资源。

但中国市场对海外节目模式的狂热也给行业带来了一些不利影响，例如，由于各大平台之间激烈争抢而过分地推高了模式版权交易的价格和相关条件。例如，2014年围绕韩国节目模式 *Running Man*，湖南、江苏、东方、深圳、安徽等国内多家省级卫视展开了争夺战，本书作者曾代表某电视台参与了谈判的过程，韩国SBS坐地起价，给出的合作条件节节攀升，不再考虑收取模式授权费的常规合作模式，而要求进行广告分成。最终，浙江卫视夺下该模式授权的代价是一季节目要支付给韩方上亿元的费用。这远远超过了国际节目模式贸易中所形成的行业标准。恶性的模式争夺战实则在某种程度上破坏了这一市场的生态。最典型的案例发生在2016年，《中国好声音》的节目模式版权方塔尔帕公司发出声明，不再与中国被授权方灿星制作公司续约，并禁止后者制作与播放《中国好声音》第五季。灿星方面指责这是因为版权方过分地提高了价格，从第一季的数百万元增加到了上亿元，并还要求捆绑销售其他模式。而与此同时，上市公司唐德影视出面"截胡"，宣布以四年6000万美元的价格买下四季《中国好声音》的节目模式版权，随后浙江卫视加入战局，声明自己拥有《中国好声音》的中文名称使用权。最终的结果是各方俱伤，灿星和浙江卫视不得不更换节目模式，但唐德影视和版权方也未能让这一模式在中国再落地。

中国的节目模式热，尤其是闹得沸沸扬扬的《中国好声音》版权纠纷，也引起了主管部门对文化安全的关注。很快，广电总局便出台了管制政策，对引进海外模式进行了更加严格的限制，同时大力鼓励节目的自主创新。

第二节 从原创到输出：中国在节目模式全球价值链上的产业升级挑战

一、中国综艺节目的自主创新

对于国内节目行业来说，2016年6月国家新闻出版广电总局所颁布的《关于大力推动广播电视节目自主创新工作的通知》（简称《通知》）具有分水岭般的意义。一方面，通过备案要求、数量限制等方式对引进海外节目模式设置了更高的门槛；另一方面，则强调要大力鼓励自主原创节目，采取的举措包括在播出安排和宣传评奖等方面优先考虑、培养研发机构和创意人才，建设有利于促进节目自主创新的配套制度等。相关规定对国内节目行业产生了深远的影响。

首先，《通知》明确规定了各上星综合频道每年新播出的引进境外版权模式节目不得超过1档，更规定该节目第一年不得在19:30—22:30黄金档播出。而总的来说，22:30之后的非黄金时段的广告价值是很难支撑引进海外模式制作节目的。此外，《通知》中针对此前一些电视台以"联合研发"的名义行引进模式之实的做法，也制定了相关规定填补漏洞，要求中方在与境外机构联合研发、邀请境外人员担任主创人员或发挥主要指导作用的节目中，必须获得完整的知识产权，否则视同境外版权模式节目。这些规定基本上使得国内电视台难再直接引进国外的节目模式。

其次，《通知》中对节目自主创新的鼓励政策，以及后续出台的一系列具体举措在一定程度上推动了国内原创节目的发展，例如，广电总局2016年开始，将创新创优节目评选的周期从原来每年一次变为每季度一次，年终在每季度评选出的节目基础上，再终选一次年度创新创优节目，予以通报表扬和资金扶持。此外，还邀请优秀的原创节目主创人员，在广电总局的例会上向全国同行介绍经验。而各平台选送的节目都必须为原创节目，坚持"小成本、大情怀、正能量"，并在对应季度首次播出。在这些政策的引导下，节目创新被各个平台放在了更重要的位置，并开始进行一些研发和播出体制上的改革，从而诞生了一批有原创价值的节目。

以推动原创节目表现最为突出的平台湖南卫视为例，在很多电视台的架构中，研发中心往往被当作一个以提供情报为主的边缘化部门，而2016年底，湖南卫视重新组建了创新研发中心，在原有的情报部门的基础上新增了外制部与共研部两个部门，来助推湖南卫视对外和对内的节目自主创新。其中外制部负责湖南卫视与外制公司的合作对接工作，而共研部则负责针对整个湖南卫视平台进行创意共享。2017年，创新研发中心推出了"飙计划"，搭建了涵盖创意征选、宣讲评估、样片上档、正片播出等环节的闭环体系。每个季度，根据频道需求向所有台内工作室及团队征集节目方案，平均每期都会收到百余个方案，由创新研发中心负责从中筛选出12—20个方案进入频道总监会，由频道总监、部门主任、制片人、外宣、广告等部门负责人一同来打分。"一般，前三名的方案拥有样片打造机会，若方案成熟，样片成功，且能够锁定广告客户，节目就能迅速编排上档。"湖南卫视创新研发中心主任罗昕曾在笔者对其进行的采访中详细地介绍了这一体系。此后，湖南卫视又建立了样片的试播带，安排创新节目的样片在频道播出，根据观众和市场的反馈来决定是否可以制作一整季。从2017

年底开始到2021年8月底，"飙计划"共举行了27轮节目征集，共征集了1894个方案，其中34档节目进入样片立项，正式上星播出26档，平均下来每轮产出1档播出节目，包括《声临其境》《声入人心》等成功的节目。[①]

此外，湖南卫视创新研发中心也致力于通过跨国共研的方式来提高研发能力，其与荷兰的恩德莫尚、英国的弗里曼陀、日本的NTV、以色列的阿莫扎等电视台和制作公司都建立了合作。以半年为一个周期，外方分阶段提供10至20个创意点子，经过双方共同的碰撞、打磨后，选择其中符合频道方向和诉求的方案重点跟进和打造。如2019年播出的《舞蹈风暴》《嗨唱转起来》都是跨国共研项目。在这些项目中，湖南卫视拥有中国地区的完整知识产权，而模式的海外发行则由外方公司负责，通过这种国际合作，既为湖南卫视带来了新鲜的内容创意，也能让制作团队在与国际专家合作的过程中得到能力的提升，视野变得更加开阔，成为一种行之有效的节目研发路径。[②]

二、中国节目模式"走出去"的困局

伴随着《关于大力推动广播电视节目自主创新工作的通知》对节目自主创新的鼓励，在中国推行文化"走出去"的整体战略部署下，主管部门也希望推动中国的原创节目模式输出到海外，并推出了一些举措。例如2017年，在广电总局的支持下，上海文广集团上线了 iFORMATS 中国节目

---

① 林沛.专访宋点 | 2022，"青春中国，奋斗前行"［EB/OL］.（2022-01-14）［2022-05-29］. https://mp.weixin.qq.com/s/9YzHiG-ptjCmB9PuHhgvkw.

② 彭侃，刘翠翠."飙计划"的进击之路：专访湖南卫视创新研发中心主任罗昕［EB/OL］.（2019-12-10）［2020-05-01］. https://mp.weixin.qq.com/s/pJj2ga6W1NS0rdzMF_2QZQ.

模式库，致力于打造一个面向全球的中国节目模式信息平台。[1] 2018年2月，国家新闻出版广电总局宣传司和国际合作司在上海文广集团召集国内五大省级卫视、四大节目制作公司，召开了中国广播电视节目创新创优调研会，并调研了 iFORMATS 中国节目模式库，在会上，宣传司司长高长力强调"经过了之前的引进学习之路后，中国的原创节目模式已经到了走出去的成熟时机，要抢占国际市场，扩大影响力，长中国人的志气。"国际司司长马黎也表示，为了深化国际传播，凸显文化自信，增强中国电视人的国际话语权，广电总局展开了各类政府层面对外的文化交流活动，鼓励各个机构利用这些机会向海外推广和传播节目模式。[2] 例如，在戛纳电视节、非洲电视节、欧洲广播电视展等14个国际节展设立的"中国联合展台"，中国电视台和公司参与联合设展的展位费可以获得全额补贴等。如表5-3所示，近些年，国内电视台和视频网站等也开始利用这些国际节展举办一系列的原创节目推荐活动。

表 5-3　近年来在国际节展上举办的部分中国原创节目推荐活动

时间	活动
2015年4月，2016年4月	江苏广电集团连续两年赞助了春季戛纳电视节开幕酒会，并举办"JSBC 中国智慧，全球创造"模式发布会，推荐《超级战队》《唱游天下》等节目模式
2017年4月	上海文广集团赞助了春季戛纳电视节开幕酒会，推荐东方卫视《天籁之战》、互联网节目中心《国民美少女》等原创节目，并向海外同行推荐中国节目模式平台 iFORMATS

---

[1]　上海广播电视台.广电"自主创新"政策一年，中国电视如何传承与创新？业界大咖在上海电视节开幕论坛上这样说［EB/OL］.（2017-06-13）［2020-05-01］.https://www.smg.cn/review/201706/0164223.html.

[2]　上海广播电视台.广电总局调研创新创优工作，全力助推中国原创节目模式走出去［EB/OL］.（2018-02-27）［2020-05-01］.https://xw.qq.com/cmsid/20180227B1H2LS00.

续表

时间	活动
2018年10月	中国国务院新闻办公室和国家广播电视总局共同主办了秋季戛纳电视节"中国主宾国"活动，其中包括中国新作品推介会（FRESH TV CHINA）、《国家宝藏》专场推介会等
2018年10月，2019年10月	在中国广播电影电视社会组织联合会电视版权委员会和上海广播电视台联合发起下，iFORMATS 在 2018 年、2019 年的戛纳电视节连续举办了名为"Wisdom in China"的模式推荐活动，向海外市场推荐了央视的《国家宝藏》《朗读者》、湖南卫视的《声临其境》、东方卫视的《天籁之战》、腾讯视频的《明日之子》等中国原创模式
2019年4月	湖南卫视在春季戛纳电视节 MIPTV 举办《声入人心》模式推荐会，与美国制作公司 Vainglorious 完成签约
2019年10月	国务院新闻办公室、广播电视总局在秋季戛纳电视节主办了"聚焦中国"活动，包括中国网络视听产业论坛、"中国内容推荐会"之 Fresh TV China 新作品推荐会、沪产内容推荐会等系列活动

此外，国内的一些电视台也尝试向海外输出模式，主要是通过与国际模式发行公司合作的形式。如表 5-4 所示，早在 2009 年，湖南卫视的《挑战麦克风》便曾通过 BBC 及其国内代理机构世熙传媒尝试向海外输出模式，与泰国的正大集团达成了合作。但在 2016 年之前，这一领域进展缓慢，只有零星的中国模式尝试向外输出。而 2016 年后，在政策大力倡导下，更多的电视台和视频网站加入这一行列，开始加速推进节目模式向海外输出。

表 5-4　中国向海外市场输出的部分节目模式

节目名称	播出平台	首播年份	发行公司	落地国家
《挑战麦克风》	湖南卫视	2009	BBC& 世熙传媒	
《中国好歌曲》	中央电视台	2014	ITV, Small World	越南
《我不是明星》	浙江卫视	2014	Keshet	

续表

节目名称	播出平台	首播年份	发行公司	落地国家
《超级战队》	江苏卫视	2015	Small World	
《天籁之战》	东方卫视	2016	恩德莫尚	
《熟悉的味道》	浙江卫视	2016	弗里曼陀	
《超凡魔术师》	江苏卫视	2017	江苏广电国际	越南
《国家宝藏》	中央电视台	2018	恩德莫尚	
《这！就是街舞》	优酷	2018	优酷	越南
《这！就是灌篮》	优酷	2018	福克斯传媒	
《我就是演员》	浙江卫视	2018	IOI	
《声入人心》	湖南卫视	2018	CAA	
《声临其境》	湖南卫视	2018	Story Lab	
《我们的歌》	东方卫视	2019	上海文广	西班牙

但遗憾的是，尽管国内的主管机构和电视台付出了不小的努力，迄今为止，真正在海外落地制作中国节目模式非常少，仅有央视播出、灿星制作的《中国好歌曲》，2016年在越南的VTV3频道制作了本土版，江苏卫视制作和播出的《超凡魔术师》同样输出到了越南的VTV3频道，2018年5月播出了当地版本。2022年，优酷播出、灿星制作的《这！就是街舞》模式落地越南胡志明电视台HTV。2022年8月，东方卫视宣布《我们的歌》模式授权给了西班牙Grupo Ganga制作公司，后者已与西班牙电视台RTVE签署了西班牙语版本的协议，计划将于年内播出。[①]这将是第一档在欧美国家成功本土化制作的中国综艺模式。其他的节目模式则只是被列上了国际节目模式公司的发行目录，并没有被实际出售给任何国家的电视台或制作公

---

① 钟菡.《我们的歌》为欧美综艺节目首次确立"中国标准"［EB/OL］.（2022-08-15）［2022-08-15］. https://www.jfdaily.com/news/detail?id=518045.

司。甚至在某些案例中，国际节目模式公司是为了促成与中国电视台的其他合作，"投桃报李"才代理发行了这些模式。总的来看，中国要成为主要的"模式输出国"，还有很遥远的距离。

三、中国电视节目模式产业升级的挑战和对策

中国是全球最大的电视市场之一，电视观众规模达到12.87亿。[1]综艺节目产量及投入规模可观，如表5-5所示，2019年卫视综艺节目产量为336档，视频网站的网综产量为122档，总计458档。

表5-5　2017—2019年中国综艺节目的产量[2]

	2017年	2018年	2019年
电视综艺产量	389	374	336
网络综艺产量	104	127	122
总量	493	501	458

每档节目的预算数以千万计，并不输给那些节目模式产业发达的国家，如英国、荷兰、日本、韩国等。尽管如此，中国却很少有原创的节目模式能够输出到国际市场，未能在节目模式的全球价值链中占据上游位置，为何中国在模式输出方面，虽然做出了不少努力，但却收效甚微？针对这一问题，本书作者曾与很多国内外的从业者有过深入交流，包括在2017年上海电视节中国模式日举办期间，采访了近10位国际节目模式公司的相关负责人，在2020—2021年期间，本书作者也邀请了多位国际模式专家面向国内从业者进行节目模式的讲座，其中也会涉及中国节目模式如何走出去的

① 郑维东.电视的"月活"分析［EB/OL］.（2019-07-31）［2020-05-01］. https://mp.weixin.qq.com/s/rXpI5iQ9D0j8GgkKXjIKVw.
② 数据来源：击壤广告大数据2017年1月1日—2019年12月31日电网综植入监播。

命题。基于对业界专家观点的梳理，本节将首先总结有哪些关键性问题限制了中国节目模式产业升级的步伐，进而基于上一章对模式输出大国成功经验的梳理，结合中国的实际情况和本人的从业经验，针对这些问题提出对策建议。

第一，尽管中国节目模式的原创度在提升，但仍存在抄袭模仿的现象，对知识产权的保护存在不足，导致了国际市场对中国节目模式原创性的认可不足。如恩德莫尚的中国区负责人陈伟文指出："许多节目本身创新度不够，还带着其他国际模式的影子。"节目模式的输出是建立在节目原创性高的基础上，而中国综艺节目的原创性虽然近年来有一些进步，但仍然存在模仿海外模式的节目。据统计，2017年我国卫视综艺收视率位列前50的节目中，有27档节目引进或借鉴了海外模式，较2016年的29档略有下降，但仍超过半数。在2020年五大省级卫视播出的综艺节目中，据不完全统计，有至少22档节目与海外节目模式相似度很高，而四大视频网站更有多达39档综艺可以看到海外节目模式的影子。

针对抄袭海外模式的风气，我们应该采取更强有力的管控举措，建立起鼓励模式原创的配套机制。最有力的机制应当是将节目模式逐步纳入知识产权法律的保护范围，但正如本书第三章制度框架一节所分析的，这是一个国际性的难题，可能需要很长的时间。在法律体系不完备的情况下，仍然可以通过加强行业监管及行业组织自律的方式来实现对节目模式的保护。例如，韩国也曾大量抄袭日本的节目模式，但韩国放送委员会在1990年代中期之后开始加强监管，从专业视角出发，发布韩国抄袭版节目与日本原版节目详细比较报告的方式，惩戒那些抄袭的节目，取得了很好的效果。中国也有类似的行业组织，例如，中国电视艺术委员会、中国网络视听节目服务协会等，可以在主管部门的领导下建立相关的自律规范，开展鼓励模式创新的行业活动等。

在主管部门和相关行业协会所建立的节目评价标准中，过往虽然也强调过节目的原创性，例如在2012年，广电总局颁布的《关于建立广播电视节目综合评价体系的指导意见（试行）》中，在创新性这一维度中也强调了"具有原创性"，如表5-6。但对于节目是否具有原创性的判断实则是一项高度专业性的工作，需要评判者对于国内外的节目模式发展的历史和发展趋势有广泛的了解和深入的研究，通过与同类型的节目比较做出判断。而在国内各类节目评选中，往往可以看到很多虽然在国内节目中具有创新性，但其创新实则是源自对海外节目的模仿。尽管在节目模式产业的发展过程中，适度地模仿和借鉴是一种正常的现象，但要避免"复刻"式的抄袭。只有赤裸裸地抄袭节目这种不正当的"走捷径"方式被遏制，原创节目模式才能得到平台和制作公司更多的重视，中国创造的节目模式也才能在国际市场上得到更多的尊重。因此在进行节目评价的过程中，主管部门和相关行业协会可以考虑引入更多有国际节目模式研究经验的专家或专业研究机构，协助对节目是否真正具有"原创性"进行更加准确的判断，进而为行业树立正确的创新风气。

表5-6　广电总局广播电视节目综合评价体系（2012）

维度	说明
思想性	体现社会主义核心价值体系建设要求，宣传正确的世界观、人生观、价值观，弘扬社会正气，传承优秀传统文化，倡导科学思想、促进社会和谐稳定
创新性	定位鲜明准确，策划、选题、编排等内容独到、形式新颖，体现时代精神，表现手段推陈出新、具有原创性
专业性	文案策划、编辑编排、制作剪辑、播音主持、音响音乐、画面镜头等制作、播出环节的专业水准情况
满意度	受众对广播电视节目内容、形式、质量和编播的好感、信任、认可、支持和赞许情况
竞争力	节（栏）目和频率、频道的知名度、品牌价值等情况
融合力	节（栏）目和频率、频道与互联网终端、手机等新媒体的融合程度，以及在新媒体上二次传播和口碑影响情况

　　第二，根据传媒业的发展规律，过度竞争非但不会带来优质多元的内容产品，反而会让内容产品的高度同质化，即竞争性重复（Competitive duplication）的现象。因为对于市场中的跟随者来说，复制市场领军者的成功经验是风险较小的选择，而且还能在某种程度上摊薄领军者的市场。于是一档热门节目引发一轮疯狂的跟风潮成为中国电视业的宿命。正如尹鸿所总结的，中国电视创新，就像生命周期极短的蜉蝣一样，呈现出一种朝生暮死的现象。因此，中国应该通过电视节目行业更深层次的机制改革为创新提供更好的生态环境。从长远来看，中国应学习模式创新大国的经验，鼓励电视频道的整合和优胜劣汰，并让市场上保留的电视频道在定位上实现明显的区隔化，保持适度竞争的状态。近年来，随着中国电视经营状况的下滑，一些地区已经出现了电视频道"关停并转"的趋势，例如从2022年初到8月份，全国便已有十余家频道关停，主要是省级和地市级地面频道。很多媒体将这视为电视衰落的"哀歌"，但频道的精简有利于各地电视业集中资源发展当地的优势频道，实则是一种正常的、值得倡导的行业变革。

　　例如，2019年，上海广播电视台、上海文化广播影视集团进行了新一轮改革，对东方卫视节目进行改版，同时整合娱乐频道和星尚频道成为新的"都市频道"，整合炫动卡通频道和哈哈少儿频道成为"哈哈炫动卫视"。时任台长高韵斐解释改革的缘由时明确表示主要目标是："推进东方卫视转型升级、频道资源优化和内容供给侧改革，集中优势资源做大做强东方卫视"。在改革之后，东方卫视的确呈现了崭新的面貌，在节目创新方面取得了较为突出的成绩。节目模式输出到西班牙的《我们的歌》便是这一轮改革的成果之一。正如胡正荣所指出的："现在对于广电来说，特别棘手的一个问题就是频道过多、节目过多，必须进行剩余产能的压缩，把旧的减掉，才能集中优势人才、物力放到新的产能上去。"①

---

　　①　林沛.SMG改革侧记：人事重新规划后，"上海模式"的可复制性几许？［EB/OL］.（2019-01-10）［2022-08-22］. https://mp.weixin.qq.com/s/SOGk2hamPn4_Kn-K9cRpKQ.

　　围绕节目创新和生产的用人机制也需要继续改革。官僚化的人员架构和管理模式，是传统电视台面临最大的问题之一。例如，据山东广播电视台台长吕芃介绍，在2016年改革前的山东广电就存在着严重的"机关化、行政化、官本位"现象，全台5500人，仅科级以上干部就超过700人。山东卫视458名员工，但真正从事节目生产创作的只有98人，做综艺节目的人员更是少到只有52人，对于一线创作人员也缺少激励机制，"尸位素餐"的现象并不少见。这样的人员架构和团队氛围是很难推动节目创新的。因此2016年山东广电展开了大刀阔斧的改革，成立了山东广电集团传媒有限公司，把台里的可经营性资产剥离出来，注入公司，实行公司化管理。打破人才管理的束缚，打通人才晋升通道，激发内部活力，是此次山东广电改革的重点。经过改革之后，山东广电尤其是山东卫视的节目创新和制作能力有了较大提升，近年来推出了《国学小名士》《齐鲁文化大会》《戏宇宙》等一批有全国影响力的原创节目。

　　正如杨乘虎所指出的，节目创新机制的建立需要解决三大问题，首先是谁来创新？如何释放创新主体的创新活力与创造力；其次是为什么要创新？如何建立激励机制，满足利益诉求，使得节目创新获得可持续性；再次是如何创新？如何通过节目创新方式、流程与质量控制的设计，提升创新能力。①针对这些问题，本书所介绍的英国、荷兰、韩国等国际节目创新机制的成熟做法应该具有一定的借鉴意义。

　　第三，很多在中国本土市场成功的原创节目可能并不太符合国际通行的成功模式标准，缺乏推向国际市场的潜力，但却被当作重点产品生硬地进行国际推广。弗里曼陀前大中华区首席执行官尹晓葳曾在研讨会中指出，"一个好的原创节目不等于一个好的原创模式，并不是每一个节目都有推向世界的价值"②。正如本书第三章所阐述的，节目模式是基于一定文化背景的

① 杨乘虎.中国电视节目创新研究［M］.北京：中国传媒大学出版社，2014：199.
② 刘翠翠.全球模式发行创十年新低，中国综艺如何逆势出海［EB/OL］.（2019-06-14）［2020-05-02］.https://mp.weixin.qq.com/s/lcqCqRdOTz_7pDv4w9YtzQ.

产物，不同类型和题材的节目模式在进行跨国传播时会遇到不同程度文化折扣，一个国家会创作大量的节目，但很多节目可能因为其包含了太多的本土文化的基因而缺乏在其他国家本土化的可能性。

在2019年举办的第三届法国戛纳电视节中国国际影视高峰论坛中，国外知名模式研究机构The Wit的创始人维吉尼亚·慕斯勒做了题为《综艺内容海外发行的成功因素》的主旨演讲，她总结了一档适合国际发行的节目模式需要具备的要素，包括一个吸引人的标题；有冲击力的视觉标识；一个非常简单的概念；并且概念要具有普遍适用性，能够实现文化上的转换；此外，模式也需要具有可重复性（repeatable）、可延续性（renewable），能够开发出衍生的节目（spin-off-able）及其他产品等。① 正是在能够实现文化转换的普遍适用性概念这一点上，对于中国节目模式的海外输出是最大的难点。如恩德莫尚的中国区负责人陈伟文指出的："许多节目本身具有强大的中国文化价值基因，而中国文化与国际市场隔阂较大，很多节目接受度低，无法像西方模式一样被迅速复制。"②

要克服中国与国际市场之间"较大的隔阂"，在挑选向国际市场推销的节目模式时，更应该要选择那些预期文化折扣较低、容易被国外买家和观众理解和接受的节目模式。但中国电视台和制作公司在选择向海外市场推广的节目时，却往往并没有很好地从国际市场需求的角度去判断，而更多的是从国内的节目创作趋势与宣传导向出发，所以导致了供需不符。例如最近几年，在国内大力弘扬传统文化的政策导向下，各大电视台推出了较多的文化类节目，2017年和2018年的文化类节目总量分别达到48档和59档。而这类节目，如《国家宝藏》《经典咏流传》《朗读者》《信中

---

① 彭侃.MIPCHINA论坛干货盘点：中国内容如何走向海外市场［EB/OL］.（2019-06-08）［2020-05-03］.https://mp.weixin.qq.com/s/eMrBUHlmZ7Ucrw8F64P2Tg.

② 鱼尾纹.去了戛纳电视节，你就能买到全世界？［EB/OL］.（2017-04-20）［2020-05-03］.https://mp.weixin.qq.com/s/1CvA1mD7Vxju2lr5wY_4xw.

国》《上新了故宫》等也被当作代表性的中国原创节目模式在戛纳电视节的"Wisdom in China""Fresh TV China"等中国官方主办的活动上重点推荐。但这些带有浓厚的中国传统文化特征的节目并不易被海外市场所接受。

2018年，The Wit曾公布一份最受国外同行欢迎的中国节目模式榜单（见表5-7），榜单基于国外同行在模式数据库中对相关中国节目的搜索次数，时间范围从2017年1月到2018年2月。从中可以发现，在中国最为成功的综艺并没有出现在这份榜单中，收视率破1的节目只有《演员的诞生》《声临其境》两档。反而有很多国内收视率和影响力一般的综艺，受到了外国同人的欢迎。从中也可以发现一些特征，首先，外国同行更偏好婚恋、音乐、游戏类这样最具大众属性的节目品类，或是人工智能这样新颖的题材。其次，这些节目都具有比较完整清晰的模式结构，并有标志性特征，比如《机智过人》中人类与人工智能的比拼这一创意以及像悬浮在半空中的舞美设计，《爱情找对门》则将社交网络大数据和盲选机制引入了相亲节目中。而比较这份榜单与中国通过各种国际节展对外推荐的节目，可以发现重合度较低。中国重点推销的节目模式大部分并非海外买家感兴趣的节目模式，这意味着中国节目模式输出存在"供需不匹配"的问题。

表 5-7　The Wit 发布的最受国际同行认可的十档中国节目模式

序号	节目名称	播出平台
1	《机智过人》	央视综合频道
2	《我是未来》	湖南卫视
3	《为你而来》	湖南卫视
4	《爱情找对门》	深圳卫视
5	《厉害了我的歌》	北京卫视
6	《挑战的法则》	东方卫视
7	《了不起的沙发》	江苏卫视

续表

序号	节目名称	播出平台
8	《不凡的改变》	江苏卫视
9	《声临其境》	湖南卫视
10	《演员的诞生》	浙江卫视

因此，中国节目模式要更好地"走出去"，管理者、节目模式的创作者、节目公司的经营者等都面临着思维转换的挑战，需要从过往的本土价值链出发转换到着眼于全球价值链的思维，从而解决"与世界对话"的问题。正如尹鸿在阐述中国电影"走出去"之路时所指出的，"中国电影需要建构既能满足中国观众精神需求又能给全球观众带来价值共享的电影文化'通用体系'"[1]。这一论断同样也适用于电视节目模式，在挑选进入国际市场的节目模式时，中国的卖家应从本书所论述的全球文化"最大公约数"的标准去衡量，挑选出真正有国际化潜力的产品。

第四，在如何将节目模式产品化以及面对国际市场进行节目模式的有效营销等市场化机制的建立方面，中国的从业者还缺乏经验。一档节目成为可售卖的模式产品，需要经历模式化的过程，即提炼出节目创意要点并将制作过程中的经验进行书面化总结的过程，主要体现为节目模式宝典。模式宝典已经成为国际节目模式贸易中的标准化配置。在很多节目制作过程中，会有专门负责撰写模式宝典的工作人员，从节目创作之初便进组，详细地记录节目的操作细节，最终汇总形成详尽的宝典。但尽管中国综艺节目近年来的工业化程度有了很大进步，大部分节目制作时，仍然缺乏节目模式化的意识，并不会编撰模式宝典，而这无疑局限了节目模式对外输出的可能性。撰写模式宝典这种更加工业化、产品化的生产方式是值得借

---

① 尹鸿.中国电影如何"由大到强"[N].人民日报，2017-12-08（24）.

鉴的。①正如塔尔帕全球制作总监埃蒂安·德容（Etienne de Jong）所指出的："对于中国来说，如果有好的节目模式，没有宝典是没有办法销售到其他国家的，除非你不想保护自己的知识产权。"②

而在将这些模式向海外市场进行推销时，中国的卖方还往往没有掌握足够的技巧。例如，在国际市场上进行模式推广时，需要模式预告片、节目简介、海报等英文版资料，但很多时候，中国的卖家只是简单地将中文版的相关资料进行翻译，而没有专门准备。但中国人的表达习惯与国际市场上对节目模式的惯用表达方式是有较大差异的，例如，中国的节目预告片里往往喜欢渲染节目的社会价值与意义，而国际模式发行公司制作的预告片则更善于提炼出节目的核心创意点，让买家看到模式的独到之处。国际发行公司 Small World 是最擅长将亚洲模式推向欧美市场的公司，曾成功地将日本的《龙穴》和韩国的《花样爷爷》等模式售往西方，也代理了中国模式《中国好歌曲》《超级战队》等，其创始人蒂姆·克雷申蒂曾指出文化的差异是亚洲模式输出的一大障碍，他表示："亚洲模式之所以会被搁置，是因为他们的预告片和介绍没很好地将核心思想传达给我们，而这正是我们决定要入手的地方。"③曾担任班尼杰集团模式副总裁的安德鲁·赛姆也提道，"我认为中国电视有时节奏很快，所以我觉得很多宣传片节奏都很快，屏幕上很多花字，有时候可以看到 Logo、花字、字幕，很多信息要吸收。我认为当模式交易市场中的人们看宣传片时，通常很容易分心，所以要尽可能保持简单，在宣传片里专注讲述一个核心创意"。

《我们的歌》节目模式之所以能输出到西班牙主流电视台，除了其节

---

① 潘东辉，郑雪.从引进来到走出去：中国原创节目模式如何融入全球价值链［J］.国际传播，2021（1）：92.

② 彭侃，任家音.如何打造综艺节目的价值漏斗：专访 Talpa 全球制作总监 Etienne de Jong［J］.中国广播影视，2017，8（1）：60-61.

③ 郎虹晨.亚洲节目模式市场的未来走向［EB/OL］.（2017-12-06）［2020-05-03］. https://mp.weixin.qq.com/s/-Vx0fs3RxXcz-uJf9cLRWQ.

目创意本身的吸引力外，也与其出色的推广策略有关。其幕后推手SMG互联网节目中心旗下的iFORMATS中国节目模式库团队在2020年秋季戛纳电视节前夕，利用此前积累的国际媒体资源，与C21等国内知名行业媒体合作，推出关于《我们的歌》节目模式的创作过程、模式亮点、市场表现、国际输出的可行度等维度的长篇报道，引起了国际市场的关注。之后iFORMATS团队在其主办的戛纳电视节中国原创节目模式推介会"Wisdom in China"活动中，将《我们的歌》作为主打模式推荐。在戛纳电视节最受关注的Fresh TV模式推荐会中，国际权威的模式研究专家The Wit创始人的维吉尼亚·慕斯勒也特别推荐了《我们的歌》，评价这个"在亚洲非常流行的二重唱比赛竞技才艺秀，对西方国家来说是一个没有被开发的宝藏。我认为《我们的歌》这个模式在这个方向上做了非常有创新的尝试，隐藏歌唱的悬念、配对合唱的热点，《我们的歌》是这个季度最热门潮流趋势的集大成者"①。2021年4月，基于本土版第二季节目的成功，iFORMATS团队再次在春季戛纳电视节上，向国际买家重点推广了《我们的歌》。2021年，项目团队也与主创导演团队协作完成了《我们的歌》模式宝典撰写工作，并相继促成了法国、德国、西班牙、美国、意大利、葡萄牙等国家的知名制作公司签署相应语种版本的模式优先权采购协议，最终西班牙成为首个落地制作的海外国家。②

对于中国节目模式的输出来说，需要经历一个调整话语方式的过程，中国应通过更多与国际主流市场合作伙伴的合作和对话来进行学习，并逐渐培养出更多的兼具本土与国际视野的人才，逐步适应并掌握国际通行的

---

① 彭侃，李杨.国产原创音综扬帆出海，东方卫视《我们的歌》为何能获得国际市场一致好评？[EB/OL].（2020-11-20）[2022-08-23]. https://mp.weixin.qq.com/s/OhnPLptfhhY6ZQJ6NC3CVA.

② 中国联合展台.案例：《我们的歌》实现模式输出"零的突破"，iFORMATS打造国际传播新通路 [EB/OL].（2022-08-19）[2022-08-23]. https://mp.weixin.qq.com/s/FjlN26mt_8IX2vcEBqOc0Q.

节目模式产品的打造方法。在这方面韩国提供了很多可供借鉴的经验，其在与欧美国家的合作中则采取渐进式的步骤，从委托欧美主流的模式公司代理节目模式，到与对方加强联合研发、联合制作，直至收购欧美模式公司，在这一过程中不断学习和积累如何打造模式产品、如何编撰模式宝典、如何面向国际市场制作宣传物料的经验，最终成为国际市场上新兴的模式输出国。中国模式要走向海外，这些可能也是必要的步骤。而在长远的未来，中国还需要逐步培养出具备更强国际市场运营能力的跨国集团。

正如上一章所总结的，多层次的政策扶持，在模式输出大国走向全球市场的过程中发挥着至关重要的作用。正如基恩·查拉比所指出的，全球化市场时代的吊诡之处在于，本土的经济和政治环境以及政策反而变得更加重要。那些在国际上最有竞争力的公司往往来自那些将自身的市场环境和管理措施基于一个由贸易所驱动的全球价值链进行调整的国家。对于新兴经济体来说，采取行动去推动他们的创意产业和本土公司更多地参与到全球价值链中是有价值的。[①]包括节目模式在内的中国文化创意产业要更好地融入全球价值链，需要通过调整本土的政策和管理方式以提供更好的支持。例如英国的电视节目模式输出之所以能长期位居全球第一，其中很重要的一个分水岭在于2003年英国通过的《传播法案》修正案，其中新的知识产权规定让制作公司在受电视台的委托制作节目时，有可能保留部分权利，例如，国际发行权、节目模式权、音像版权和衍生品开发权等，尽管取得的收益还需要和平台进行分成。但与过去要把知识产权完全让渡给电视台相比，这一政策是非常有利于制作公司的。它从根本上改变了英国电视业的游戏规则，促使制作公司将他们的节目开发成模式，并进行国际发行，也吸引了更多的资本进入节目制作和模式开发领域。而英国之所以要

---

① CHALABY J. Can a GVC-oriented policy mitigate the inequalities of the world media system? Strategies for economic upgrading in the TV format global value chain [J]. International journal of digital television, 2017, 8(1): 9-28.

制定这样的政策，与其推动文化产品出口的宏观政策是一脉相承的，通过改变价值链的治理结构，让"买方"（播出平台）与"生产者"（制作公司）之间的关系更加平衡，激发出后者更大的活力。而在中国，这一政策可能是有借鉴价值的，因为在国内目前的节目交易中，播出平台方往往占据着绝对主导地位，制作公司往往只是承制的身份，所有的版权都归平台方所有。如果通过政策的调整，赋予制作公司开发模式和向外输出模式的利益驱动力，可能会有利于模式产业的发展。

　　总的来说，基于上一章所梳理的一个国家在国际节目模式价值链上的升级阶段模型，目前中国已经进入第三阶段，但节目模式的原创度仍然有提升的空间，而未来要从第三阶段跨越到第四阶段，则需要在政策的制定和创作方面实现思维范式的转换，因为在前面几个阶段时可以主要从本土市场需求的角度去考量，但当进入第四阶段时，则需要更加积极主动地从产业和文化表达的层面上去融入节目模式全球价值链的结构和游戏规则。

第六章

结　论

第一节　本研究的主要发现

在近70年的发展过程中，电视节目模式深刻地改变了全球节目内容行业的产业格局，基于其提供的内容框架和生产方式，将全球各地的节目内容生产者更紧密地联系在了一起，也大大提升了节目国际传播的能力。而由《美国偶像》《好声音》《老大哥》等模式带来的全球观众共同关注和追捧的现象，更成为文化全球化的一种生动写照。因此本书致力于在全球化的语境下，对国际节目模式产业发展的现象进行研究。

本书首先厘清了节目模式的概念，阐述了其所包含的三重属性。在很多从业者的认知中，节目模式往往被简单地认知为节目创意，但本书指出节目模式的价值不光体现在节目创意层面，也体现在制作经验的传授和知识产权的品牌价值层面。事实上，后两个维度是让节目模式成为一种全球性产业更重要的理由。本书进而将节目模式界定为以独特的创意元素和制作经验、品牌价值为基础，且具有可重复性与可贸易性，能够被授权用于指导节目再生产的一种内容产品。

要考察节目模式全球价值链，无疑需要从历史的角度对国际节目模式产业发展壮大的过程进行梳理，本书参考了大量行业文献和研究资料，区分出了国际节目模式产业几个不同的发展阶段，包括20世纪40年代晚期到70年代晚期漫长的萌芽阶段、20世纪70年代晚期到80年代晚期的初步发展阶段、20世纪90年代的勃兴阶段、21世纪初到2012年的多元繁荣阶段以及2013年之后的巨头化阶段。书中总结出了每个阶段标志性的产业现象，并总结了驱动国际节目模式产业发展的几大重要因素。20世纪80年代之后，随着"冷战"的逐渐结束，全球政治和经济领域开始朝着"自由主义"和"去管制化"的方向发生深刻变革，全球各地的文化产品贸易和交流变得更加频繁，与此同时，随着新技术的发展，卫星电视和有线电视开始出现，催生了大量的电视频道，对内容的需求出现指数式增长。而节目模式恰恰能够快速地满足新的内容需求，它顺应了商品文化和消费主义开始在全球加速蔓延的时代潮流，满足了文化产品生产追求提高效率、降低风险的趋势。通过其提供的内容创意、节目制作的方法和被其他国家验证过的经验，节目模式能够帮助被授权方快速地实现内容的生产和创意的更迭，并减少了试错成本。然后，随着节目模式贸易而发展起来的跨国公司发挥着中坚力量般的作用，对于利润的追逐促使它们建立了全球性的发行和营销网络，并逐渐从单纯的模式发行转向从研发到发行、制作垂直一体化的结构。在它们的主导下，一档成功的节目模式能够被迅速地复制到世界各地，节目的生产和消费由此变得日益全球同步化，节目模式的全球价值链也日趋稳定和成熟。

那么如今的节目模式全球价值链具有怎样的特征呢？在第三章中，通过与节目成片进行比较（见表6-1），系统性地分析了节目模式全球价值链在产业和文化维度具有的结构化特征。产业结构的分析运用了过往的全球价值链中研究中常用的经典框架，涉及投入—产出的结构、治理结构、地理分布和制度性框架四个方面。在投入—产出的结构方面，国际节目模式通过研发—本土发行—本土制作—本土播出—国际发行—海外重制—海外播出的链条实现价值创造和增值的过程。全球各地的节目模式开发商、制作公司、发行公司、播出平台等被这一价值链条串接在一起，此外还有国际性的行业组织、展会、媒体等，为链条的顺利运转发挥着辅助性的功能。相较于节目成片，节目模式的投入—产出结构要经历更加复杂的海外重制过程，而海外重制也是其最为重要的价值增值环节。

表 6-1 节目模式与节目成片的全球价值链结构比较

维度	节目模式	节目成片
投入—产出结构	海外重制为主要增值环节	海外发行为主要增值环节
治理结构	从播出平台驱动转向生产者驱动	播出平台驱动为主
地理分布	英国、美国、荷兰等欧美发达国家共同主导	美国为主导
制度框架	知识产权保护，主要依靠行业自律	知识产权保护已比较完善
文化移植模式	珊瑚式或蝴蝶式	鹦鹉式或变形虫式

在治理结构方面，本书发现了随着垂直整合的跨国集团公司的发展，他们获得了在节约研发成本、提高本土化制作效率和国际化营销方面的竞争优势，也获得了更高的议价权，从而促使国际节目模式行业正在逐渐从"买方"（播出平台）驱动转变为"生产者"驱动。而节目成片的市场则仍然主要处于"买方"（播出平台）驱动的状态。

在地理分布方面，本书基于统计数据发现国际电视节目模式的输出长期以来主要是由欧美国家所主导的，其中英国、美国和荷兰占据着前三位，但随着以色列、韩国等越来越多的国家融入节目模式的全球价值链，并逐渐地从下游的模式买家进化为上游的模式卖家，这三个模式输出领先国家的地位也正在日益受到挑战。这种状态明显地区别于节目成片的贸易迄今为止仍主要受美国主导的状态。

在制度性框架方面，本书重点分析了节目模式在知识产权保护领域所遭遇的难题，由于节目模式的特殊属性，使其无法做到像节目成片那样得到严格的版权保护，因此时至今日，剽窃、模仿节目模式的现象仍然颇为常见。但本书也注意到了在一些国家对模式知识产权的法律保护已经取得了一些进步，在荷兰、比利时、美国、巴西、法国、德国等地陆续出现了一些模式开发商发起侵权诉讼成功的案例。此外，通过全球模式认知和保护协会这一行业组织，也逐渐地形成了一些行业性的共识和自律规则，总体而言，节目模式的贸易和知识产权保护在逐渐走向规范化。

在文化结构方面，首先，本书比较了节目模式与节目成片相比所具备的跨文化传播优势，其通常提供的是一种灵活的框架，而本土节目制作商可以向其中填充更符合本土文化的内容。这使得其拥有更强的克服"文化折扣"和地方性的文化保护政策的能力。其次，本书通过对迄今为止42档输出超过30个国家的"全球性"节目模式的比较分析，归纳出了易于成功的节目模式所具备的文化特征。它们往往是"高概念"的，节目的核心创意可以被非常简单、清晰地提炼；模式创意往往是建立在人类原始的本能和情感的基础上；内容设置上大多都是强规则驱动的，以制造出强烈的戏剧性效果以吸引观众；在环节、场景、道具等呈现形式上具有强烈的可辨识性；在制作规模上具有较强的弹性、制作资源上具有可延续性，而且往往是可以无时效性的，可高效率地录制。但在具备了这些特征之外，每一档引进海外模式制作的节目都需要根据当地的情况对模式进行适当的改造，才能符合当地的市场和观众的需求，这便是节目模式文化本土化的过程，这一过程中需要考虑各地的制作条件、社会和经济环境、观众的欣赏习惯、文化背景等维度，本书运用相关案例阐释了节目模式如何在这些维度进行本土化调整的过程。总的来说，节目成片的文化移植属于鹦鹉式或者变形虫式的，而节目模式的文化移植则属于珊瑚式乃至蝴蝶式的。

第三章的最后，则从整体上分析了国际节目模式的发展对于全球文化的影响。本书认为尽管国际节目模式的输出时至今日的确仍主要来自欧美国家，但并不能说这是一种"文化帝国主义"的现象，因为一方面，随着跨国的国际节目模式和制作集团的发展，模式来源国的概念逐渐模糊了，只要节目模式具有全球流行的潜力，小国家的、发展中国家的节目模式都可能被这些集团收入囊中，在世界各地发行和制作。另一方面，当电视节目模式输出到全球各地时，还要经历复杂的文化接受和本土化过程，很多不适合当地文化的节目模式可能根本就不会被引进，而引进的模式还要经过改编，本土化的文化内容会被填充进去，观众的理解可能也是多种多样的。因此，文化帝国主义理论所描述的一些国家通过文化控制另一些国家的"霸权"结构不太适用于国际节目模式产业。但本书也认为作为一种追求迅速复制取得成功的全球商品化文化的产物，模式的确在另一层面上削弱了文化和价值观的多元性，它代表的是一种全球性的可以有效率地、可预测地制作电视节目，并能够根据各地的品位进行调整的"麦当劳化"的商业模式。这意味着，相较于节目成片，节目模式的国际文化竞争对一个国家的创作者和企业运营提出了更高的要求，因为其需要更强的全球本土化的能力，一旦成功，节目模式能够取得相较于节目成片更好的、更加"润物细无声"的文化输出效果。

在全球价值链的研究中，产业升级是学者关注的核心命题之一。本书也重点探讨了一个国家在电视节目模式产业上实现升级的阶段和策略。基于对各国模式产业发展过程的观察和归纳，本书梳理出了节目模式产业升级一般所经历的四个阶段，从模仿、引进到原创再到输出，并以韩国作为案例来具体说明这一过程。同时本书提出了从节目的原创度和国际化程度两个维度出发，定位一个国家节目模式产业发展阶段的框架。

本书也探讨了在节目模式的国际化竞争中，什么是决定一个国家能否完成产业升级，成为模式输出国的关键因素。书中选取英国、荷兰、韩国这三个近年来在模式输出方面表现突出的国家，通过对它们的案例分析来进行阐述。纵观这些模式输出大国，体现出了一些共性，首先，这些国家都形成了利于文化创意产业发展的社会政治、经济和文化环境。它们都较早地将发展文化创意产业作为促进自身经济结构转型的一种策略，并推行了一系列政策。其次，它们都形成了利于节目创新的电视行业生态，这其中以推动适度竞争和多样性为宗旨的电视管理政策发挥了重要的作用。再次，这几个国家在围绕节目模式相关的政策制定和产业实践中，都逐渐地升级到以全球价值链为导向，在节目创作时着眼于全球市场，而非局限于本土市场，同时政府也出台了一系列政策推动本土的电视台和制作公司更加积极地参与国际市场的竞争。最后，这些模式输出大国都形成了大规模的以节目模式研发和制作为核心的跨国集团，通过对成功IP的控制和在各地市场的本土化运作建立起规模优势，从而在节目模式的全球价值链上拥有更多话语权。可以说，这些国家的成功经验为其他希望在节目模式全球价值链上实现产业升级的国家提供了重要的借鉴价值。

在第五章，本书回归到了中国，首先，从历史的角度梳理了中国一步步努力融入节目模式的全球价值链的过程以及这一过程给中国的节目内容行业所带来的影响。其次，重点分析了中国的节目模式在从本土价值链向全球价值链进化的过程中所面临的问题和背后的原因，并在最后给出了对策建议。本书认为从20世纪90年代以来，中国与国际节目模式价值链之间的关联日益加深，从起初的模仿海外节目模式到引进节目模式，再到近年来发展原创节目模式并尝试对外输出，节目模式在某种程度上提升了中国节目的创意和制作水准，也促使中国节目的生产方式朝着更工业化的方向迈进。但是尽管中国的节目模式原创能力已经有了长足的进步，在对外输出时却遭遇了巨大的困难，而这背后有政策、文化和产业机制等多方面的原因。

本书详细地分析了中国模式输出所面临的问题，并试图提出相应的解决方案。首先，尽管中国节目模式的原创度在提升，但还是存在大量借鉴和模仿的现象，对知识产权的保护存在不足，导致了国际市场对中国节目模式原创性的认可不足。针对模仿海外模式的风气，应该采取更强有力的管控举措，建立起鼓励模式原创的配套机制，如在主管部门和相关行业协会所建立的节目评价标准中，更加突出节目的原创性，并在节目评价过程中，引入更多有国际节目模式研究经验的专家或专业研究机构，协助对节目是否真正具有"原创性"进行更加准确的判断，为行业树立正确的创新风气。

其次，目前中国的电视产业机制未能为原创节目模式的生存提供良好的生存环境。电视台数量过多，形成了过度竞争、同质化竞争的市场状态，同时电视台还存在很多阻碍创新的官僚化的机制和作风。只有通过行业更深层次的机制改革才能激活创新力。例如进一步推动电视频道的"关停并转"，集中资源发展优势频道，并推动频道间形成区隔化定位。同时应该革除官僚化的人员架构和管理模式，合理地引入市场化规则，建立起围绕节目创新和生产的用人及激励机制。

再次，中国电视台和制作公司在选择向海外市场推广的节目时，往往并没有很好地从国际市场需求的角度去判断，而更多的是从国内的节目创作趋势与宣传导向出发，所以导致了供需不符的现象。因此，中国节目模式要更好地"走出去"，管理者、节目模式的创作者、节目公司的经营者等都面临着思维转换的挑战，需要从过往的本土价值链出发转换到着眼于全球价值链的思维，从而解决"与世界对话"的问题。如在挑选进入国际市场的节目模式时，应参照本书第三章所论及的国际节目模式的成功标准去衡量，挑选出真正有国际化潜力的产品。

最后，在如何将节目模式产品化以及面对国际市场进行节目模式的有效营销等市场化机制的建立方面，中国的从业者还缺乏经验。例如，如何撰写模式宝典、如何准备国际推广的物料、如何与国际买家进行沟通等。中国应通过更多与国际主流市场合作伙伴的合作和对话来进行学习，并逐渐培养出更多的兼具本土与国际视野的人才，逐步适应并掌握国际通行的节目模式产品的打造方法，从长远来看，中国还需要逐步培养出具备更强国际市场运营能力的跨国集团。在这方面，与中国同属亚洲国家的韩国提供了很多可供参照的经验，这也是本书将韩国作为重点案例进行分析的原因。

总的来说，对于中国的政策制定者和从业者，要想促进本土的原创节目模式在国际竞争中占据更有利的位置，需要在政策的制定和创作方面实现思维范式的转换，从着眼于本土价值链提升到从全球价值链的角度去考量，更加积极主动地从产业和文化表达的层面上去融入节目模式全球价值链的结构和游戏规则。

第二节　本研究的创新价值和不足

如本书第一章中所梳理的，尽管国际节目模式的流行已经成为一种突出的全球性产业和文化现象，并对中国的节目内容产业也产生了深刻的影响，但目前中国学术界对这一现象的研究并不充分，学术性较强的专著或是博士论文很少。因此本书或将填补国内在国际节目模式研究领域的一定空白，丰富国内对于新兴的跨国文化产业的研究版图。

在研究框架和方法上，过往学界针对文化和创意产业的"发展"相关问题进行研究时，所采用的宏观或中观理论框架主要包括文化/媒介帝国主义、地区性的文化网络、文化产业劳动力新的国际分工体系等几种。[①] 全球价值链理论在文化和创意产业研究领域中并没有得到太多的运用。而本书引入了这一比较新颖的理论和分析方法，尤其是运用了其对于产业结构的分析框架以及产业升级的相关理论，同时，本书也充分考虑到了节目模式作为文化产业的特殊属性，运用文化的全球化和本土化相关理论，补充了对其文化结构的分析。这种分析框架的运用具有一定的方法论上的创新价值。

从具体的研究成果来看，首先，本书从历史的维度梳理了国际节目模

---

① LEE J, LEE M.Governance and upgrading in global cultural and creative value chains［M］// PONTE S, GEREFFI G, RAJ-REICHERT G.Handbook on global value chains. Cheltenham, UK: Edward Elgar Publishing, 2019: 138-152.

式是如何成长为一种全球性产业的，并总结了这一过程背后的驱动性要素。其次，从产业和文化的维度上系统地分析了节目模式全球价值链的结构化特征。这些成果可以帮助学界、政策制定者和从业者更好地理解国际节目模式产业背后的运转逻辑。

当下世界经济正在经历从工业经济向知识经济的转移，正如保罗·戴维（Paul David）和多米尼克·弗雷（Dominique Foray）所指出的，知识经济的发展，既是过去100年的历史趋势，也是一个从20世纪90年代开始加速的过程。[①] 创意和无形资产正在逐渐超越有形的物质资产，日益成为新财富创造的关键资源。而节目模式产业的发展可以说正是知识经济崛起的一种有力的例证，因此从更宏观的层面说，研究节目模式产业也可以帮助我们更好地理解全球性的知识经济的发展及其特征。

伴随着经济发展模式转型的是国与国之间的竞争，正如约瑟夫·奈所说的从硬实力竞争往软实力竞争转变，而围绕知识产权的角逐构成了各国软实力竞争的重要维度，领先的发达国家和跨国公司利用知识生产的优势，依托于知识产权，在国际分工和贸易过程中，掌控高附加值的产业环节，并且逐渐形成制度化的国际标准。[②] 如安东尼·奎恩（Anthony Quinn）所指出的，节目模式成为托比·米勒（Toby Miller）等人所提出的"文化劳动新的国际分工"背景下一种主要的商品形式。[③]

作为脱胎于节目成片的一种新型的知识产权产品，节目模式从无到有形成产业，并逐渐成为国际文化竞争的一个新的维度。相较于节目成片，

---

① DAVID P, FORAY D. An introduction to the economy of the knowledge society [J]. International social science journal, 2002, 54(171): 9.

② NYE JR J S. Bound to lead: the changing nature of American power[M]. New York: Basic Books, 1990.

③ QUINN A. Theoretically accounting for television formats in the new international division of cultural labour[M]// MILLR T. The routledge companion to global popular culture. New York: Routledge, 2016: 24.

它的文化输出要更加"润物细无声",能够起到更好的效果,一个国家应该如何面对这样的新型软实力竞争?本书通过对英国、荷兰、韩国和中国的案例分析,重点阐述了一个国家应该如何发展节目模式产业,在全球价值链上实现升级,从而赢得国际化竞争。在中国正在努力提高节目自主创新能力、谋求向海外输出模式的当下,本书的研究或许可以提供一些政策和产业实践上的策略参考。而对于中国电影、电视剧、纪录片、动画等文化产业而言,和中国节目模式实则面临着类似的竞争局面和"走出去"的窘境,本书所阐述的从本土价值链思维向全球价值链思维转换的路径对这些产业的发展或许也有一定的参考意义。

需要指出的是,受限于本人研究视野和研究资料的局限,本书的研究还存在很多不足,例如选取了韩国作为案例,但英文和中文研究资料并不多见,虽然本人专门聘请翻译将一些韩语文献译成了英文或中文,但由于过程耗时耗力,能够阅读的文献也比较有限,因此对其模式产业发展的分析还有很多可以深入挖掘的空间。此外,由于国际节目模式还是一个新兴产业,相关的研究还处在初步发展的阶段,产业数据也很不完善,因此在本书论述过程中,也会存在论据不足的问题,例如国际节目模式贸易除了出口也有进口,但目前只能找到各个国家的模式出口数据,这导致目前的相关论述还不够全面。此外,本书重点分析了取得全球性成功的节目模式所具备的文化特征,但关于节目模式的文化维度,实则还有更丰富的层次有待探讨,例如,模式大国的文化特性是如何具体地影响其模式创作与输出的,值得进一步深入研究。

总的来说,国际节目模式产业正处在一个快速变动的时代,有很多新的现象也值得关注,例如随着英国脱欧,意味着英国将丧失一些国际化竞争的优势,包括其不再能作为美国传媒集团进军其他欧盟市场的跳板,一些集团已经开始考虑将其国际总部从伦敦搬离,例如探索频道、NBC环球和特纳集团等,甚至连BBC也在考虑是否要将其国际业务总部搬到荷兰阿姆斯特丹。那么这将会影响其在节目模式全球价值链上的领先地位吗？节目模式国际化竞争版图将发生何种变化？另一个现象是近些年在网络新媒体的冲击下，全球主流市场的传统电视面临收视下滑、广告收入下降的窘境，内容方面的投入也开始缩减，与此同时，奈飞、亚马逊等全球性的视频网站开始发展起来，他们在内容方面投入巨大，例如，奈飞在2018年的内容预算高达80亿美元，凭借面向全球市场的规模效应，其在内容采购方面会要求更大的话语权，也在改变着节目模式产业，例如，电视节目模式这一概念和传统的商业模式似乎都不再完全适用，这些视频网站倾向于买断模式的全球版权，同时在多个国家推出本土化版本，加快了模式的落地速度，也在一定程度上颠覆了过往节目模式地域性的授权模式。例如，奈飞的音乐游戏节目《飙歌大赛》（Sing On）同时在西班牙、德国和美国推出了三个本地化版本，但都是在英国的同一场景拍摄的。每个版本由特定国家选手参与，并由来自特定国家的知名人士主持。流媒体平台的内容生产和发行模式未来会如何进一步地改变节目模式的全球价值链？这些问题都有待未来进一步研究。

参考文献

中文文献

[1] 北京市高级人民法院知识产权庭. 北京市高级人民法院关于审理综艺节目著作权案件相关问题的调研 [J]. 中国版权, 2015 (3): 5-9.

[2] 陈阳. 文化混杂、本土化与电视节目模式的跨国流动 [J]. 国际新闻界, 2009 (10): 61-65.

[3] 蔡骐, 唐亦可. 电视节目模式: 在全球化与本土化之间 [J]. 中国电视, 2017 (3): 7, 42-46.

[4] 冯其器. 中国科教类电视节目模式分析 [J]. 电视研究, 2012 (6): 73-75.

[5] 新华社. 广电总局下发加强电视上星综合频道节目管理意见 [EB/OL]. (2011-10-25) [2020-02-01]. http://www.gov.cn/govweb/jrzg/2011-10-25/content_1977909.htm.

[6] 高长力. 自主创新正当时 [J]. 广电时评, 2016 (1): 1.

[7] 何春耕, 肖琳芬. 中国电视娱乐节目模式的发展与探索: 以湖南卫视《快乐大本营》和《超级女声》等为例 [J]. 湖南社会科学, 2006 (2): 194-196.

［8］胡智锋.本土化：中国影视的文化自觉［M］.北京：北京师范大学出版社，2020.

［9］黄世席.电视节目模式法律保护之比较研究［J］.政治与法律，2011（1）：114-122.

［10］阚乃庆，谢来.最新欧美电视节目模式［M］.北京：中国广播电视出版社，2008.

［11］康怡.电视版权交易潮起［J］.财经，2012（16）：106-107.

［12］林嘉澍.电视节目：超级模仿秀［N］.经济观察报，2005-09-12（46）.

［13］林沛.SMG改革侧记：人事重新规划后，"上海模式"的可复制性几许？［EB/OL］.（2019-01-10）［2022-08-22］.https://mp.weixin.qq.com/s/SOGk2hamPn4_Kn-K9cRpKQ.

［14］林沛.专访宋点 | 2022，"青春中国，奋斗前行"［EB/OL］.（2022-01-14）［2022-05-29］.https://mp.weixin.qq.com/s/9YzHiG-ptjCmB9PuHhgvkw.

［15］陆小华.新传播格局对电视竞争方法的影响［EB/OL］.（2012-03-20）［2020-04-20］.http://www.ccTV.com/ccTVsurvey/special/zgmydph/20120320/109827.shtml.

［16］梁鸣，陈斌，任新刚.从《为你而战》看引进节目模式创新改造［J］.电视研究，2013（5）：43-55.

［17］李冰.海外节目模式的"引进热"与"冷思考"：2014年电视综艺节目盘点［J］.中国电视，2015（2）：30-34.

［18］刘宇.韩国政府在文化产业发展中的帮扶政策［EB/OL］.（2015-08-20）［2020-04-07］.http://www.199it.com/archives/377438.html.

［19］郎虹晨.亚洲节目模式市场的未来走向［EB/OL］.（2017-12-06）［2020-05-03］.https://mp.weixin.qq.com/s/-Vx0fs3RxXcz-uJf9cLRWQ.

[20] 刘翠翠. 全球模式发行创十年新低，中国综艺如何逆势出海 [EB/OL].（2019-06-14）[2020-05-02]. https://mp.weixin.qq.com/ s/lcqCqRdOTz_7pDv4w9YtzQ.

[21] 苗棣，等. 美国经典电视栏目 [M]. 北京：中国广播电视出版 社，2006.

[22] 麦圭根. 重新思考文化政策 [M]. 何道宽，译. 北京：中国人民 大学出版社，2010.

[23] 南智恩. 韩国综艺与外国制作公司合作走向世界 [EB/OL].（2018-08-24）[2020-04-15]. http://china.hani.co.kr/popups/print. hani?ksn=5441.

[24] 欧尼，蔡晓咏.灿星专栏丨韩国综艺原创的蜕变之路：从抄袭到 原创 [EB/OL].（2018-10-22）[2020-04-01]. https://www.sohu.com/ a/270447269_100097343.

[25] 潘东辉，郑雪. 从引进来到走出去：中国原创节目模式如何融入 全球价值链 [J]. 国际传播，2021（1）：88-92.

[26] 彭侃. 国际电视节目模式商业大趋势（一）[EB/OL].（2014-04-28）[2019-04-20]. http://blog.sina.com.cn/s/blog_47384d2e0101k6yn. html.

[27] 彭侃，陈彦妤. 盘点：2016年国际节目模式市场的八大现象 [EB/OL].（2017-02-05）[2019-05-01]. https://www.sohu.com/ a/125795929_247520.

[28] 彭侃. MIPCHINA论坛干货盘点：中国内容如何走向海外市场 [EB/OL].（2019-06-08）[2020-05-03]. https://mp.weixin.qq.com/ s/eMrBUHlmZ7Ucrw8F64P2Tg.

[29] 彭侃，贺宜佳. 海外节目制作基地再流行，对中国综艺节目有何 启示 [EB/OL].（2019-07-01）[2020-01-25]. https://baijiahao.baidu.

com/s?id=1637833104106198229&wfr=spider&for=pc.

［30］彭侃，刘翠翠."飙计划"的进击之路：专访湖南卫视创新研发中心主任罗昕［EB/OL］.（2019-12-10）［2020-05-01］. https://mp. weixin. qq.com/s/pJj2ga6W1NS0rdzMF_2QZQ.

［31］彭侃，任家音.如何打造综艺节目的价值漏斗？——专访Talpa全球制作总监Etienne de Jong［J］.中国广播影视，2017，8（1）：60-61.

［32］彭侃，任家音.国际发行公司谈中国原创模式出口之路：专访Red Arrow首席创意总监Michael Schmidt［J］.中国广播影视，2017，8（1）：64-65.

［33］彭侃，肖冥思.想要跟上联合研发的大潮？你需要知道这些！［EB/OL］.（2016-11-28）［2022-09-09］. https://mp.weixin.qq.com/s/fVSLUvMqawf2CbYSf5PnGQ.

［34］彭侃，万芊芊.独家分享：爆款节目模式的长寿之道［EB/OL］.（2018-10-18）［2022-08-23］. https://mp.weixin.qq.com/s/0qUP1rMcJ_-8yOXQPj95iw.

［35］彭侃，李杨.国产原创音综扬帆出海，东方卫视《我们的歌》为何能获得国际市场一致好评？［EB/OL］.（2020-11-20）［2022-08-23］. https://mp.weixin.qq.com/s/OhnPLptfhhY6ZQJ6NC3CVA.

［36］波特.国家竞争优势［M］.李明轩，邱如美，译.北京：中信出版社，2012.

［37］波特.竞争优势［M］.陈丽芳，译.北京：中信出版社，2014.

［38］任玲玲，熊磊丽，陈超.中国音乐选秀类电视节目模式的创新因素分析［J］.南方电视学刊，2013（1）：53-57.

［39］宋晓阳.日本经典电视节目模式［M］.北京：中国广播电视出版社，2009.

［40］石拓.《中国好声音》节目模式创新研究［J］.电视研究，2013
（3）：70-71.

［41］上海广播电视台.广电"自主创新"政策一年，中国电视如
何传承与创新？业界大咖在上海电视节开幕论坛上这样说
［EB/OL］.（2017-06-13）［2020-05-01］.https://www.smg.cn/
review/201706/0164223.html.

［42］上海广播电视台.广电总局调研创新创优工作，全力助推中国
原创节目模式走出去［EB/OL］.（2018-02-27）［2020-05-01］.
https://xw.qq.com/cmsid/20180227B1H2LS00.

［43］孙倩."超女决战"收视超强，全国2.8亿观众同时捧场［N/OL］.
南方都市报，2015-08-30［2020-05-01］.http://ent.sina.com.cn/v/
2005-08-30/1011824877.html.

［44］陶娅洁.韩流来袭，势不可挡［N/OL］.中国产经新闻报，2016-
03-28［2020-04-05］.https://www.sohu.com/a/66234543_160337.

［45］王莹，娜布琪.益智类节目的发展状态及收视分析［J］.视听界，
2018（1）：72-73.

［46］王丹.卫视节目创新的"国际范"［J］.视听界，2012（3）：47-50.

［47］吴克宇，郑肃，禹远东.《梦想合唱团》引进海外节目模式的启示
［J］.中国广播电视学刊，2012（5）：36-38.

［48］闫玉刚.韩国的"文化立国"战略［EB/OL］.（2006-05-09）
［2020-04-18］.http://www.chinawriter.com.cn/bk/2006-05-09/24276.
html.

［49］雪桐.电视栏目与版权无缘 《梦想成真》遭克隆活该［EB/OL］.
（2001-08-21）［2020-04-18］.http://ent.sina.com.cn/v/2001-08-21/
54491.html.

［50］殷乐.电视模式的全球流通：麦当劳化的商业逻辑与文化策略

［J］.现代传播（中国传媒大学学报），2005（4）：84-87.

［51］袁靖华.电视节目模式创意［M］.北京：中国广播电视出版社，2010.

［52］袁靖华.探析我国电视节目模式创新的出路［J］.电视研究，2010（8）：22-24.

［53］袁靖华，邢瀚元.全球竞争时代我国电视业的节目模式之困及出路［J］.浙江传媒学院学报，2014，21（4）：119-127.

［54］尉雨瞳.论电视节目模式引进的发展策略［J］.中国广播电视学刊，2014（5）：30-32.

［55］易珥.荷兰人约翰·德摩尔：真人秀之父，他一手创造了《好声音》，靠它登上了福布斯［EB/OL］.（2014-12-03）［2020-12-05］.https://ent.qq.com/original/bigstar/f106.html.

［56］杨乘虎.中国电视节目创新研究［M］.北京：中国传媒大学出版社，2014.

［57］杨素琴.SBS凭running man获利近2亿洗清债务［EB/OL］.（2015-01-05）［2020-04-06］.http://news.sina.com.cn/m/2015-01-05/143431361964.shtml.

［58］尹鸿，冉儒学，陈虹.娱乐旋风：认识电视真人秀［M］.北京：中国广播影视出版社，2006.

［59］尹鸿.《非诚勿扰》还能热多久？［EB/OL］.（2012-06-06）［2020-10-16］.http://media.sohu.com/20120606/n344882858.shtml.

［60］尹鸿.中国电影如何"由大到强"［N］.人民日报，2017-12-08（24）.

［61］鱼尾纹.去了戛纳电视节，你就能买到全世界？［EB/OL］.（2017-04-20）［2020-05-03］.https://mp.weixin.qq.com/s/1CvA1mD7Vxju2lr5wY_4xw.

［62］曾明.美版《蒙面歌王》开播，韩综赴美的表现如何？［EB/OL］.（2019-01-16）［2022-08-15］.https://mp.weixin.qq.com/s/uNzP3B1j21Q6xvwDcc8UAg.

［63］张传玲.《综艺大观》改版前后收视率简要分析［J］.电视研究，1997（6）：64.

［64］张莉.上星频道节目创新2012关键词［J］.综艺报，2012.

［65］赵秋杰.中国模式：国际标准下的文化碰撞——专访世熙传媒董事长刘熙晨［J］.视听界，2016（9）：33-36.

［66］郑维东.电视的"月活"分析［EB/OL］.（2019-07-31）［2020-05-01］.https://mp.weixin.qq.com/s/rXpI5iQ9D0j8GgkKXjIKVw.

［67］钟菡.《我们的歌》为欧美综艺节目首次确立"中国标准"［EB/OL］.（2022-08-15）［2022-08-15］.https://www.jfdaily.com/news/detail?id=518045.

［68］中国联合展台.案例：《我们的歌》实现模式输出"零的突破"，iFORMATS打造国际传播新通路［EB/OL］.（2022-08-19）［2022-08-23］.https://mp.weixin.qq.com/s/FjlN26mt_8IX2vcEBqOc0Q.

英文文献

［1］BAKER M. The winter games［N］.Broadcast, 1996-01-19(50).

［2］BARCLAYS. Calm after the consolidation storm［EB/OL］.（2019-03-21）［2020-02-07］. https://www.broadcastnow.co.uk/indie-survey-2019/calm-after-the-consolidation-storm/5137864.article.

［3］BAZALGETTE P. Billion-dollar game: how three men risked it all and changed the face of TV［M］. New York: Time Warner Books, 2005.

［4］BBC. The commissioning process and commitments［EB/OL］.（2015-10-07）［2019-09-22］. https://www.bbc.co.uk/commissioning/how-we-commission/.

［5］BBC. BBC unveils new package of measures to help support small British indies［EB/OL］.（2020-01-08）［2020-02-01］. https://www. bbc.co.uk/mediacentre/latestnews/2020/new-measures-to-help-british-indies.

［6］BELL N. Major men［J］. Television business international, 1994(4): 18-25.

［7］BENTLEY J.The Masked Singer: how the Fox reality show scored top talent and kept it secret［EB/OL］.（2019-01-02）［2022-08-15］. https://www.hollywoodreporter.com/tv/tv-news/masked-singer-ep-explains-how-his-insane-reality-competition-made-it-air-1171775/.

［8］BOURDON J. Unhappy engineers of the European soul: the EBU and the woes of pan European television［J］. International communication gazette, 2007, 69(3): 263-280.

［9］BOURDON J.From discrete adaptations to hard copies: the rise of formats in European television［M］// OREN T, SHAHAF S. Global television formats: understanding television across borders. London: Routledge, 2012: 111-127.

［10］BOYD-BARRETT O. Media imperialism: towards an international framework for the analysis of media systems［M］// CURRAN J, GUREVITCH M, WOOLLACOTT J. Mass communication and society. London: Arnold, 1977: 116-135.

［11］BRENNAN E. A political economy of formatted pleasures［M］// OREN T, SHAHAF S.Global television formats circulating culture, producing identity. London: Routledge, 2012: 72-89.

［12］BRENNAN S, TURNER M. CBS holding company for Big Brother' reality［J］. The Hollywood reporter, 2000, 361(31): 1.

[13]Broadcast indie survey 2020 [EB/OL].(2020-03-13) [2020-03-20]. https://www.broadcastnow.co.uk/indie-survey-2020.

[14]BROWN M.International rescue [N/OL]. The Guardian, 2009-04-05 [2020-04-01]. https://www.theguardian.com/media/2009/apr/06/bbc-world-service-relocation-funding.

[15]BURNETT M.Jump in! Even if you don't know how to swim [M]. New York: Ballantine, 2005.

[16]BURRELL I. Why are UK producers the superheroes of the global format trade [EB/OL].(2012-08-22) [2020-01-02]. http://blogs.bbcworldwide.com/2012/08/22/why-are-uk-producers-the-superheroes-of-the-global-format-trade/.

[17]CAMPBELL L. All 3 Media moves into Germany [EB/OL].(2007-03-01) [2021-10-02]. https://www.broadcastnow.co.uk/all3media-moves-into-germany/119882.article.

[18]CHALABY J. The making of an entertainment revolution: how the TV format trade became a global industry [J]. European journal of communication, 2011, 26(4): 293 -309.

[19]CHALABY J. At the origin of a global industry: the TV format trade as an Anglo-American invention [J]. Media, culture & society, 2012, 34(1): 37-53.

[20]CHALABY J. The format age: television's entertainment revolution [M]. Cambridge; Malden, MA: Polity Press, 2016.

[21]CHALABY J. Can a GVC-oriented policy mitigate the inequalities of the world media system? Strategies for economic upgrading in the TV format global value chain [J]. International journal of digital television, 2017, 8(1): 9-28.

［22］CHAMPAGNE C. TV utopia: how John de Mol keeps creating reality shows the world can't stop watching［EB/OL］.（2014-09-05）［2020-02-01］. https://www.fastcompany.com/3035135/tv-utopia-how-john-de-mol-keeps-creating-reality-shows-the-world-cant-stop-watching.

［23］CHENG W, WARREN M. The television game show: an analysis of the potential problems of importing social communication from another culture［J］. Language & intercultural communication, 2006, 6(1): 1-22.

［24］CHOI J. The commodification of television formats: the role of distribution in the emergence of the commodity form［D］. Iowa: The University of Iowa, 2019.

［25］CLARKE S, KESLASSY E. Banijay seals $2.2 billion deal for Endemol Shine, paving way for huge new global player［EB/OL］.（2019-10-26）［2020-03-21］. https://variety.com/2019/tv/news/banijay-buys-endemol-shine-stephane-courbit-marco-bassetti-sophie-turner-laing-1203380620/.

［26］CONRAD R. Great speculations, comcast wins sky bid: step in and buy［EB/OL］.（2018-09-25）［2020-02-01］. https://www.forbes.com/sites/greatspeculations/2018/09/25/comcast-wins-sky-bid-step-in-and-buy/#75bd619621c0.

［27］COOPER-CHEN A. Games in the global village: a 50-nation study of entertainment television［M］. Bowling Green, Ohio: Bowling Green State University Popular Press, 1994.

［28］COOPER-CHEN A. Global entertainment media: contents, audiences, issues［M］. Mahwah, New Jersey: Lawrence Erlbaum Associates, 2005.

［29］DAMS T. Interview: Peter Salmon, Endemol Shine［EB/OL］.（2018-08-22）［2019-05-10］. https://www.ibc.org/production/interview-peter-salmon-endemol-shine/3111.article.

［30］DASWANI M. Endemol Shine's Peter Salmon［EB/OL］.（2018-10-23）［2020-01-26］. http://worldscreen.com/tvformats/endemol-shines-peter-salmon/.

［31］DASWANI M. Banijay to go public via SPAC deal［EB/OL］.（2022-05-11）［2022-08-19］. https://worldscreen.com/tveurope/2022/05/11/banijay-to-go-public-via-spac-deal/.

［32］DAVID P, FORAY D. An introduction to the economy of the knowledge society［J］. International social science journal, 2002, 54(171): 9-23.

［33］DICKENS A. ITV buys Talpa for $530m［EB/OL］.（2015-03-12）［2020-03-22］. https://www.c21media.net/itv-buys-talpa-for-530m/.

［34］Dutch TV market analysis［EB/OL］.（2007-10-15）［2020-04-10］. https://www.broadcastnow.co.uk/dutch-tv-market-analysis/158932.article.

［35］ELLIOT K.The deal maker［N］.Broadcast, 2001-01-19（8/9）.

［36］ELMES J. CJ cries foul over Chinese copycats［EB/OL］.（2018-04-08）［2020-05-02］. https://www.c21media.net/cj-cries-foul-over-chinese-copycats/?ss=Jin+Woo+Hwang%2C.

［37］Entertainers to the world［EB/OL］.（2011-11-05）［2020-04-10］. https://www.economist.com/britain/2011/11/05/entertainers-to-the-world.

［38］ESCRITT T. Welcome to Utopia, coming to a screen near you［EB/OL］.（2014-02-19）［2020-05-02］. https://in.reuters.com/article/us-reality-television-demol/welcome-to-utopia-coming-to-a-screen-near-you-idINBREA1H1LW20140218.

[39]ESSER A. Television formats: primetime staple, global market[J]. Population communication, 2010, 8(4): 273-292.

[40]ESSER A. TV format sector consolidation and its impact on the configuration and 'stickness' of the UK entertainment production market[J]. International journal of digital television, 2017, 8(1): 143-164.

[41]EUROPEAN BROADCASTING UNION. Eurovision TV Lab attracts 12 countries: sign up now[EB/OL].(2011-02-22)[2020-03-21]. https://www.ebu.ch/news/2011/eurovision-tv-lab-attracts-12-co.

[42]FEENSTRA R C. Integration of trade and disintegration of production in the global economy[J]. Journal of economics perspective, 1988, 12(4): 31-50.

[43]FERGUSON N. Empire: how Britain made the modern world[M]. London: Penguin, 2004.

[44]FERNANDEZ-STARK K. Global value chains in Latin America: a development perspective for upgrading[M]// HERNANDEZ R A, MARTINEZ-PIVA J M, MULDER N. Global value chains and world trade: prospects and challenges for Latin America.Santiago: ECLAC, 2014: 79-106.

[45]FRANKS N. Korea turning point[EB/OL].(2017-12-13)[2020-04-15]. https://www.c21media.net/korea-turning-point/?ss=korea.

[46]FRANKS N. De Mol sets up 'format accelerator'[EB/OL].(2017-12-13)[2020-03-30]. http://www.c21media.net/de-mol-sets-up-format-accelerator/.

［47］FRAPA. The FRAPA report 2009: TV formats to the world［R］. Cologne: FRAPA, 2009.

［48］FROW J. Time and commodity culture［M］. Oxford: Oxford University Press, 1997: 139.

［49］FRY A. Central perks［EB/OL］.（2019-12-04）［2020-05-02］. https://www.c21media.net/379583-2/.

［50］FULER C.Winning games［N］.Broadcast, 1994-04-16(14).

［51］FUSCO S, PERROTTA M.Rethinking the format as a theoretical object in the age of media convergence［J］. Observatorio journal, 2008, 2（4）: 89-102.

［52］GANNAGE-STEWART H. BBC studios ready to hit the road［N］. Broadcast, 1999-04-29(6/7).

［53］GEREFFI G. The organization of buyer-driven global commodity chains: how U.S. retailers shape overseas production networks［M］// GEREFFI G, KORZENIEWICZ M.Commodity chains and global capitalism.Westport: Praeger, 1994: 95-122.

［54］GEREFFI G.Global production systems and third world development［M］// STALLINGS B.Global change, regional response: the new international context of development. Cambridge: Cambridge University Press, 1995: 100-142.

［55］GEREFFI G International trade and industrial upgrading in the apparel commodity chain［J］. Journal of international economics, 1999: 37-70.

［56］GEREFFI G, KAPLINSKY R. The value of value chains: spreading the gains from globalisation［M］. Brighton, UK: Institute of Development Studies Sussex, 2001.

［57］GEREFFI G, HUMPHREY J, STURGEON T. The governance of global value chains: an analytic framework［J］. Review of international political economy, 2006, 12(1): 78-104.

［58］GLYNNE S. Ideas that scale: how to create a global TV format［EB/OL］.（2018-07-09）［2020-01-25］. https://www.thedrum.com/opinion/2018/07/09/ideas-scale-how-create-global-tv-format.

［59］GOTTLIEB N E.Free to air? Legal protection for TV program formats ［EB/OL］.（2010-02）［2020-05-01］. https://chicagounbound.uchicago.edu/cgi/viewcontent.cgi?article=1214&context=law_and_economics.

［60］HARCOURT A. The European Union and the regulation of media markets［M］. New York, NY: Manchester University Press, 2005.

［61］HOPKINS T K, WALLERSTEIN I. Chains commodity in the world economy prior to 1800［J］. Review, 1986, 10(1): 157-170.

［62］HOSKINS C, ROLF M. Reasons for the US dominance of the international trade in television programmes［J］. Media, culture and society, 1988, 10(4): 499-515.

［63］HOSKINS C, MCFAYDEN S, FINN A. Global television and film ［M］. Oxford: Oxford University Press, 1997.

［64］House of Commons – Culture, Media and Sport Committee. Future of the BBC［R］. London, UK: The Stationery Office, 2015.

［65］IOSIFIDIS P, STEEMERS J, WHEELER M. European television industries［M］. London, UK: British Film Institute, 2005.

［66］KASHTY M.Interview: John de Mol talks risk and reward［EB/OL］.（2017-12-19）［2022-04-17］. https://realscreen.com/2017/12/19/interview-john-de-mol-talks-risk-and-reward/.

[67]KEANE M, FUNG A, MORAN A.New television, globalization, and the East Asian cultural imagination[M]. Hong Kong: Hong Kong University Press, 2007.

[68]THE KOREA HERALD. KOCCA to showcase S. Korean television formats at MipFormats[EB/OL].(2018-04-06)[2020-04-10]. http://kpopherald.koreaherald.com/view.php?ud=2018040 61439441294515_2.

[69]K7 MEDIA. Tracking the giants: the top 100 travelling TV formats 2018-2019[R]. London: K7 Media, 2019.

[70]K7 MEDIA. Tracking the giants: the top 100 travelling unscripted formats 2019-2020[R]. London: K7 Media, 2020.

[71]K7 MEDIA. Insight report: K-formats[R].London: K7 Media, 2020.

[72]K7 MEDIA. Tracking the giants: the top 100 travelling unscripted formats 2021-2022[R]. London: K7 Media, 2022.

[73]LAWLER K. Review: Fox's the Masked Singer is the next great singing contest but who's competing?[EB/OL].(2019-01-02) [2022-08-15]. https://www.usatoday.com/story/life/tv/2019/01/02/ masked-singer-review-next-great-reality-singing-show/2463352002/.

[74]LAWES R. A new Korea: Thai formats start to take off[EB/OL]. (2022-04-11)[2022-08-14]. https://www.c21media.net/department/ countryfile/a-new-korea-thai-formats-start-taking-off/.

[75]LEE J, LEE M.Governance and upgrading in global cultural and creative value chains[M]// PONTE S, GEREFFI G, RAJ-REICHERT G. Handbook on global value chains. Cheltenham, UK: Edward Elgar Publishing, 2019: 138-152.

[76]LEE P. The absorption and indigenization of foreign media cultures:

a study on a cultural meeting point of the east and west: Hong Kong [J]. Asian journal of communication, 1991, 1(2): 52-72.

[77] LIJPHART A. From the politics of accommodation to adversarial politics in the Netherlands: a reassessment [J]. West European Politics, 2007, 12(1): 139-153.

[78] MAGDER T. The end of TV 101: reality television, formats and the new business of TV [M] // OUELLETTE L, MURRAY S. Reality TV: remaking television culture, 1st ed. New York: NYU Press, 2004: 137-156.

[79] MAGDER T. Television 2.0: the business of American television in transition [M] // OUELLETTE L, MURRAY S. Reality TV: remaking television culture, 2nd ed. New York: NYU Press, 2009: 141-163.

[80] MARLOW J. TBI formats: Why Korean IP will cut through globally for years to come [EB/OL]. (2020-03-12) [2020-04-03]. https:// tbivision.com/2020/03/12/tbi-formats-why-korean-ip-will-cut-through-globally-for-years-to-come/.

[81] MCMURRIA J. Global TV realities: international markets, geopolitics, and the transcultural contexts of reality TV [M] // OUELLETTE L, MURRAY S. Reality TV: remaking television culture. New York: NYU Press, 2009: 182.

[82] MIDDLETON R. Korea progression [EB/OL]. (2014-04-30) [2020-04-15]. https://www.c21media.net/korea-progression/?ss= Jin+Woo+Hwang%2C.

[83] MIDDLETON R. CJ ENM acquires eccho rights [EB/OL]. (2018-12-18) [2020-04-22]. https://www.c21media.net/cj-enm-acquires-eccho-rights/.

［84］MILLER S. Paul Talbot, sold American television fare to the world ［N］. New York Sun, 2005-07-12(6).

［85］MORAN A. Copycat television: globalization, program formats and cultural identity［M］. Luton: University of Luton Press, 1998.

［86］MORAN A, MALBON J. Understanding the global TV format［M］. Bristol, UK: Intellect, 2006.

［87］MORAN A. When TV formats are translated［M］// MORAN A. TV formats worldwide: localizing global programs. Bristol, UK; Chicago, IL: Intellect, 2009.

［88］MORAN A. New flows in global TV［M］. Bristol, Chicago: Intellect, 2009.

［89］MORAN A. Global television formats: genesis and growth［J］. The international journal of television studies, 2013, 8(2): 1-19.

［90］MORAN A. TV format mogul Reg Grundy's transnational career ［M］. Bristol, UK: Intellect, 2013.

［91］MORGAN J. NBCU, the Masked Singer format creator Park Won Woo ink producing deal［EB/OL］.（2019-11-22）［2022-04-17］. https://realscreen.com/2019/11/22/nbcu-the-masked-singer-format-creator-park-won-woo-ink-producing-deal/.

［92］MULLER E, ZANDE D V. Embracing the international market: the Dutch film and television production landscape in transition［M］// BAKOY E, PUIJK R, SPICER A. Building successful and sustainable film and television businesses: a cross-national perspective.Bristol UK: Intellect, 2017.

［93］NDLELA M. TV formats in anglophone Africa: the hegemonic role of South Africa in the TV format value chain［J］. International journal of digital television, 2017, 8(1): 47-66.

［94］NYE JR J S. Bound to lead: the changing nature of American power ［M］. New York: Basic Books, 1990.

［95］OFCOM. Communications market report 2020［R/OL］.（2021-12-01）［2022-04-14］. https://www.ofcom.org.uk/research-and-data/.

［96］OLIVER & OHLBAUM. Channel 4: taking risks, challenging the mainstream［R］. London: Channel 4 and Oliver & Ohlbaum, 2014.

［97］OLIVER & OHIBAUM. UK television production survey financial census 2021［R］. London: PACT, 2021.

［98］PACT. Independent production sector financial census and survey 2014［R］. London: PACT, 2014.

［99］PINTO J. Masked Zingers: formats on a Korea high［EB/OL］.（2022-02-14）［2022-08-14］. https://www.c21media.net/department/next-big-things/masked-zingers-formats-on-a-korea-high/?ss=masked+singer.

［100］QUINN A. Theoretically accounting for television formats in the new international division of cultural labour［M］//MILLR T. The routledge companion to global popular culture. New York: Routledge, 2016: 23-35.

［101］REGAN C. Interviews: BBC Studios' Sumi Connock［EB/OL］.（2022-05-02）［2022-08-14］. https://worldscreen.com/tvformats/bbc-studios-sumi-connock-2022/.

［102］RITZER G. The McDonaldization thesis: explorations and extensions ［M］. London: Sage, 1999.

［103］ROXBOROUGH S. Warner Bros. TV group completes eyeworks takeover［EB/OL］.（2014-02-06）［2020-03-22］. https://www.hollywoodreporter.com/news/warner-bros-tv-group-completes-708577.

[104]SCHREIBER D. 'Big Donor Show' causes storm[EB/OL].(2007-05-31)[2020-03-30]. https://variety.com/2007/scene/markets-festivals/big-donor-show-causes-storm-1117966058/.

[105]SCHWARTZ D, RYAN S, WOSTBROCK F. The encyclopedia of TV game shows[M]. 3rd ed.New York: Checkmark Books, 1999.

[106]SCREENSKILLS. Unscripted TV skills fund[EB/OL].(2021-12-01)[2022-04-14]. https://www.screenskills.com/industry-partners/unscripted-tv-skills-fund/.

[107]SREBERNY A. The global and local in international communication [M]// CURRAN J, GUREVITCH M. Mass Media and Society, 2nd ed. London: Edward Arnold, 1996: 179.

[108]STRAUBHAAR J. Beyond media imperialism: asymmetrical interdependence and cultural proximity[J]. Critical studies in mass communications, 1991, 8(1): 39-59.

[109]SU X. Economic and cultural forces in the Netherlands as contributors to the success of Dutch TV format business[D]. Rotterdam: Erasmus University Rotterdam, 2019.

[110]The Oxford English dictionary[M]. Oxford: Oxford University Press, 1989.

[111]TOMLINSON J. Cultural imperialism[M].Baltimore, MD: Johns Hopkins University Press, 1991.

[112]TREPTE S. Social identity theory[M]// BRYANT J, VORDERER P. Psychology of entertainment. New Jersey: Lawrence Earlbaum Associates, 2005: 255-272.

[113]WAISBORD S. McTV: understanding the global popularity of television

formats［J］. Television & new media, 2004, 5(4): 359-383.

［114］WAISBORD S, JALFIN S.Imagining the national: television gatekeepers and the adaptation of global franchises in Argentina ［M］// MORAN A. TV formats worldwide: localizing global programs. Bristol, UK; Chicago, IL: Intellect, 2009.

［115］WALLER E. C21's formats report 2017［EB/OL］.（2017-07-17）［2019-10-20］. https://www.c21media.net/the-new-era-of-formats/.

［116］WALLER E. CJ E&M, ITV join the line-up［EB/OL］.（2017-08-31）［2020-04-15］. https://www.c21media.net/cj-em-itv-join-the-line-up/.

［117］WALLER E. Korea goals［EB/OL］.（2017-10-23）［2020-04-15］. http://www.c21media.net/korea-goals/?ss=korea.

［118］WALLER E. Surf the Korean wave［EB/OL］.（2020-10-12）［2020-10-14］. https://www.c21media.net/surf-the-korean-wave/.

［119］WALLER E. Behind the mask: IFA Gold Award recipient Wonwoo Park［EB/OL］.（2022-04-04）［2022-08-14］. https://www.c21media.net/department/thought-leadership/behind-the-mask-ifa-gold-award-recipient-wonwoo-park/?ss=masked+singer.

［120］WALSH B. UK indie production revenues hit new high: pact census［EB/OL］.（2019-09-06）［2020-02-01］. https://realscreen.com/2019/09/06/uk-indie-production-revenues-hit-all-time-high-pact-census/.

［121］WEBDALE J. C21pro 2019 UK territory report［EB/OL］.（2019-07）［2020-02-01］. https://www.c21media.net/television-on-standby/.

［122］WEBDALE J. Deal or no deal［EB/OL］.（2019-12-09）［2020-03-21］. https://www.c21media.net/deal-or-no-deal-2/.

［123］WHEELER M. Supranational regulation: television and the European Union［J］. European journal of communication, 2004, 19（3）: 349-369.

［124］WHITTOCK J. Dutch TV Lab returns, goes online first［EB/OL］. （2013-08-09）［2020-03-21］. https://tbivision.com/2013/08/09/dutch-tv-lab-returns-goes-online-first/.

［125］WHITTINGHAM C. TV formats market worth $2.9bn［EB/OL］. （2014-03-11）［2020-05-10］. https://www.c21media.net/tv-formats-market-worth-2-9bn/.

［126］WHITTINGHAM C. Frapa claims format theft breakthrough［EB/OL］.（2017-06-16）［2019-06-08］. https://www.c21media.net/frapa-claims-format-theft-breakthrough/?ss=frapa+analysis+service.

［127］WHITTINGHAM C. Four thoughts［EB/OL］.（2018-10-18）［2019-06-08］. https://www.c21media.net/four-thoughts/?ss=avi+armoza.

［128］WIKIPEDIA. Talpa Network［EB/OL］.［2020-03-25］. https://en.wikipedia.org/wiki/Talpa_Network#Talpa_Productions.

日文文献

韓国TV界 日本からのパクリ横行［J］. Aera, 1999.

韩文文献

［1］연합뉴스.SBS, 표절시비 '슈퍼스테이션' 교체［EB/OL］.（1999-08-17）［2020-04-01］. https://news.naver.com/main/read.nhn?mode=LSD&mid=sec&sid1=103&oid=001&aid=0004470597.

［2］EUN-JUNG K, HONG W, KIM C. A study on Korean format

production and exportation: Through intensive interviews with working staffs of small productions［J］. Speech & communication, 2015(27): 125-164.

［3］LEE E, YU S. Research for vitalizing the exportation of Korean entertainment program format［J］. The Korea Contents Society, 2016, 16(12): 160-169.

［4］LEE, S.표절이라는 건지 아니라는 건지［EB/OL］.（2015-06-09）［2020-04-01］. http://www.hani.co.kr/arti/culture/entertainment/696777. html#csidx9f35886e6bcabb2a01d2b11b62e5db0.

［5］HWANG S, CHUN S.Value factors in the Walt Disney company and success factors of Korean broadcasting formats［J］. Korean society of culture industry, 2016, 16(4): 101-113.

［6］MOOM H. A study on export, exchange and cooperation for broadcasting contents between Korea and Thailand［J］. Academic association of global cultural contents, 2018 (33): 63-87.

［7］SHIN J H, JI-EUN C, BOO-YEON J. The KI 2019 annual report of Korea information society development institute［EB/OL］.（2020-04-02）［2021-10-03］. https://www.kisdi.re.kr/kisdi/fp/kr/board/selectSingleBoard.do?cmd=selectSingleBoard&boardId=GPK_RND_DATA&seq=34003.

后 记

　　本书是在我的博士论文《全球化背景下的电视节目模式产业发展研究》基础上经过修改形成的。2013—2020年，我在清华大学度过了漫长的博士生涯。博士毕业后，我有幸进入本科母校北京师范大学工作，在中央高校基本科研业务费专项资金资助下，我得以进一步研究电视节目模式的相关课题，并对博士论文进行了较大幅度的补充和完善，最终形成了这本书，也算是对我自己十几年来研究节目模式的一个阶段性成果总结。

　　回想与节目模式这一领域结缘，还是2010年左右我在清华大学就读研究生期间，我的师姐张建珍时任世熙传媒负责节目模式引进与本土化业务的副总裁，在她的邀请下，我翻译了两档海外节目的模式宝典，分别是后来在青海卫视播出的《一百万梦想》（*One Million Giveaway*）和浙江卫视播出的《中国梦想秀》（*Tonight is the night*）。这为我了解节目模式提供了一个颇高的起点，因为模式宝典属于节目模式的核心机密。之后，我在香港浸会大学攻读另一个硕士学位期间，也参与了张建珍师姐的课题《国际电视节目模式输入与本土化策略研究》，利用在香港获得英文文献更加便利的优势，我广泛地阅读了当时研究节目模式的国外专著、论文等，也由此对这一领域有了更系统的认知和初步的研究。在我2013年完成香港学业回到北京，开始在清华读博之后，我又应张建珍师姐的邀请，共同创办了乐正传媒，课业之余从事节目模式引进、本土化改造，原创节目研发等业务。

在近十年的一线从业经验中，我得以积累了大量关于节目模式的第一手资料。这些产业实践和田野调查为我的研究提供了宝贵的财富，让我顺理成章地将博士论文的选题定为和节目模式相关，也是我博士念了七年之久的原因。

原本以为轻车熟路的博士论文进展非常缓慢。一方面，公司的业务牵扯了大量的精力，而博士论文的写作则是一项需要聚精会神攻关的工程；另一方面，掌握太多的资料对于研究者而言可能也未必是好事。近十年来，我沉浸在国际节目模式的产业中，每天都在接受各种行业信息，目不暇接的信息让人来不及深入思考，而如何取舍过于丰富的信息也成了我研究过程中的一大负担。

作为一位产业研究者，保持与影视行业一线的紧密联系和对项目的亲身实践，是我的一大优势。我也一直希望研究与实践能够真正结合，成果能够为行业所用，对产业的发展提供实质性的指引。但要实现这个目标并不容易，虽然已经研究节目模式十余年，但如何将海量、零碎的经验、观察体系化，形成理论化的思考，对我来说是一个巨大的挑战。加强理论建构而非材料堆砌，是论文写作过程中我的导师尹鸿教授反复叮嘱我的。我虽铭记在心，也为之努力，但究竟完成的如何，只能留给学界和业界的各位同人评判了。

衷心感谢导师尹鸿教授对本人的精心指导，从2007年跟随尹老师读硕开始，进入尹门已15年。导师一直是我人生的榜样，从治学为人到树立正确的世界观、价值观，导师的言传身教使我终身受益。

感谢在博士论文答辩和预答辩时为本书提出了中肯建议的各位老师：北京大学的李道新、陈旭光教授，北京师范大学的杨乘虎教授，清华大学的雷建军教授、司若教授、曹书乐副教授、梁君健副教授以及答辩秘书刁基诺。

感谢在博士论文和本书写作期间，接受本人采访或相关问题咨询的国内外电视节目模式及制作专家：The Wit 的创始人维吉尼亚·慕斯勒、Small World 公司的创始人蒂姆·克雷申蒂、塔尔帕公司的全球制作总监埃蒂安·德容、红箭公司首席创意总监迈克尔·施密特、ITV 制片厂节目模式主管艾娜·乌曼斯基、阿莫扎公司的首席执行官艾维·阿莫扎、湖南卫视常务副总监周雄、湖南卫视创新研发中心主任罗昕、国际咨询公司 K7 董事克莱尔·汤普森、曾担任韩国希杰娱乐集团全球内容企划与制作总负责人、Something Special 公司创始人黄振宇、曾担任恩德莫尚全球创意总监、国际知名节目制作人威廉姆·布鲁姆、曾担任班尼杰集团模式副总裁的安德鲁·赛姆等。他们提供的信息和意见为本书的写作提供了很大的帮助。

感谢为本人的研究提供过各种帮助和支持的同事和朋友：张建珍师姐、吴海清师兄、杜江、谢玉凤、胡钰鑫、都欣、郑霄洁、杜萌、霍驰、刘翠翠、李杨、黄琪琪、万芊芊、任佳音、陈彦好、曾明、郎虹晨、肖冥思等。

感谢我的父母和家人，他们的支持是我学术路上的重要支撑。在修订本书的最后一个月里，我待在老家陪伴罹患癌症晚期的父亲。15 岁来北京上大学至今，能够陪伴家人的时间太少太少。希望将这本书献给我的父母，希望自己能不负所望，成为他们引以为傲的儿子。

彭侃

2022 年 8 月于湖南祁东